SIR
LEWIS

MICHAEL E. SAWYER

SIR LEWIS

Do kart à realeza da Fórmula 1

Tradução
Renato Marques

VESTÍGIO

Copyright © 2025 Michael E. Sawyer
Copyright desta edição © 2025 Editora Vestígio

Título original: *Sir Lewis*

Esta edição foi publicada mediante acordo com a Grand Central Publishing, uma divisão da Hachette Book Group Inc., Nova York, EUA. Todos os direitos reservados.

Todos os direitos reservados pela Editora Vestígio. Nenhuma parte desta publicação poderá ser reproduzida, seja por meios mecânicos, eletrônicos, seja via cópia xerográfica, sem autorização prévia da Editora.

DIREÇÃO EDITORIAL *Arnaud Vin*	REVISÃO *Claudia Vilas Gomes* *Fernanda Marão*
EDITORA RESPONSÁVEL *Bia Nunes de Sousa*	CAPA *Diogo Droschi* *(sobre imagem de* *Mamadi Doumbouya)*
CONSULTORIA TÉCNICA *Leonardo Rezende*	
PREPARAÇÃO DE TEXTO *Gleice Couto*	DIAGRAMAÇÃO *Guilherme Fagundes*

Dados Internacionais de Catalogação na Publicação (CIP)
(Câmara Brasileira do Livro, SP, Brasil)

Sawyer, Michael E.
  Sir Lewis / Michael E. Sawyer ; tradução Renato Marques. -- 1. ed. -- São Paulo : Vestígio, 2025.

  Título original: Sir Lewis.
  ISBN 978-65-6002-098-6

  1. Automobilismo - Competições - História 2. Fórmula 1 - Automóveis 3. Hamilton, Lewis, 1985- 4. Pilotos de automobilismo - Biografia I. Título.

25-266434   CDD-796.72092

Índices para catálogo sistemático:
1. Pilotos de Fórmula 1 : Biografia 796.72092
Aline Graziele Benitez - Bibliotecária - CRB-1/3129

A **VESTÍGIO** É UMA EDITORA DO **GRUPO AUTÊNTICA**

São Paulo
Av. Paulista, 2.073 . Conjunto Nacional
Horsa I . Salas 404-406 . Bela Vista
01311-940 . São Paulo . SP
Tel.: (55 11) 3034 4468

Belo Horizonte
Rua Carlos Turner, 420
Silveira . 31140-520
Belo Horizonte . MG
Tel.: (55 31) 3465 4500

www.editoravestigio.com.br
SAC: atendimentoleitor@grupoautentica.com.br

Este livro é dedicado aos meus pais, Theresa e Ernest Sawyer, que me ensinaram a amar os esportes e, mais importante, a entender que heróis não são definidos por vitórias e derrotas.

*Para todas as crianças
que sonham o impossível...*

Lewis Hamilton

Introdução	11
Capítulo 1. O filho ilustre	19
Capítulo 2. Devagar, Lewis, pega leve, você está matando os caras	37
Capítulo 3. Quem faz merda aprende na marra	48
Capítulo 4. A corrida armamentista tecnológica	57
Capítulo 5. "Olá, mundo"	64
Capítulo 6. Introdução à Fórmula 1	74
Capítulo 7. O pai colhe os frutos	79
Capítulo 8. A primeira vez é sempre a melhor	93
Capítulo 9. Até os críticos se rendem a você em Nova York…	99
Capítulo 10. Mais dinheiro, mais (potenciais) problemas	110
Capítulo 11. Tudo desanda	117
Capítulo 12. Três corridas	137
Capítulo 13. Dizer em voz alta o que é silenciado	142
Capítulo 14. O maior e melhor de todos os tempos?	150
Capítulo 15. Tempos de vacas magras	161
Capítulo 16. Seb, Nico e Lewis	169
Capítulo 17. Os anos de Lewis Hamilton multicampeão	184
Capítulo 18. O sétimo título mundial	207

Capítulo 19. Não sou um homem de negócios, sou um negócio   223

Capítulo 20. A temporada de 2021   237

Capítulo 21. Levantar-se   250

Capítulo 22. De volta aos tempos difíceis   256

Capítulo 23. Não é você, sou eu…   262

Capítulo 24. Ainda assim eu me levanto   268

Agradecimentos   271

Notas   273

INTRODUÇÃO

MET GALA
MUSEU METROPOLITANO DE ARTE
CIDADE DE NOVA YORK, NY
13 DE SETEMBRO DE 2021

LEWIS HAMILTON ENTROU NO MET GALA com um traje feito sob medida, sem demonstrar qualquer abalo por quase ter morrido em uma lendária pista de corrida em um belo dia de outono na Itália. Pode parecer estranho começar um livro sobre um piloto britânico de Fórmula 1 com um evento na cidade de Nova York considerado o Oscar da moda. Como todos os eventos dessa natureza, o Met Gala é um "quem é quem" de celebridades, personalidades do mundo fashion e pop, a elite da indústria da moda e socialites globais. Essa nata se reúne todos os anos para posar para as câmeras e ver quem está vestindo qual look deslumbrante criado por quem. Em 2021, o Met Gala foi transferido de sua data habitual na primeira segunda-feira de maio para a segunda-feira de 13 de setembro, em decorrência da pandemia da covid-19, que já havia causado o cancelamento do evento no ano anterior. A festa de 2021 foi inevitavelmente menor do que o normal, com precauções sanitárias que não combinavam tanto com o glamour da moda, mas o mundo se adaptou, e o show teve que continuar.

Lewis Hamilton estava lá. Ter estado na Itália no dia anterior não fazia dele uma exceção em meio a uma lista de convidados para quem limitações dos horários de voos comerciais não são uma preocupação. Ter trabalhado no domingo talvez o diferenciasse de alguns, mas pessoas motivadas em geral trabalham nos fins de semana. Seu trabalho naquele domingo específico, o de pilotar um "carro de corrida de roda aberta" – um monoposto ou carro de fórmula com as rodas expostas e fora do corpo do veículo – a 320 km/h em Monza, o colocava em uma classe com apenas vinte outras pessoas no mundo. Mas, no Museu Metropolitano de Arte, Lewis Hamilton era o único que, no dia anterior, quase perdera a vida no trabalho.

O Grande Prêmio da Itália (formalmente denominado Formula One Heineken Gran Premio D'Italia 2021) foi realizado no Autodromo Nazionale Monza. A mera menção ao nome "Monza" entre fãs de F1 é o suficiente para fazê-los relembrar sua corrida favorita ou as incríveis velocidades alcançadas nesse famoso circuito. Em 2023, os cronômetros registraram um Fórmula 1 a 359 km/h no final da reta principal em Monza, um recorde para esse tipo de veículo. Apenas à guisa de comparação e perspectiva, a 354 km/h, o trajeto de 95 milhas (153 quilômetros) entre Manhattan e a Filadélfia – pela chamada Rodovia Interestadual 95 Sul – levaria 26 escaldantes minutos, com margem de alguns segundos.

Hamilton estava no meio de uma temporada com grandes implicações para o esporte. Ele ganhara seu sétimo título mundial em 2020 e entrou na temporada de 2021 com a intenção de se tornar o único piloto na história a conquistar oito campeonatos mundiais. Seu rival mais próximo, Max Verstappen, um prodígio holandês competindo pela equipe Red Bull Racing, lutava por seu primeiro título e, após vencer em casa no Grande Prêmio dos Países Baixos na semana anterior, chegou a Monza com três pontos de vantagem sobre Lewis. Depois de 22 voltas de um total de 53, uma série de pit stops desastrosos para os dois principais competidores levou a um encontro na chicane, quando Hamilton saía do pit lane. Enquanto avançavam lado a lado em direção à curva 2 em Monza, as coisas ficaram feias. Max se recusou a recuar na curva, embora Lewis estivesse claramente na frente para o que é chamado de "linha de corrida", a rota que permite que os pilotos façam curvas o mais rápido possível antes de atingir os limites de aderência. O holandês passou por cima de uma lombada e, como faltou espaço para ambos no contorno, tocou a Mercedes de Hamilton, catapultando sua Red Bull, que voou e pousou em cima do carro de Lewis.

Não fosse pela recente introdução de um dispositivo de segurança, o "Halo" de titânio que protege a cabeça do piloto, Hamilton poderia ter sido decapitado naquela ensolarada tarde nos arredores de Milão. O comportamento de Verstappen durante o incidente com certeza não melhorou o relacionamento entre os dois aspirantes ao título. Max acelerou, fazendo com que o volante girasse perigosamente a apenas alguns centímetros da cabeça de Lewis. Depois de sair do carro, o holandês nem sequer se preocupou em olhar para Hamilton a fim de ver se ele estava vivo. Em vez disso, ouviu-se Max dizer via rádio à sua equipe: "É isso que acontece quando você não dá espaço, ****!"[1] O insulto dirigido a Hamilton foi censurado para cair no esquecimento. No passado, Verstappen já havia usado linguagem racista e capacitista – atitudes amplamente ignoradas pela Fédération Internationale de l'Automobile (Federação Internacional de Automobilismo, FIA), o órgão regulador do esporte. Durante a temporada de 2020, após o governo da Mongólia escrever uma carta mordaz condenando Max por usar a palavra "mongol" como insulto, no sentido de "burro" ou "idiota", Jake Boxhall-Legge, do site Autosport.com, publicou um artigo intitulado "Por que os comentários ofensivos de Verstappen ganham carta branca?".[2] Boxhall-Legge foi ao cerne do problema: "Verstappen conseguiu usar em público uma linguagem capacitista e quase racista sem medo de receber sanções dos responsáveis. Não houve nenhum pedido de desculpas por parte de Verstappen, e o assunto foi varrido para debaixo do tapete sem nenhuma investigação adicional dos envolvidos".[3] A FIA e as emissoras que transmitem a F1 não mediram esforços, fazendo das tripas coração, para não revelar o conteúdo da comunicação por rádio de Verstappen no incidente com Lewis, o que levanta suspeitas de que Max talvez tenha usado uma linguagem ainda mais ofensiva do que os palavrões habituais.

———————

Dizer que os dois pilotos não eram amigos seria subestimar a atmosfera de animosidade que os envolvia. À já tensa dinâmica entre eles, somava-se a reputação de Max de dirigir de maneira agressiva, o que alguns caracterizariam como um imprudente desrespeito pela segurança e pelas regras. Essa postura do piloto levou à implementação da chamada "Regra Max Verstappen", que proibia os pilotos de "se moverem durante a frenagem".* Isso significa que, quando um piloto está se defendendo

---

* "Qualquer mudança de direção nas freadas que resultem em outro piloto ter de tomar uma ação evasiva será considerada anormal, e, portanto, potencialmente perigosa aos

contra uma tentativa de ultrapassagem, o piloto na dianteira não pode fazer um segundo movimento depois que a tentativa foi estabelecida, sobretudo em curvas onde o ponto de frenagem determina se os carros conseguem contornar sem sair da pista ou coisa pior. Por exemplo, se um carro se aproxima de outro e pretende ultrapassar pelo lado direito ao entrar na curva, o outro piloto não pode a princípio mostrar espaço no lado direito e então, no último instante, "fechar a porta", obrigando o adversário a fazer uma manobra evasiva.[4] A pressão para que Max ganhasse seu primeiro campeonato e, ao mesmo tempo, negasse a Hamilton seu oitavo título criou uma atmosfera tóxica. Alguns atribuem o acidente em Monza à tentativa de Verstappen de buscar vingança por uma colisão em alta velocidade em Silverstone quatro corridas antes. Naquele incidente, Lewis e Max fizeram contato na primeira volta, levando o piloto da Red Bull a atingir a barreira de pneus na área de escape com um impacto de 51G – força suficiente para fazer o corpo de uma pessoa de 90 quilos equivaler a 4.626 quilos. Max acabou no hospital, enquanto Lewis seguiu na prova e a venceu. Lewis comemorou a vitória, o que enfureceu Max, sua equipe e seus fãs. O clima piorou quando os comissários da prova determinaram que Lewis fora "o principal responsável"[5] pelo acidente.

Mais tarde, Hamilton ligou para o hospital para verificar o estado de Verstappen, mas isso não acalmou o humor de Max. Após o acidente que encerrou a participação de ambos os pilotos no Grande Prêmio da Itália algumas semanas depois de Silverstone, Verstappen foi considerado o principal culpado[6] e penalizado com a perda de três posições no grid da corrida seguinte. Não há evidências de que Max tenha encontrado em seu coração a vontade de verificar o estado de saúde de Lewis após o acidente em Monza, embora pudesse ter sintonizado a TV na cobertura do tapete vermelho do Met Gala para constatar que Hamilton recebera alta a tempo de chegar ao evento – com a cabeça no devido lugar e aparentemente sem maiores estragos.

De acordo com a revista *Elle*, Hamilton comparecera ao evento para encontrar maneiras de "colocar designers negros em primeiro plano na

---

pilotos". E "qualquer manobra do tipo será informada aos comissários de prova". Ou seja, ficava mais claro que as mudanças de trajetória já em zona de freada não seriam mais toleradas. (N. T.)

mente das pessoas". A matéria, intitulada "Lewis Hamilton pagou mais de 60 mil libras para jovens estilistas negros irem ao Met Gala", destaca os trabalhos de Theophilio, Kenneth Nicholson e Jason Rembert. O artigo não menciona o que o piloto fazia dias antes do Gala, colocando o foco apenas na mensagem positiva e inclusiva que Hamilton fez questão de promover por meio de sua presença e patrocínio.[7]

Além dos designers cujo trabalho Lewis se esforçou para colocar sob os holofotes, ele estava acompanhado por outras pessoas que a *Elle* descreveu como "inovadores negros", incluindo Law Roach – o estilista da atriz Zendaya –, o modelo Alton Mason, a cantora e compositora Kehlani, o esgrimista Miles Chamley-Watson e a velocista Sha'Carri Richardson. O artigo dedica vários parágrafos a analisar a falta de diversidade nos esportes a motor e como a iniciativa Mission 44 de Hamilton foi concebida para identificar e solucionar esses problemas. Lewis tem as mesmas preocupações com o mundo da moda e, ao que parece, não encontra dificuldades em separar os dois mundos quando necessário e combiná-los quando isso se mostra produtivo.

———

Lewis Hamilton chegou à Fórmula 1 quando o mundo havia abraçado por completo a revolução digital – era em que cada indivíduo se tornou um astro ou estrela em potencial, mesmo que apenas em sua própria cabeça e para aqueles que o acompanham no mundo virtual. Para as figuras públicas de verdade, o novo status de celebridade trouxe altíssima pressão, e a fronteira entre o público e o privado, de que astros e estrelas desfrutavam, ficou difícil de discernir ou manter – se é que esse limite ainda existe. Até então, a F1 contava com uma base de fãs abastada e nichada. Os moradores do Principado de Mônaco toleravam o incômodo por vários dias em maio para que a Fórmula 1 pudesse realizar seu evento, sabendo que depois o circo partiria. Os fãs mais ferrenhos podiam acompanhar seus heróis, mas a distância, sem saber o que os pilotos faziam longe das corridas – se é que estavam fazendo alguma coisa. Obviamente, já não é mais assim.

Cada momento de cada dia pode ser documentado e transmitido globalmente na velocidade da luz. Cada declaração, ponderada ou impulsiva, pode ser dissecada em público. Más notícias viralizam rápido, tendendo a sobrepujar qualquer consideração holística da pessoa, situação, contexto ou revisão. Lewis Hamilton compreende essa dinâmica e a abraça. Sua presença no Met Gala demonstra como ele usa a plataforma da Fórmula 1 como ponto de partida e não um fim, de modo que possa se envolver em outras causas com as quais se importa. A moda é um ponto em comum em meio a todas as suas afinidades, assim como questões sobre diversidade e oportunidade.

O hip-hop tornou-se um fenômeno global na década de 1990. Dois de seus principais temas são o desejo por luxo e o consumo desbragado. Carros velozes, joias cintilantes, locais exóticos e gente bonita. Em suma, tudo o que acontece no pequeno e exclusivo mundo da Fórmula 1. Essa ascensão da celebridade negra moderna serviu como combustível para a expansão da Fórmula 1. Se a F1 não tivesse Lewis Hamilton, seria necessário inventá-lo.

———

A presença de Lewis no Met Gala sinaliza sua total consciência acerca do que ele significa para as corridas de F1. Lewis personifica o hip-hop de uma maneira que não poderia ter sido prevista. Ele está criando o que alguns podem chamar de "cosmopolitismo negro contemporâneo". Ele não é um jogador de basquete ou de futebol, mas as maiores estrelas desses esportes vão aos circuitos de F1 para torcer por ele. Isso vale para atores, modelos, chefs megafamosos, músicos, escritores e muitos outros. Todo mundo quer estar perto de Hamilton. Esse fenômeno transformou as provas de Fórmula 1 em corridas a 320 km/h impulsionadas pelo medo de ficar de fora do show. À medida que a órbita em torno de Lewis fica abarrotada, a F1 é afetada de modo positivo: os formadores de opinião começam a gravitar em torno de outros pilotos, e, assim, o esporte se expande organicamente. Afinal, nem todos cabem ao lado de Lewis nos boxes em um fim de semana de corrida.

A Fórmula 1 é diferente de tudo. A cada par de semanas, de fevereiro a novembro, eles realizam um evento esportivo que é uma mistura de Copa do Mundo e Oscar, com uma saudável pitada da Prêt-à-Porter, também conhecida como Semana de Moda de Paris. Tudo gira em torno dos cerca de vinte pilotos que comandam esses carros, e não é possível que, na conversa sobre quem é o maior e melhor de todos os tempos do esporte, o nome de Hamilton não esteja perto do topo da lista. O menino mestiço de Stevenage, cerca de 40 quilômetros ao norte de Londres, tornou-se uma inspiração para pessoas em todo o mundo que têm sonhos que parecem incompatíveis com sua realidade. O que Sir Lewis Hamilton fez – ele foi condecorado Cavaleiro da Ordem do Império Britânico em 2021 – foi mostrar ao mundo que *o possível* é limitado apenas pela *possibilidade de acesso*. Ele e sua família abriram as portas douradas da Fórmula 1, e com isso o esporte melhorou.

Este livro mapeia a ascensão de Sir Lewis ao topo do automobilismo e conta como e por que ele se tornou um formador de opinião global. Os altos e baixos, os triunfos e lutas, e a histórica campanha na parte final de sua carreira para ganhar seu oitavo título de campeão mundial. Ao longo do caminho, examinaremos e criticaremos as instituições com as quais Hamilton está envolvido a partir de uma perspectiva de raça, etnia, religião, gênero, sexualidade e classe. Hamilton se importa com essas questões e, dessa forma, cria espaço para uma nova geração de atletas, torcedores e fãs se verem representados no esporte – ou em qualquer outra área – e expressarem o que lhes é importante.

CAPÍTULO 1

O FILHO ILUSTRE

GRANDE PRÊMIO DE FÓRMULA 1 DA TURQUIA
(FORMULA 1 DHL TURKISH GRAND PRIX 2020)
ISTAMBUL PARK
TUZLA, TURQUIA
15 DE NOVEMBRO DE 2020

O ANO DE 2020 É CONHECIDO COMO UM ANO DE CRISE. Para aqueles que sobreviveram, o mundo será percebido em partes: como as coisas eram antes da pandemia da covid-19, durante e depois. Mesmo com o mundo confinado, o circo itinerante global anual que é a Fórmula 1 continuou. A temporada não escapou imune aos cancelamentos e às mudanças decorrentes da pandemia, mas a 15ª prova da temporada – o Grande Prêmio da Turquia – chegou com Lewis Hamilton 85 pontos à frente de seu companheiro de equipe da Mercedes-AMG PETRONAS, Valtteri Bottas, o único competidor que poderia desafiá-lo na disputa pelo título. Todos os outros já estavam matematicamente eliminados. Uma vitória de Hamilton asseguraria o título da temporada de 2020. Ganhar um único campeonato de F1 já é bastante difícil. Ganhar um enquanto uma pandemia assola um esporte que exige que centenas de pessoas viajem para cinco continentes acrescenta uma camada extra de dificuldade. Esse título seria também o sétimo de Hamilton, o que o colocaria ombro a ombro com o ex-piloto Michael Schumacher no topo da lista de maiores e melhores de todos os tempos, feito que nem mesmo Hamilton, um sonhador por excelência, tinha em seu horizonte de devaneios. Ao mesmo tempo, o piloto estava preocupado em usar sua plataforma para mostrar solidariedade às vítimas da brutalidade policial nos Estados Unidos.

Foi um longo caminho até chegar a esse ponto. Um marco do início dessa fase de sua carreira está registrado em uma filmagem do jovem Lewis em 2006, um ano antes de ingressar na Fórmula 1 e às vésperas de seu campeonato no Grand Prix-2, mais conhecido como GP-2,[*] uma categoria considerada como de "segunda divisão" da F1, a categoria maioral. Durante a entrevista que cobriu vários temas, veio à tona o assunto de Schumacher e seus sete títulos mundiais, e Lewis declarou: "Não sei se seria capaz de ganhar sete campeonatos mundiais, mas ficaria feliz com apenas um".[1] Naquele momento em sua carreira, Lewis percebia estar em uma ascensão meteórica conquistada por seu próprio mérito com a ajuda de sua família, mas nem mesmo ele poderia imaginar que em 2020, na Turquia, passaria a dividir o trono mais alto na história da Fórmula 1 com Schumacher, piloto que definiu uma era do automobilismo.

Logo após a temporada da GP2, Hamilton abocanhou uma vaga em um carro de Fórmula 1 formando uma dupla com o ex-campeão mundial Fernando Alonso na McLaren Racing, a equipe que apoiou sua carreira durante anos. A aspiração de conquistar um campeonato mundial, que Lewis deixou clara nessa entrevista, quase se tornou realidade já em seu ano de estreia, quando ele ficou a apenas um ponto de ganhar o título, em uma temporada repleta de controvérsias, em larga medida porque o estreante não estava ali para brincar e imediatamente se viu enredado em acirrada competição e um bocado de conflitos com o veterano espanhol Alonso. Na visão de Alonso, Lewis deveria ser escalado para um papel de coadjuvante. Em seu primeiro Grande Prêmio, Hamilton comemorou no pódio o terceiro lugar, atrás de seu companheiro de equipe, que chegou em segundo; nesse momento ficou claro para todos que o novato não estava lá para ser um saco de pancadas de Alonso nem para se exibir. Algo especial estava acontecendo.

Em sua segunda temporada, em 2008, Hamilton ganhou o título mundial por um único ponto; depois, após uma seca de seis anos, ganhou outros em 2014, 2015, 2017, 2018 e 2019, e, em 2020, estava pronto para se igualar a Michael Schumacher no GP da Turquia. Durante a prova, Lewis assumiu a ponta e, no final, venceu. Peter Bonnington, apelidado

---

[*] A partir de 2017, o campeonato da GP2 passou a se chamar Campeonato FIA de Fórmula 2. (N. T.)

de "Bono", seu engenheiro de corrida – o membro da equipe responsável por manter o piloto atualizado sobre questões estratégicas e técnicas –, parabenizou ao piloto assim que ele cruzou a linha de chegada trinta segundos à frente do segundo colocado. "É isso aí, Lewis!", exclamou Bono pelo rádio. "Que maneira de fazer isso, cara! Que maneira de ganhar seu sétimo título mundial!"

Lewis respondeu. Mais ou menos. Primeiro com um grito de vitória visceral e prolongado, em algum lugar entre agonia, alívio, histeria e alegria desenfreada. Ele estava emocionadíssimo, e sua risada histérica enfim se converteu em palavras misturadas com lágrimas: "Muito obrigado, rapazes! Uau! Uhu! Isso é para todas as crianças que sonham o impossível! Vocês também conseguem chegar lá, cara! Eu acredito em vocês. Muito obrigado a todos pelo apoio". O menino de Stevenage, cidadezinha a cerca de 40 quilômetros ao norte de Londres, o filho negro britânico de um homem de ascendência granadina e uma mãe inglesa branca que sonhara o impossível superou até mesmo suas fantasias mais desvairadas.

Lewis Hamilton, após seu sétimo título mundial, logo seria condecorado cavaleiro pelo então príncipe Charles. Agora ele figurava ao lado de Michael Schumacher, o mesmo piloto que Hamilton, na entrevista de 2006, definiu, maravilhado, como aquele que provavelmente era, pelo menos em termos de campeonatos mundiais, um dos maiores e melhores da história do esporte. Depois da Turquia, como veremos, ele voltou à sua preocupação inicial da entrevista da GP2. Depois do número sete, ficaria "feliz com mais um": o oitavo, para se distinguir de Schumacher. Hamilton percorreu um caminho tortuoso para chegar a esse sucesso – não apenas essa corrida, essa temporada ou esse campeonato, mas uma vida que não parecia incluir o item "campeão mundial de Fórmula 1" em sua lista de potenciais opções. Lewis e sua família chegaram à Fórmula 1 apesar de não terem recursos financeiros nem experiência no esporte. Tudo isso aconteceu enquanto administravam a pressão que vem de ser a única família negra no que até então tinha sido um mundo exclusivamente não negro.

Esta história é a história de Lewis Hamilton. E, portanto, é uma história sobre sonhos. Sobre sonhos impossíveis. Não impossíveis de sonhar – como bem sabemos, qualquer um pode sonhar com qualquer coisa. Mas sobre aquilo que Hamilton chama de "sonhar o impossível": ir além de qualquer horizonte ou limite que você acha que existe para si mesmo e realizá-lo. O próprio Lewis expressa isso quando realiza sonhos que ele nem sequer ousava sonhar. "Vocês também conseguem chegar lá! Eu acredito em vocês." E então, ao estilo típico de Lewis Hamilton, ele imediatamente começa a expressar gratidão por todas as pessoas que se tornaram companheiras indispensáveis para que ele alcançasse o sucesso. Por mais que esta seja a história de Lewis, é parte da magia dele fazer com que seja a nossa também. Hamilton se importa com as pessoas, sobretudo com aquelas que parecem esquecidas e têm dificuldade em acreditar em si mesmas. Em meio a isso tudo, os departamentos de marketing do mundo inteiro não se cansam dele. Sua *persona* vende carros, roupas, comida, bebidas, malas, relógios; o que você quiser, Lewis é capaz de vender qualquer coisa; mais do que isso, ele nos faz acreditar que o impossível é possível. Mesmo com essa mensagem edificante e positiva, há quem espere que ele desapareça, mas não antes que ele fracasse de forma espetacular.

Lewis Hamilton, o piloto e ícone cultural, é o produto de um coletivo. Para entender plenamente esse fenômeno global, que emergiu de origem e de circunstâncias que fazem parte do aspecto "impossível" desse sonho, não podemos ignorar o papel de pessoas como seus pais e Ron Dennis, o executivo da McLaren que assumiu o risco institucional ao apostar no adolescente.

O outro aspecto da marca registrada de sonho de Hamilton é compartilhar. Ele está disposto a lançar mão de seu dinheiro, sua eloquência e qualquer outra coisa necessária para demonstrar que realmente acredita nos sonhadores. Todos os esforços de Hamilton para fomentar diversidade, equidade e inclusão parecem revelar sua plena consciência de que ele poderia facilmente ter tido outro tipo de vida, saindo de casa todos os dias para um emprego assalariado – não que não haja dignidade nisso –, e assistindo às corridas de carro nos fins de semana em vez de vencê-las. Lewis está comprometido com a diversidade e as oportunidades em todos os aspectos dos esportes a motor, do cockpit de um carro de Fórmula 1 à cabine de transmissão, do paddock à gerência da equipe e ao túnel de vento. Em todos os lugares. Hamilton demonstra a convicção de que nenhuma criança deve ter seu sonho frustrado pela falta de oportunidades, apenas pela ausência de determinação e talento.

Lewis Hamilton alterou para sempre a face da Fórmula 1, no sentido literal e figurativo. Antes que o Lewis da GP2 pudesse imaginar se um dia ganharia um único título mundial de Fórmula 1, ele precisou pensar com seus botões, perguntando-se se seria o primeiro piloto negro na história desse esporte, que é sem dúvida o mais branco e elitista do mundo, não um lugar em que um menino mestiço de uma cidadezinha ao norte de Londres encontraria ídolos e exemplos a ser seguidos que se parecessem com ele.

Há aqueles que desejam – ou talvez precisem – ver simbolismo do sucesso de Hamilton apenas como superação de classe social, porque raça é uma questão espinhosa, uma batata quente demais para segurar nas mãos por muito tempo. Isso seria bom em algum sentido, mas não é o mundo em que vivemos. Assim como os fãs de esportes torcem por sua nação na Olimpíada ou na Copa do Mundo, é inegável que a identidade nos move: às vezes de forma positiva, mas muitas vezes de maneira nociva. Lewis está ciente da atenção, positiva e negativa, que sua raça recebe e demonstra constante orgulho de quem ele é. Este livro honrará essa postura ao abordar a questão com franqueza.

––––––––––

Volta e meia Lewis faz questão de afirmar que nunca se sentiu "adequado". Em recente declaração à revista *Vanity Fair*, ele disse que "não me senti bem-vindo" e "não me senti aceito".[2] Não podemos contar sua história sem termos o cuidado de entender o que isso significa para ele e para nossa sociedade.

Os esportes, em especial os Jogos Olímpicos, são estruturados para que a lealdade nasça do sentimento de pertencimento – da ideia de que os fãs são parte do jogo. A contagem diária de medalhas, que abre e fecha a cobertura jornalística de um dia da Olimpíada, existe para alimentar a fome dos cidadãos de uma cidade, região ou país específico de se compararem a seus rivais, ou ao mundo, dependendo de seu desempenho. No nível mais básico, um evento esportivo como o Palio di Siena na Itália reúne dez cavaleiros montados a pelo (sem sela), cada um representando um dos dezessete distritos da cidade. Eles competem em uma corrida sem restrições ao redor da praça, em uma disputa pela honra local. Já em Detroit, Michigan, os fãs dos Lions – embora o clube tenha sido, até recentemente, eterno perdedor no campeonato da NFL [National Football League, a principal liga de futebol americano profissional dos EUA] – continuam torcendo por causa de sua identificação com a cidade e seu time. Essas associações são fundamentais na formação da cultura ocidental – não apenas a cultura esportiva –, do Estado-nação até do bairro. Quando se acessa a ESPN para assistir à infinita repetição de placares da noite anterior, os fãs de esportes estão sempre interessados nas grandes rivalidades, e muitas delas são regionais. No basquete, os torcedores do Los Angeles Lakers não suportam os torcedores do Boston Celtics. A Filadélfia é especialmente hostil à cidade de Dallas. Em Chicago, os moradores que vivem no South Side (lado sul) não viajam para o norte até o estádio Wrigley Field para apoiar os Cubs, porque isso seria uma traição ao White Sox.

Naturalmente, o herói esportivo adquire um profundo senso de importância, além dessas outras associações. Heróis dos campos de futebol americano, das quadras ou dos diamantes de beisebol tornam-se figuras representativas e aspiracionais para o bairro, cidade, estado, faculdade, time ou até mesmo nação. O atleta personifica a relação de pertencimento e, em condições ideais, transforma-se no cidadão "protótipico" daquela comunidade.

Babe Ruth é um exemplo clássico. Natural de Baltimore, no início da carreira foi negociado pelo Boston Red Sox para o New York Yankees. Acabou por exemplificar a Cidade de Nova York e tudo o que a "Grande Maçã" representava para a cultura estadunidense no início do século XX e além. A *persona* extravagante e de estatísticas inigualáveis na liga consolidaram Ruth na cultura dos Estados Unidos como o exemplo definitivo do jogador ideal de beisebol, esporte que, na época, era o passatempo nacional. Transformar atletas em heróis é muito bom até que alguém que não se encaixa se torne o porta-estandarte. O *outsider* que ascende à condição de herói pode colocar em xeque os sentimentos das pessoas em relação a um esporte, um time, uma nação ou mesmo a certos tipos de pessoas. Outra lenda do beisebol, Jackie Robinson, é o exemplo perfeito de *outsider*.

Em sua configuração atual, a Fórmula 1, um esporte *internacional*, marca presença em todos os continentes, exceto um: África. A temporada de Fórmula 1 parece a lista de desejos de um viajante de luxo. Uma temporada típica faz paradas no Bahrein, Arábia Saudita, Austrália, Japão, China, Itália, Canadá, Estados Unidos, Mônaco, Espanha, Áustria, Grã-Bretanha, Hungria, Bélgica, Países Baixos, Azerbaijão, Cingapura, México, Brasil, Catar e Emirados Árabes Unidos. Como já mencionamos, a África está ausente, problema que Hamilton prometeu consertar.[3] Mas para deixarmos bem claro: a Fórmula 1 nunca foi um esporte em que esperaríamos ver a classe trabalhadora ou, no caso de Hamilton, pessoas negras nem sequer como espectadores, muito menos como pilotos.

A África como uma sede de provas de F1 desapareceu na esteira dos estertores do *apartheid* em 1993. Isso significa que a presença da Fórmula 1 na África do Sul de 1967 a 1993 dizia muito sobre a ausência de diversidade dessa forma de administrar um país. O evento deixou de existir quando o *apartheid* caiu em descrédito e foi abandonado. A diversidade é uma preocupação constante para Lewis, tanto no esporte quanto fora dele – seja em termos de classe social ou outras formas de estar no mundo.

A Fórmula 1 não tinha regras e tradições formais que excluíssem os negros da participação, restrições que havia em outros esportes. (Por exemplo, a Major League Baseball – MLB –, a principal liga de beisebol profissional da América do Norte, era explicitamente segregada até Jackie Robinson se juntar ao Brooklyn Dodgers na primavera de 1947.) Mas não precisava delas. A estrutura da Fórmula 1, sobretudo o elevado custo econômico da liga de kart, a categoria de nível mais básico que serve como porta de entrada para a F1, impedia a participação dos negros logo de cara. Criado na classe trabalhadora da cidadezinha inglesa de Stevenage, condado de Hertfordshire, Hamilton não dispunha da riqueza familiar da qual quase todos os outros pilotos de F1 usufruíam.

Imagine por um momento que uma criança estadunidense tivesse de pagar 11 mil dólares por temporada para jogar futebol americano no ensino médio. Se fosse esse o caso, quase não haveria jogadores negros de futebol americano universitário, e provavelmente poucos ou nenhum na NFL. Anthony Hamilton, o pai granadino de Lewis, não aceitou isso e, na tradição de pais negros de atletas que mudam o mundo em lugares improváveis, começou a lidar com a parte do impossível que ele poderia tornar possível. Depois que Lewis conquistou sete campeonatos mundiais e depois de tudo o que ele passou a representar, as ações de seu pai fazem todo o sentido; mas, à época, deve ter havido aqueles que se perguntavam se Anthony Hamilton tinha perdido o juízo.

A história do apoio do pai de Lewis à ambição de seu filho deve ser examinada ao lado de outras histórias semelhantes e igualmente improváveis no mundo dos esportes e do entretenimento. Joe Jackson deve ter acreditado que o bando de crianças que ele estava disciplinando a ponto de lhes impingir maus-tratos em uma garagem em Gary, Indiana, se tornaria, sem dúvida, o mais influente grupo de música pop da época. Sem mencionar que um dia seu filho Michael não precisaria de mais nenhum identificador além de seu primeiro nome para ser conhecido das margens do lago Michigan ao rio Yang-tsé e vice-versa.

Isso vale também para Richard Williams, o visionário de Compton, Califórnia, que nada sabia sobre tênis, exceto que era possível ganhar muito dinheiro no esporte. Suas filhas, Venus e Serena, tendo vencido um total de 60 títulos de Grand Slam (simples e duplas), provaram que a noção mais ou menos desinformada de Richard estava certa, e hoje é impossível pensar no esporte sem vir as duas à mente.

Outro pai visionário é Earl Woods, boina verde das forças armadas dos EUA. Ele deu ao filho o nome de Eldrick e o apelidou de "Tiger" (Tigre) em homenagem ao seu colega, o coronel sul-vietnamita Vuong Dang Phong, que lutou com Woods nas profundezas das selvas do Sudeste Asiático. Fazendo jus a esse DNA, Earl impingiu estresse mental e físico ao filho, o que fez com que o *chip-in* de Tiger Woods no 16º buraco no Masters em 2005 parecesse apenas mais uma noite com seu pai dando tacadas em um cemitério.

A ginástica é outro esporte caro que tem tido suas dificuldades com a diversidade. Quando a mais velha das meninas Biles tinha 6 anos, seus avós – que as adotaram legalmente – levaram a sério um bilhete que um dos treinadores das crianças lhes enviou depois de vê-la em ação durante uma excursão da pré-escola dizendo que a criança era extraordinariamente habilidosa em ginástica.[4] Eles de imediato matricularam Simone nas aulas. O fato de ela ter conquistado mais de 40 (até agora) campeonatos mundiais e olímpicos torna esse bilhete o mais importante na história desse esporte.

Vamos deixar Michael (Jackson, não Jordan) de lado, não porque ele não seja importante, mas porque a música, sobretudo no mundo moderno, constitui um campo relativamente acolhedor, quando não equitativo, no que diz respeito às contribuições de pessoas negras. Não é o caso de esportes como tênis, golfe, ginástica ou Fórmula 1, em que os termos "exclusivo" e "caro" soam quase redundantes. Então, para famílias como os Williams, Woods, Biles e Hamilton, sair de Compton para Wimbledon, por exemplo, significou um salto no escuro muito mais distante em comparação com a sair de Gary para Motown.

Anthony Hamilton, na prática, não tinha nenhum herói para seu filho ou para si mesmo que servisse como um símbolo de sucesso nas corridas de F1. Por exemplo, Dianne Durham, também de Gary, venceu o campeonato nacional de ginástica em 1983, mas perdeu a Olimpíada de Los Angeles por causa de uma lesão. Dominique Dawes conquistou o ouro olímpico em Atlanta em 1996, um ano antes de Simone Biles nascer, adicionando-o ao bronze de Barcelona em 1992; de quebra, conquistou outro bronze em Sydney em 2000. Se outras atletas antes de Simone andaram para que ela pudesse saltar, Anthony e Lewis não tiveram ombros de gigantes nos quais pudessem subir.

O golfista Charlie Sifford nasceu em 1922, competiu no US Open de 1959 e se tornou membro da PGA Tour [Professional Golfers Association of America, principal organização e associação de golfistas profissionais no mundo] aos 39 anos, após vencer seis vezes o National Negro Open. O presidente Barack Obama concedeu a Sifford a Medalha Presidencial da Liberdade um ano antes de sua morte, o ápice de uma carreira que teve apoio financeiro do cantor Billy Eckstine e do pugilista campeão dos pesos-pesados Joe Louis, o que fez dele uma espécie de Jackie Robinson do golfe.

Em 1979, quando Tiger Woods tinha cerca de 4 anos, Calvin Peete conquistava a primeira de suas doze vitórias no PGA Tour no Greater Milwaukee Open. Então, quando o filho de Earl, um prodígio do golfe, venceu seu primeiro título no Augusta National em 1997, a reação dos golfistas brancos – os Fuzzy Zoellers do mundo – foi tão previsível quanto reveladora: surpresa misturada com perplexidade, quando na verdade deveriam ter esperado que isso acontecesse cedo ou tarde. Havia golfistas negros em atividade, mas nenhum que "importasse" para aqueles que respaldavam o *apartheid* em vigor no Augusta National. Zoeller, depois de não se sair bem no Augusta e assistir a Woods da galeria dos espectadores, verbalizou o que muitos devem ter pensado:

> Ele está indo muito bem, muito impressionante. Aquele garotinho tem um bom *drive* [pancada de longa distância no início do jogo], e seu *putt* [tacada no green para atingir o buraco] é bom. Ele fez tudo o que era necessário para vencer. Então, sabem o que vocês vão fazer quando ele chegar aqui? Vocês vão dar um tapinha nas costas dele, dizer "parabéns", e aí aproveitem e digam a ele para não servir frango frito[*] no ano que vem. Entendido? Ou couve, ou o que quer que eles sirvam.[5]

Há um bom motivo para esquecer Fuzzy, mas também um bom para lembrar dele. Esportes são um *continuum*. Não é possível compreender plenamente como um atleta se encaixa em um esporte sem entender o contexto que o cerca, incluindo regras, outros competidores e os diversos obstáculos envolvidos. O contexto cultural que Lewis encontrou ao chegar à Fórmula 1 ecoava o ambiente que Tiger enfrentara no golfe.

O comentário sobre "frango frito" não foi um ato isolado do autointitulado "brincalhão" Fuzzy, que nasceu três anos antes do caso Brown versus Conselho Estadual de Educação.[**] Quando indagado sobre se

---

[*] Nos EUA, a pejorativa associação racista entre o frango frito e os negros tem uma razão histórica: com a fim da Guerra da Secessão (1861-1865) e a derrota dos Confederados, a escravidão foi abolida. Agora libertos, os negros tiveram que achar maneiras de sobreviver. Para auxiliar suas famílias, muitas mulheres negras passaram a vender comida caseira (inclusive frango frito) para os passageiros dos trens. Várias delas ganharam um bom dinheiro, sucesso que os sulistas brancos viram como uma afronta. Não demorou muito para que caricaturas de negros com frango frito aparecessem em objetos domésticos como talheres e saleiros e passassem a circular em jornais, difundindo o estereótipo pelo país todo. Nesses desenhos, as pessoas negras sempre apareciam consumindo frango frito com as mãos, enfatizando sua "brutalidade" e natureza "animalesca". (N. T.)

[**] Linda Brown era uma criança negra obrigada a atravessar a pé a cidade inteira (Topeka, no Kansas) para chegar à escola onde estudava; apesar de existirem outras escolas públicas muito mais próximas de sua residência, Brown não podia frequentá-las por uma única

jantaria com seu rival Woods, o golfista profissional espanhol Sergio García, nascido em 1980, garantiu à imprensa que, se fizesse isso, "serviríamos frango frito". Essas "piadas" revelam o desconforto causado por atletas como Tiger, Simone, Venus, Serena e outros em enclaves que se declaravam imunes à influência da cultura afro-americana. A preocupação com o exotismo comum do frango frito nada tem nada a ver com "dar tacadas longas para se divertir e dar tacadas leves e curtas para ganhar o jogo". Explicita, na verdade, a batalha constante de atletas negros contra mensagens de que não pertencem àquele lugar e de que estão trazendo consigo sua "porcaria negra", bagunçando tudo.

O preconceito óbvio enfrentado por golfistas negros, apesar da presença deles no esporte durante a maior parte do século XX, revela o tamanho da irritação que algumas pessoas sentiram quando os Hamilton apareceram. A Fórmula 1 não contava com o benefício de um século ou mais para ainda ter medo de frango frito e couve ou qualquer outra coisa que os negros comessem. Quando Lewis emergiu no cenário, foi como Charlie Sifford vencendo seis vezes o US Open em vez do National Negro Open.

Sobre sua chegada à Fórmula 1, Lewis confessou: "Não me senti bem-vindo. Não me senti aceito… Não é assim que se faz. Tatuagens?".[6] Apesar de parecer incongruente – em desacordo com o personagem – um piloto de F1 ter tatuagens, Lewis claramente não se matriculou no curso "Como se preocupar com o que as pessoas pensam a seu respeito". Ele não dá a mínima para o que as pessoas acham de sua forma de se adornar. Para entender com maior profundidade o pensamento de Lewis, vamos nos concentrar em uma tatuagem em seu ombro esquerdo: a silhueta de um pai jogando uma criança no ar, contrastando com um relógio que marca 11h10.

Em entrevista à revista *GQ* em 2018, Lewis mergulha fundo, de forma francamente invasiva, na discussão sobre sua arte corporal (e entendo a motivação dele). Lewis diz que fazer tatuagens exige reflexão

---

razão: não aceitavam crianças negras. Diante da recusa das autoridades em matriculá-la numa escola mais próxima, Brown ajuizou uma ação contra o Conselho Estadual de Educação. Em 17 de maio de 1954, a Suprema Corte dos EUA tomou uma decisão histórica que mudaria o curso dos direitos civis no país, emitindo um veredicto unânime que proibia a segregação racial nas escolas públicas. (N. T.)

e deve ser uma maneira de "mostrar sua história, sua jornada até onde você está". É claro, nenhum de nós estaria em lugar nenhum sem os pais, mas o relacionamento entre Lewis e o pai, Anthony, é complicado por razões que destrincharemos nos próximos capítulos. A tatuagem do relógio, segundo Lewis, é "dedicada ao meu pai. Eu não estaria fazendo o que estou fazendo sem meu pai (...), desde os meus 4 anos ele me pegava e me jogava no ar, como se faz com crianças. E era o momento mais especial que eu tinha com meu pai. Ele é um homem muito sério. Ele é muito durão, mas nesse momento específico ele estava feliz como nunca. Não havia negócios. Não havia a exigência de disciplina. Havia apenas amor puro".[7]

Lewis não deixa muito espaço para imaginação quanto à complexidade dessa relação entre um garoto e seu pai que queria fazer algo que nenhum dos dois de fato entendia e que logo se tornou uma parceria profissional. Esforço e sacrifício fazem sentido quando dão certo, mas vale a pena gastar algum tempo discutindo o que, para começo de conversa, levou Anthony Hamilton à Grã-Bretanha. A história de Anthony tem muito a dizer sobre o impulso para levar seu filho à Fórmula 1.

A família de Anthony Hamilton emigrou do Caribe para a Inglaterra na década de 1950, integrando o que ficou conhecido como a "geração Windrush".* Após a devastação da Segunda Guerra Mundial, os caribenhos foram convidados a emigrar rumo à Grã-Bretanha para reconstruir o país. Os Hamilton eram originários de Granada, ilhota a barlavento nas Pequenas Antilhas. A população atual da ilha é de cerca de 126 mil habitantes. Na década de 1950, quando os Hamilton partiram, era cerca de 50% menor. A população permaneceu por volta de 80% negra desde o genocídio dos povos nativos e o comércio de escravos no Atlântico. As principais exportações de Granada, desde que foi avistada por Colombo em sua terceira incursão ao desconhecido (da perspectiva dos europeus), eram noz-moscada e macis. Diante das possibilidades de

---

* O nome deriva da primeira geração de trabalhadores negros originários das colônias inglesas no Caribe que aportou em Londres, em 1948, a bordo do navio *Empire Windrush*. (N. T.)

comércio bastante limitadas para os cidadãos de Granada, a família de Anthony, como muitas pessoas de ascendência africana de uma ponta à outra do Caribe, imaginou haver melhores oportunidades na Europa ou nos Estados Unidos.

Deixar Granada parecia ótimo no papel, mas, na prática, a tensão anti-imigrantes atingiu um crescendo em 1968 com o discurso do político conservador Enoch Powell, libelo que recebeu o nome "Rios de sangue" e fez soar o alarme quanto à ameaça de a Grã-Bretanha tornar-se uma nação não branca.

> Lá estava um cidadão inglês decente e comum, que em plena luz do dia, na minha própria cidade, diz a mim, seu Membro do Parlamento, que o país já não será um lugar onde valerá a pena seus filhos viverem. Simplesmente não tenho o direito de encolher os ombros e pensar em outra coisa. O que ele está dizendo, o que milhares e centenas de milhares estão dizendo e pensando – não em toda a Grã-Bretanha, talvez, mas nas áreas que já estão passando pela transformação total para a qual não há paralelo em mil anos de história inglesa. Devemos estar loucos, de verdade loucos, como nação para permitir o influxo anual de cerca de 50 mil dependentes, que são em grande medida o material do futuro crescimento da população descendente de imigrantes. É como assistir a uma nação empenhada em empilhar sua própria pira funerária. Somos tão loucos que realmente permitimos que pessoas solteiras imigrem com o propósito de fundar uma família com cônjuges e noivos a quem jamais viram.[8]

A migração para a Grã-Bretanha teve a ver com oportunidade econômica e educacional, apesar da preocupação de Enoch Powell e outros com os relacionamentos interraciais. As perspectivas econômicas para os moradores de Granada que escolheram partir para a Inglaterra eram significativas em comparação com as disponíveis na ilha. O mais recente Produto Interno Bruto registrado em Granada foi de cerca de 1,1 bilhão de dólares. A título de comparação, o negócio que é a Fórmula 1 teve uma receita total superior a 2,5 bilhões de dólares em 2022. A renda per capita em Granada é de cerca de 10 mil dólares. Então, fica claro por que na década de 1950 a perspectiva de emigração ao redor do mundo era tão atraente para pessoas negras.

Anthony Hamilton, nascido em 1956 na Inglaterra, jamais esqueceu suas raízes caribenhas, mas se estabeleceria pessoal e profissionalmente em solo britânico.

Anthony conheceu a mãe biológica de Lewis, Carmen Larbalestier, e os dois se casaram. Viver nos arredores de Londres como um casal interracial foi sua escolha e, sem dúvida, teve consequências para seu relacionamento e a criação de Lewis. Os dois deram as boas-vindas ao nascimento de Lewis Carl Davidson Hamilton no dia 7 de janeiro de 1985, meses após o corredor Carl Lewis igualar na Olimpíada de Los Angeles o desempenho de Jesse Owens em 1936 com quatro medalhas de ouro, façanha que, podemos imaginar, impressionou os pais de Lewis. Estava claro que a questão de ser veloz ficou gravada na mente de Anthony. Carmen e Anthony se divorciaram em 1987, quando Lewis tinha 2 anos. Embora tenha se casado de novo e tido outro filho com sua segunda esposa, Linda, Anthony manteve-se presente na vida de seu primogênito. O irmão de Lewis, Nicholas, continua próximo a ele e se tornou uma inspiração para o irmão mais velho por superar muitos dos obstáculos que enfrenta por ter paralisia cerebral.

O sr. Hamilton, conforme conta a história, comprou para Lewis um carro de controle remoto depois que o menino, aos 5 anos, demonstrou interesse por automóveis. Difícil pensar que exista um brinquedo mais auspicioso para dar de presente a uma criança como nesse caso. Não muito diferente da história de Simone Biles, Lewis demonstrou tanto interesse e aptidão em dirigir o carro de controle remoto que seu pai o inscreveu na Associação Britânica de Carros de Corrida (BRCA, na sigla em inglês), que organizava uma série de competições entre crianças e adultos. Alguns dizem que os adultos envolvidos na BRCA levam a coisa muito a sério. Lewis venceu o campeonato aos 6 anos, e algumas pessoas ainda parecem estar mais do que um pouco irritadas com isso. Em 6 de novembro de 2020, para relembrar o evento, Lewis postou uma foto em sua página do Facebook com a seguinte legenda:

> Eu tinha 6 anos quando ganhei meus dois primeiros troféus de corrida de carros de controle remoto. O troféu menor foi o do 2º lugar no campeonato de carros elétricos contra homens adultos. O maior foi como o melhor novato nos carros grandes a gasolina contra homens adultos.

Eu era o mais novo lá, com pelo menos quinze anos de diferença. Também éramos as únicas pessoas negras lá em um campo muito menor. Fiquei tão orgulhoso, foram alguns [*sic*] melhores dias da minha vida, passando um tempo com meu pai no banco de trás do nosso carro velho, com nossa sopa de macarrão instantâneo e sanduíches de bacon, que era uma coisa muito inglesa. #1991.[9]

Parece uma história muito legal. Repleta de fatos objetivos, isenta de julgamentos sobre pessoas ou situações. Há muitas declarações positivas do tipo "eu", para aqueles que fazem contabilidade dessas coisas, sem uma única calúnia sobre alguém ou qualquer outra coisa. No entanto, os comentários do público na postagem destacam o que costumamos chamar de "*haters*".

Haters, os odiadores, pessoas que fazem comentários negativos ou maldosos sobre outras pessoas, situações ou atitudes, são importantes para entender Lewis Hamilton, da mesma forma que Fuzzy Zoeller é importante. Os comentários do piloto sobre as pressões de ser um *outsider* só podem ser compreendidos ao entendermos sua experiência com as mídias sociais. É óbvio que se trata de uma ferramenta poderosa, mas as mídias sociais também são potencialmente devastadoras até mesmo para a pessoa mais confiante. Em postagens como essa, Hamilton fala em termos vagos. Ele evita pegar pesado ou ofender alguém, mas também, de caso pensado, não remove essas postagens, como bem poderia fazer. Elas são uma parte importante de sua história. Histórias como essas falam de sua preocupação até mesmo com o tipo mais comum de bullying e mostram que isso acontece até com ele, e que você pode superar ataques do tipo.

Dan Tomlinson, cujo perfil no Facebook/Meta o descreve como "2x campeão do clube de motociclismo, pai e marido, a vida é boa", escreve em resposta à postagem do heptacampeão mundial: "O que a cor tem a ver com isso? Vocês são todos pilotos. As mesmas pessoas com a mesma paixão". Mas são de fato? Alguém pode ficar tentado a escrever de volta para Dan, piloto, campeão, pai etc., algo como: "Quem se importa com sua esposa e filhos? Todas as famílias e campeonatos importam!", mas isso não seria bacana, certo? Uma coisa a se notar sobre a autoconsciência de Dan é que ele tem o cuidado de deixar a habilidade de fora da discussão ao falar sobre a "igualdade" de "todos os pilotos". Dan, no entanto, não está sozinho em sua antipatia pela postagem de Lewis.

Outro usuário do Facebook, Andrew Bottomley, também tinha algo a dizer sobre isso e serve como um exemplo de inúmeros outros que reagiram negativamente à publicação de Lewis. Em texto postado em sua página pessoal em 8 de fevereiro de 2024, Andrew expressa sua consideração por pilotos de Fórmula 1, no caso James Hunt e Barry Sheene. Andrew descreve os dois como parte de uma era de pilotos que competiam… "nos dias antes de os homens poderem engravidar". Seja lá o que isso queira dizer. Sobre a postagem de Lewis falando de seus troféus ele disse:

> Eu era o cara branco com a família branca estacionado ao seu lado no início dos anos 2000, tirando seu Zip kart do bagageiro do teto do seu Vauxhall Cavalier na pista de kart PF. Engraçado que seu pai não tinha problemas em usar nossa água de chaleira branca enquanto ele zanzava pelo boxe, continue no caminho certo, não perca o controle de suas raízes, filho, brilhe.[10]

Há muita coisa acontecendo aqui. Primeiro, não há razão para acreditar que Andrew já tenha estado perto dos Hamilton ou lhes oferecido "água de chaleira branca". No entanto, é o subtexto do discurso de Andrew que merece a nossa reflexão. Há uma narrativa de que Lewis e sua família receberam de pessoas brancas coisas que não mereciam e que continuam ingratos e impenitentes. Essa narrativa surgirá repetidas vezes à medida que a história de Lewis se desenrolar. Seja a água da chaleira que os brancos são bondosos o suficiente para dar a pessoas negras mal abastecidas, sejam grandes patrocínios de multinacionais, tudo é imerecido.

Como Lewis aponta, até onde sua memória alcança, ele e Anthony eram os únicos negros nesses eventos de carros de controle remoto. Deve ter sido tremendamente difícil para aqueles adultos que se esforçavam para ser especialistas em pilotar esses brinquedos comerem poeira e sofrerem derrotas acachapantes de uma criança negra de 6 anos. Se essa agressão se limitasse a postagens raivosas mais de vinte anos depois, ou melhor ainda, se as pessoas apenas fervessem em seu próprio inferno particular, seria uma coisa. Mas, infelizmente, Lewis e seu pai descrevem casos de agressão física que aumentaram na mesma proporção que o sucesso do menino.

Hoje o site da BRCA inclui uma aba chamada "Corrida com Respeito". Não é difícil imaginar que seja uma tentativa de se antecipar ao tipo de problema que ocorre em lugares onde os adultos colocam muita ênfase em tentar "ganhar" algo que na realidade assinala sua própria mediocridade.

Tudo isso faz parte do motivo pelo qual Lewis declarou na matéria da *Vanity Fair* que não se sentia "adequado". Racismo e exclusão assombram e motivam Lewis até hoje, pois ambos afetam a ele e a outros. Há muitas maneiras de lidar com o sentimento, real ou imaginário, de não se encaixar. Ao longo da história da Fórmula 1, o esporte desenvolveu uma cultura, e o centro dela, como em todos os esportes, eram os atletas de melhor desempenho. Os pilotos de Fórmula 1 eram tidos como indivíduos destemidos e meio malucos que relaxavam fora das pistas com muita bebedeira e farra. Lewis não está sugerindo que, se passasse mais tempo festejando, ele se encaixaria. O que ele quer dizer é que a presença de uma pessoa negra no esporte incomodava algumas pessoas. Lewis vai além ao não fazer nenhuma tentativa de amenizar quem ele é, sejam suas tatuagens, tranças, escolhas de moda ou ativismo. Como as culturas são criadas, mantidas e defendidas é sempre algo reacionário. Lewis causa reações, algumas positivas e outras negativas. A cultura é impulsionada por aqueles que se recusam a se conformar com padrões, muitos dos quais são concebidos para refutar o progresso. Ao iniciar sua carreira, Lewis não pôde evitar tomar uma posição sobre o que significa ser um piloto de Fórmula 1 que é negro – e como lidar com quem não o quer por perto.

A resposta de Anthony para esse problema é um clássico em termos de enfrentamento ao racismo: profissionalismo. Não existe uma única pessoa negra na Terra que, em algum momento, não tenha ouvido algo como: "Você precisa ser duas vezes melhor que os outros". Essa declaração é semelhante ao que a ex-primeira-dama dos EUA, Michelle Obama, consolidou em sua frase: "Quando eles baixam o nível, nós vamos para cima".[11] Essas respostas são importantes, éticas e mais ou menos eficientes para superar esses problemas, mas pouco fazem para resolvê-los de fato. É ingênuo pensar que pessoas como Dan e Andrew vão cair em si, mudar de ideia e ter algum bom senso e elegância diante do fato de Lewis estar indo de vento em popa. O que ocorre é o oposto. Veremos que, à medida que as coisas melhoram para alguém como Lewis, a reação racista de pessoas como Dan e Andrew cresce exponencialmente. (É de se perguntar o que outras pessoas negras, azaradas o bastante para encontrar pessoas como Dan e Andrew, são obrigadas a aturar.) Mas Lewis, em determinado momento, decidiu que rumaria para o alto, assim como seu pai e a primeira-dama Obama propuseram, e ao mesmo tempo faria algo a respeito do problema.

CAPÍTULO 2

DEVAGAR, LEWIS, PEGA LEVE, VOCÊ ESTÁ MATANDO OS CARAS

AOS 7 ANOS, LEWIS APARECE PELA PRIMEIRA VEZ na mídia popular em um episódio de *Blue Peter*, o programa infantil mais longevo do mundo, para falar sobre corridas de carros de controle remoto.[1] A melhor maneira de percorrer o caminho que leva até esse pequeno segmento mostrando Lewis durante seus dias de carros de controle remoto é passar pelo bairro de Bedford-Stuyvesant, no Brooklyn, em Nova York, em um momento em que o adolescente Christopher Wallace, também conhecido como o grande (e já falecido) Notorious B.I.G., pré-fama, está fazendo rimas em uma esquina em frente a um mercadinho. Wallace está no meio de uma batalha de rap. Combate lírico individual contra todos os concorrentes. O vídeo dura cerca de sessenta segundos. Christopher segue a batida como o profissional que ele já era e viria a tornar-se, afugentando seu oponente da disputa, porque a multidão reunida não consegue deixar de cair na gargalhada por conta do quanto Biggie está ridicularizando o rival.[2]

O Biggie da canção "Hypnotize", hit de 1997, cerca de oito anos após essa batalha de rap, diz aos ouvintes que "O pai aqui tem a manha desde que ainda usava fraldas", como se já não soubéssemos disso com base em sua performance no evento em Bed-Stuy. Em 1989, Wallace já era tão refinado quanto em 1997. A presença, a arrogância, a confiança de uma megaestrela em formação, recém-saído de uma batalha de rimas em que fez um aspirante a rapper fugir com o rabo enfiado entre as pernas. Um rapper com tanta essência e sabor, diz a lenda, que o falecido magnata do hip-hop Andre Harrell apontou para um copo de água na mesa de um restaurante e disse que, se Biggie mergulhasse o dedo mindinho nele, a água se transformaria em ki-suco.

O documentário da Netflix *Notorious B.I.G.: a lenda do rap*, de 2021, ajuda a entender o xis da questão aqui. No filme há vários exemplos de colegas de escola de Christopher Wallace que fizeram questão de tirar uma foto com ele na década de 1990, quando fotos não eram tão fáceis de tirar, muito menos de guardar, como são agora. Essas crianças estavam degustando a essência e o sabor que Harrell descrevia. As pessoas queriam estar perto do jovem Biggie. Mesmo na escola de ensino fundamental, ele já era uma personalidade transcendente. A única questão na época era se e como ele seria descoberto.

O pequeno Lewis Hamilton também tinha *essência e sabor*. O trecho do programa *Blue Peter* com a participação de Lewis aos 7 anos é curto em palavras, mas longo em carisma. Esse momento ajuda a explicar algumas das reações negativas que temos observado ao longo de sua trajetória.

Anthony Hamilton providenciou para que Lewis, o fenômeno dos carros de controle remoto, pilotasse seu brinquedo em uma pista improvisada com fardos de feno pela equipe de produção do programa. Vale a pena assistir ao vídeo sem som por vários motivos, em especial pelas respostas de Lewis ao entrevistador: "Cerca de um ano", quando perguntado há quanto tempo ele competia. "Não", para se é fácil pilotar os carros. "Sim", para se o apresentador pode "tentar". E é só isso. Algo em torno de quatorze palavras. O resto da história é contado pelas imagens.

Mesmo nessa breve e primeira aparição na televisão, Lewis exala moda e dá o recado com suas roupas. A jaqueta que usa aos 7 anos tem o mesmo esquema de cores roxo-realeza que um dia ele adotaria na Fórmula 1. Mas o mais impressionante é a intensidade do foco do menino. Ele não tem a menor intenção de perder para o apresentador do programa tampouco para qualquer outra pessoa, nem no momento da entrevista, nem em nenhum outro. Quando analisamos o que Anthony preparou para o filho e como Lewis encarou aquela entrevista, vemos uma relação complexa entre três elementos: tempo, oportunidade e habilidade. Lewis compreende que, por mais habilidade que a pessoa tenha, não faz sentido sem a oportunidade e o tempo para tirar vantagem disso. O segmento de 65 segundos no programa *Blue Peter* não permite tempo para respostas longas a perguntas bobas, mas dá a oportunidade de mostrar sua habilidade, que é a de pilotar carros. Lewis vence com facilidade a corrida encenada, e o apresentador, tentando ser engraçado, o que é seu trabalho, menciona Nigel Mansell, o campeão mundial de F1 de 1992, "avisando" o piloto inglês de que "os pilotos de modelo de controle remoto estão em seu encalço". Nunca alguém disse palavras mais verdadeiras.

Lewis e seu pai não se demoraram muito no universo das corridas de controle remoto. Existe um mundo alternativo no qual, sem a oportunidade e a tenacidade para aproveitá-la, Lewis continua com os carros de controle remoto e, aos 39 anos, vence seu trigésimo campeonato, colocando o troféu na prateleira ao lado dos que vinha conquistando desde os anos 1990. Felizmente, as coisas aconteceram de forma diferente. A missão de chegar à Fórmula 1, caso você decida aceitá-la, é impossível. É complicada, apinhada de obstáculos, dependente de sorte e caríssima. Quanto a este último item, as despesas, é algo que a família Hamilton não tinha condições de arcar no início dessa jornada.

Os pilotos que ocupam um dos vinte assentos disponíveis na Fórmula 1 alcançaram o topo do esporte. Eles se sentaram atrás do volante de uma série de diferentes tipos de carros e disputaram as várias categorias de corridas que levam ao suprassumo do automobilismo, e, ao longo do caminho, não há nada além de rampas de saída. Alguns abandonam o esporte. Alguns são abandonados pelo esporte. A maioria não chega nem perto de uma corrida de F1 e, no esforço, deixa para trás uma pilha de dinheiro, sonhos desfeitos, além de uma porção de lamentos e arrependimentos do tipo *seria, deveria ter feito, poderia ter sido...*

Anthony Hamilton se casou de novo, e, em uma afirmação do domínio de Lewis nas corridas de carros de controle remoto e em uma tentativa de ter algo que ambos compartilhassem, pai e filho decidiram entrar no circuito do kart. Não demorou muito para que o comprometimento financeiro com o hobby – um grande sacrifício para os Hamilton – significasse que Anthony começou a acreditar que o filho era capaz de encontrar um lugar no automobilismo profissional.[3]

O passo seguinte na jornada rumo à F1 é o kartismo. Os karts são basicamente versões turbinadas dos carrinhos de bate-bate que vemos em um parque de diversões. São carrinhos baixos, compactos, movidos a gasolina, que reduzem a corrida aos seus elementos mais fundamentais. Claro que a transição de "dirigir" um carro de controle remoto para pilotar um kart é significativa no desenvolvimento de um atleta. Comandar um carro de brinquedo jamais permite ao piloto *sentir* verdadeiramente todas as forças atuando no veículo enquanto ele corre em alta velocidade entre os fardos de feno. O "piloto" de um carro de brinquedo não consegue sentir *nenhuma* das forças envolvidas em correr rápido ou não. Por outro lado, assim que o aspirante a automobilista se abaixa para se acomodar no assento desprotegido de um kart, é impossível não sentir *todas* elas.

Aqui, podemos olhar em retrospecto para esse momento e o talento de Lewis e começar a entender um importante elemento de seu brilhantismo como piloto, sobre o qual ouviremos mais à medida que ele evoluir na Fórmula 1. O grande Tom Brady da NFL, fã e amigo de Hamilton, falou sobre isso ao jornal *USA Today* em 9 de agosto de 2022:

> Acho que ele é um artista. Acho que, quando ele olha para a pista de corrida, ele a vê de forma diferente de todos os outros. Como todo grande atleta, ele tem uma jeito único de fazer as coisas – enquanto todos veem algo de um jeito, ele vê de outro. E cria estratégias e executa sob pressão, de maneiras que outras pessoas não conseguem. Só acho que ele deve ver linhas na pista que ninguém mais enxerga.[4]

Aos 6 anos, Lewis, que nunca havia dirigido um carro, era capaz de imaginar as forças que agiam no carrinho de brinquedo enquanto o "pilotava" pela pista. Ele escolhia a linha correta, a aceleração e os pontos de frenagem certos, de forma mais precisa que os adultos, mesmo estes tendo a vantagem de dirigir carros no mundo real. O que Brady está dizendo é que essa habilidade parece ter se desenvolvido assim que Lewis entrou no carro, permitindo-lhe enxergar o que não é óbvio do assento do piloto – quase como se ele estivesse ao lado do carro, observando-o como um brinquedo. (O cockpit de um F1 é projetado para acomodar apenas o piloto. Uma pessoa qualquer não pode simplesmente entrar em um carro de F1 em uma concessionária e dar uma volta por aí. Veremos que, à medida que Lewis se desenvolvia como piloto, ele aprendeu a traduzir o que sentia no carro para os engenheiros e técnicos que nunca se enfiaram atrás do volante de um carro de Fórmula 1.)

Todo esse talento e habilidade precisam ser cultivados e, nessa transição dos carros de brinquedo para o kartismo, dinheiro e tempo eram artigos escassos para a família Hamilton.[5] O kart de corrida normal custa cerca de 8 mil dólares, e uma família precisaria gastar no mínimo mais uns 10 mil dólares para competir em uma temporada europeia de kart. É difícil encontrar um perfil biográfico de Lewis que não mencione em algum momento o fardo financeiro que representava para Anthony custear o caminho até a Fórmula 1. É claro que isso é verdade. Também é verdade que apenas os mais ricos do mundo têm condições de arcar com os custos e os riscos associados a essa ambição por parte de uma criança. Dizer que esse hobby/carreira é proibitivamente caro para a maioria das pessoas serve a dois propósitos. Primeiro, mostrar a dimensão do sacrifício dos Hamilton e, segundo, entender que o sr. Hamilton via esse esforço como mais do que um hobby – pelo próprio nível de sacrifício e risco envolvidos.

Em narrativas sobre os primeiros momentos da carreira de Lewis, é comum vermos referências à questão racial por causa dos custos do esporte – quando não é abordada com extrema cautela. É óbvio que há um risco financeiro que vem a reboque desse grande investimento em um esporte para crianças, risco ainda maior para pessoas não abastadas. Para Anthony e seu filho, havia ainda o risco manifestado em violência física e espiritual com base em sua raça. É provável que, mesmo que Anthony pudesse ter financiado uma equipe de Fórmula 1 com seu dinheiro fictício, ainda assim enfrentaria resistência à presença de Lewis e ao que ele estava fazendo ao perturbar um ambiente cujas portas eram fechadas, por uma variedade de razões, para pessoas negras.

O kartismo, como já observamos, é um esporte caro e que consome tempo. O "carro" é caro por si só, mas, como em qualquer hobby desse tipo, o que de fato abre rombos no saldo bancário são todas as coisas que acompanham o hobby. Pneus. Combustível. Equipamentos de corrida. Capacetes. Transporte. Taxas de inscrição. Hospedagem. Alimentação. Consertos se você bater o carro. Felizmente, os britânicos desfrutam de assistência médica pública, então as contas do hospital não levarão uma família à falência quando uma criança se machucar em uma corrida, algo quase inevitável. Para alguém da classe trabalhadora, até mesmo o tempo longe do trabalho convencional já torna tudo mais difícil – e, em um piscar de olhos, o hobby se transforma em sacrifício. Anthony juntou dinheiro para comprar o primeiro kart do filho e firmou com ele um acordo: enquanto Lewis mantivesse boas notas na escola, ele apoiaria a participação do menino nas corridas.

Para tanto, Anthony arranjou vários empregos a fim de manter Lewis pilotando até que conseguissem apoio externo. Um artigo de Sam Cooper publicado no *Business Insider* em 2021 tem um título provocativo e francamente ridículo: "Quando Lewis Hamilton era criança, para tentar atrair patrocinadores seu pai perguntou às pessoas se elas queriam 'apoiar o primeiro piloto negro na história da F1'". A estratégia, assim como o título do artigo, não funcionou. Cooper escreve: "Em entrevista à *The Wall Street Journal Magazine*, Hamilton disse que 'aquilo não deu em nada'".[6] Por uma série de motivos, vale a pena ter em mente o fracasso dessa estratégia. Primeiro, Anthony reconhecia o fator racial como elemento potencial. Segundo, quando observamos os esforços de Lewis para diversificar o automobilismo de cima a baixo, o fracasso de seu pai em encontrar investidores para talentos sub-representados é o X da questão, sobretudo ao acessar o que Lewis mais tarde chamaria de "clube dos garotos bilionários" da F1.[7]

De acordo com o bem escrito livro *Lewis Hamilton – a biografia*, de Frank Worrall, publicado em 2021, o primeiro patrocinador a se juntar ao que podemos chamar de versão inicial do "Projeto Hamilton" foi um fabricante de chassis de kart. O chassi fornece a estrutura do kart, ao passo que motor, rodas, freios e equipamentos de segurança respondem pela maior parte das despesas adicionais. Esse patrocinador forneceu acesso ao Zip kart que Andrew Bottomley estava tão ávido para nos lembrar de que tirava do bagageiro do carro dos Hamilton. De novo, o risco faz sentido após o sucesso de Lewis, mas o tiro no escuro que o pai deu com seu filho diz muito sobre a visão de Anthony e nos leva ao segundo motivo por que é importante nos debruçarmos com mais tempo sobre as finanças de Anthony Hamilton: a questão é mais complexa e vai além de um problema estrito de débitos e créditos, uma incursão na narrativa comum acerca de pessoas negras e seu dinheiro, ou a falta dele.

De uma forma estranha, a opinião pública está sempre preocupada com quanto dinheiro os negros têm. A celebridade negra, assim como o legado dos negros nos esportes, é um *continuum*. A fama é relativa, e, em grande parte, medimos a notoriedade de um indivíduo em comparação com figuras notórias que o antecederam. Um segmento do programa jornalístico *60 Minutes* de 1989, com o falecido jazzista Miles Davis, ilustra perfeitamente esse ponto.[8]

Harry Reasoner, talvez a pessoa mais cafona do planeta Terra, aparece para entrevistar Miles, sem dúvida a pessoa menos cafona do planeta Terra. Fica a questão: onde estava o jornalista Ed Bradley naquela semana? Mas, como se diz, fazer o quê? As perguntas estúpidas que Reasoner faz incluem – mas não estão nem perto de se limitar a – se os negros tocam no ritmo das batidas por causa da escravidão, se Miles é "antibranco" e, para ilustrar nosso argumento, "Você tem dinheiro suficiente?". Miles vai direto ao cerne da pergunta retrucando rápido: "Para quê?". Reasoner tenta acertar o alvo dizendo "Para viver bem", o que não ajuda em nada. Lembre-se de que eu disse que Harry "aparece" para entrevistar Miles. Mais precisamente, ele filma o segmento na casa de praia de Miles em Malibu, onde passa algum tempo com as câmeras acariciando a Ferrari Testarossa do jazzista – tão baixa que mal chega à altura do joelho do artista – e faz referência ao fato de que ele, Miles, vendia suas pinturas por 15 mil a 25 mil dólares cada, o que na década de 1980 não era uma módica quantia de dinheiro. O propósito da entrevista era discutir como Miles foi um superastro durante a maior parte do século XX, mas Harry estava tão distraído pela negritude de Miles, e talvez pelo marulho das ondas na praia particular do músico, para ver e ouvir que ele estava vivendo "bem" ou, sem exagero nenhum, luxuosamente. Talvez em seu íntimo Harry se perguntasse quem estava pagando por tudo aquilo.

A meu ver, isso significa que depois de uma carreira que durou quase 50 anos e mudou os rumos da música pelo menos três vezes, a imprensa ainda pode perguntar a uma pessoa negra se ela tem "dinheiro suficiente" como se essa fosse a coisa mais importante a se fazer ou, para ser mais preciso, como se ela não tivesse. Se até mesmo uma celebridade tão reconhecível quanto Miles Davis estava sujeita a perguntas bizarras sobre sua condição financeira, não há razão para acreditar que um nível semelhante de escrutínio das finanças dos Hamilton não estaria presente também. À medida que Lewis continuou a se desenvolver como piloto, as finanças de Anthony Hamilton, e por fim as do próprio Lewis, passariam a ser alvo de interesse esdrúxulo e ilógico das pessoas.

Não é exagero imaginar que, nos primeiros estágios dessa jornada improvável e impossível, quando Anthony pede o que entendemos como "patrocínio" para seu talentoso filho, a inevitável "questão da negritude" faz alguns enxergarem isso como esmola em vez de investimento.

Depois que Lewis assegurou um contrato de patrocínio da ZipKart aos 10 anos, vemos a mudança de "tem pouco dinheiro" para "tem demais" – em ambos os casos, como se ele não merecesse. Uma postagem do Instagram (depois deletada) de "Alan", que atendia pelo nome de @Asmclean naquela plataforma, foi printada por outro fã de automobilismo com presença nas mídias sociais e é citada aqui:

> Eu estava lá quando Lewis Hamilton era piloto de kart. Ele recebeu tudo porque se destacava por sua cor. Ele dispunha de um caro motorhome e do apoio de uma equipe de ponta chamada ZipKart antes de ele fazer parte do projeto júnior da McLaren. Ele nunca foi pobre e tinha mais dinheiro do que a maioria de seus concorrentes. Houve pilotos que o venceram e eram melhores que ele, mas não chegaram à F1. Depois que a McLaren investiu em seu equipamento, ele ganhou tudo. Ele é o maior beneficiário do "privilégio negro" dado por muitos homens britânicos brancos, mas agora afirma que foi discriminado ao longo de sua carreira. Nada poderia estar mais longe da verdade. Ele não passa de um hipócrita arrogante.[9]

Essa postagem exige uma análise realista. Sejamos honestos, se nos transportamos para a época em que Anthony Hamilton buscava patrocínio para o "primeiro piloto negro na história da F1",[10] há o risco de que a chegada de Lewis ao esporte sob essa perspectiva fosse vista como ele sendo apenas um símbolo que estava lá por representatividade, não competição. Alan parece argumentar que, não fosse o fato de Lewis ser negro, outros pilotos brancos mais merecedores teriam conquistado esses campeonatos. Essa é uma maneira tanto absurda quanto banal de pensar sobre a questão.

De acordo com essa linha de raciocínio, todas as conquistas de Lewis nada têm a ver com seu talento. Ele recebeu tudo de que precisava de pessoas brancas bem-intencionadas que se sentiam culpadas pelo privilégio branco, e então tentaram consertar as coisas com o fantasma racista yin e yang do "privilégio negro". O problema é que, de acordo com os Alans do mundo, campeões mundiais como Lewis são, na verdade, perdedores que se recusam a reconhecer que tudo é uma farsa. Então Alan precisa que o mundo saiba que Lewis não é um piloto talentoso e nunca foi. Em vez disso, ele é um piloto negro privilegiado. A suposta hipocrisia decorre do fato de que Lewis sabe que nunca foi pobre. Esse raciocínio é engraçado de um jeito mórbido. O que ele quer dizer é que os negros pobres não percebem o potencial comercial inexplorado que existe na culpa branca. Porém, supostamente Lewis e Anthony perceberam. Eles sempre foram ricos o tempo todo – se não em termos monetários, ricos em negritude, e uma vez que descobriram como usar isso para amenizar a culpa de homens brancos ricos, seus esforços começaram a render frutos.

Indo direto ao ponto, é evidente que Anthony não tinha condições de financiar o caminho de Lewis para chegar à Fórmula 1, e ele não deveria ter que fazer isso. O óbvio talento de Lewis merecia um patrocínio sério, e isso surgiu na forma da McLaren e seu "programa júnior". O "discurso de apresentação" para conseguir patrocínio foi feito pelo próprio Lewis, de novo mostrando sua hiperdesenvolvida compreensão, mesmo aos 10 anos, sobre habilidade, tempo e oportunidade. Na cerimônia do Autosport Awards de 1995, o jovem Lewis estava lá recebendo seus prêmios pelo Campeonato Britânico de Cadetes quando conheceu o diretor da equipe de Fórmula 1 da McLaren, Ron Dennis. Lewis relata o ocorrido em sua biografia de 2007, narrativa que nem Dennis, nem ninguém, refuta: "Olá. Meu nome é Lewis Hamilton. Ganhei o Campeonato Britânico e um dia quero correr com seus carros".[11]

Ron Dennis disse ao menino que ligasse para ele dali a nove anos; mas, em um típico caso de "não me ligue, deixe que ligo para você", três anos depois foi a McLaren que entrou em contato, oferecendo a Lewis o suporte necessário para concretizar seu sonho: total apoio do Programa de Jovens Pilotos da McLaren. Todo jovem piloto sonha com esse tipo de patrocínio, não apenas pelo dinheiro, mas pela validação, treinamento e orientação que vêm com a entrada em uma equipe de corrida profissional, mesmo no nível mais básico.

Uma crítica persistente a Lewis Hamilton como piloto é uma extensão da narrativa tresloucada encontrada na postagem de Alan: que Lewis não é um piloto talentoso, ele não apenas recebeu (de novo, o privilégio negro) dinheiro, mas o melhor equipamento. Eis um tropo racista nada sutil que estrutura tanto o texto quanto o subtexto do argumento contra ações afirmativas e diversidade: a ideia de que, devido à suposta incompetência dos negros, sempre que você os encontra "conquistando" algo, é porque de algum modo eles "receberam" isso.

É comprovadamente falso que existiram pilotos melhores do que Lewis que perderam oportunidades no kart porque ele ocupou todo o espaço por ser negro. Mas toda essa baboseira impulsiona o ativismo social de Lewis, sobretudo no que se refere à diversificação nos esportes a motor. É perfeitamente plausível que muitas pessoas com representatividade zero no esporte tenham sido ignoradas até Lewis aparecer, atletas que poderiam ter sido tão bons ou melhores do que qualquer um que tenha chegado ao primeiro escalão. Este é o objetivo da diversidade: não privilegiar os que não merecem, mas garantir que todos os que merecem tenham a oportunidade de competir e participar.

Pense em um cenário hipotético semelhante em um esporte baseado em estatísticas como o beisebol. Apesar de todo o domínio aparente de Babe Ruth, seus números não podem ser levados a sério porque o esporte foi manipulado para garantir que algumas pessoas (negras) não pudessem superar Babe Ruth. De imediato pensamos no nome Josh Gibson, um formidável apanhador que atuava nas Ligas Negras que talvez tenha rebatido mais *home runs* do que Babe Ruth, mas nunca recebeu a oportunidade de competir na Major League Baseball.[12] Em resposta a essa discrepância, a MLB anunciou que as estatísticas das Ligas Negras seriam incorporadas a seus registros e, em maio de 2024, a média de rebatidas de .466 de Josh Gibson atuando no time Homestead Grays em 1946 é hoje considerada a mais alta da história da liga.[13]

A noção de que Hamilton está brincando com o dinheiro da casa aparecerá diversas vezes. Pessoas negras em todos os lugares, desde admissões em faculdades até o programa espacial, muitas vezes se deparam com o sentimento predominante de que tudo lhes é dado (sem que tenham feito nenhum esforço) em vez de conquistado, quando a realidade é, via de regra, o oposto. Ninguém recebe nada de mão beijada. Eles fizeram por merecer. Quando o mundo funciona da maneira que deveria, as melhores coisas vão para as pessoas mais talentosas, sejam elas quem forem. Ponto final. Há uma razão muito boa para isso.

Elas tiram o máximo proveito de qualquer coisa que seja. A Stradivari Society definiu isso de forma simples em seu site: "Grandes instrumentos nas mãos de estrelas em ascensão, graças a generosos clientes e patrocinadores". Não diz: "Grandes instrumentos nas mãos de músicos medíocres, porque, bem, sei lá, tanto faz!". Secretariat foi o maior puro-sangue de todos os tempos, mas ele não ganharia corrida nenhuma com um jóquei incompetente no lombo.

Ron Dennis viu que o jovem Lewis, mesmo com recursos limitados, estava metendo o pé na tábua no kart e tomou a importante decisão de aceitar a oferta de Anthony de "apoiar o primeiro piloto negro na história da Fórmula 1". E, assim como Biggie, Lewis não sabe ir devagar, não vai desacelerar nem pegar mais leve. E isso está matando os caras.

CAPÍTULO 3

QUEM FAZ MERDA
APRENDE NA MARRA

QUANDO UM PILOTO SE TORNA UM "PILOTO" DE VERDADE – ou seja, quando deixa de guiar o carro remotamente para estar dentro ou, no caso do kart, quase em cima do veículo –, o esporte se torna perigoso. Corridas de carros de controle remoto, por mais competitivas que sejam, são um passatempo e não fazem parte do caminho oficial rumo à Fórmula 1. O kart, mesmo sendo uma categoria inferior em comparação a dirigir carros de corrida de roda aberta, é caro, demorado e perigoso.

Velocidade é tudo o que está em jogo para quem "pilota" carros de controle remoto... isso e ter que consertar um brinquedo quebrado. Mas, a menos que o veículo de plástico acabe saindo da pista e se torne um projétil mortífero, não há perigo nas corridas de carros de controle remoto.

O kartismo é diferente de corridas de brinquedo, obviamente, porque o piloto de fato faz parte do carro. Fazer parte do carro, como um piloto profissional de primeira linha, significa dominar as operações mecânicas – direção, aceleração, frenagem – e aplicá-las com plena compreensão das forças externas: a pista, as condições climáticas, todos os demais carros. Adicione à mistura combustível, qualidade dos pneus, problemas e vantagens mecânicas e fadiga do piloto, e você verá o que "fazer parte" significa aqui.

É razoável imaginar que todos os pilotos que chegam à F1 têm um domínio incrível desses aspectos mecânicos dos carros e de como são aplicados à direção em alta velocidade. O que mostra que até o "pior" piloto do grid executa manobras com um carro que jamais passariam pela cabeça de um piloto mediano. E, sendo franco, é melhor que essas ideias nem ocorram aos pilotos medianos – pois provavelmente eles se matariam ou matariam outras pessoas.

A diferença em um piloto capaz de disputar um campeonato mundial está nesse "algo" intangível que aparece em resultados tangíveis. Boa parte do que estamos falando se resume a uma coragem diante de um risco aterrorizante, do tipo que dispara o coração. Não basta dizer que os melhores pilotos não temem dirigir rápido, pois existe uma linha tênue entre ser corajoso e ser tolo. Um tolo morto, para ser exato. O outro lado disso é ser cauteloso em excesso, a ponto de não ser competitivo e impedir até mesmo de se disputar uma corrida, quanto mais vencê-la. Os maiores pilotos ocupam essa zona ínfima em que a habilidade e o conhecimento mecânico em relação à corrida permitem aquele algo extra – o que separa os bons dos excelentes.

Existem pilotos extremamente qualificados que flertaram com o fio da navalha sobre o abismo. Eles não viveram para contar a história. A lista de nomes daqueles que se sacrificaram é longa. Uma lista não tão longa é a dos nomes dos campeões mundiais que morreram correndo. É um fato interessante, o que significa que os melhores pilotos compreenderam os limites do esporte. Eles dominaram o equilíbrio adequado entre rápido e tolo, porque apenas dois deles, Jochen Rindt em 1970 e Ayrton Senna em 1994, são as almas infelizes gravadas naquele muro memorial. Prestar atenção ao exemplo de um campeão mundial que cruzou a linha e viveu para contar a história é útil.

O piloto austríaco Niki Lauda, campeão mundial em 1975, 1977 e 1984, é o caso exemplar, que cria precedentes. Durante a temporada de 1976, após seu primeiro título de campeão mundial pela Ferrari, o piloto precisou tomar uma decisão crítica no Grande Prêmio da Alemanha realizado no circuito de Nürburgring, que tinha fama de ser perigoso. Antes da corrida, os instintos de Lauda lhe disseram que a combinação de fatores – o carro, a competição, o clima e o traçado da pista – havia feito a balança pender a ponto de ele não se sentir seguro. Lauda descreve isso como um entendimento de que em qualquer corrida ele tinha 20% de chance de morrer; uma chance de 80% de sobrevivência, para a turma que é adepta do copo meio cheio. Quando as circunstâncias indicavam que esse equilíbrio estava em desalinho, quando a taxa de sobrevivência caía abaixo de 80%, era hora de fazer algo diferente. Nessa circunstância, antes da corrida, Lauda implorou aos outros pilotos que boicotassem a prova. A votação fracassou, e o GP foi realizado, com consequências catastróficas para Lauda.

Na segunda volta, Lauda perdeu o controle de sua Ferrari, que foi de encontro com um guard rail, colidiu com outro carro e pegou fogo. Burt Lunger, cujo carro Lauda atingiu, escapou, mas o austríaco ficou preso no veículo em chamas. Seu sofrimento foi agravado porque, com o impacto, ele perdeu o capacete, deixando sua cabeça e seu rosto expostos às chamas. Um piloto italiano, Arturo Mezario, entre outros, arriscou a vida para tentar libertar Lauda do carro em rápida combustão. Em uma entrevista ao vivo à Rádio BBC 4 em maio de 2019, Niki disse o seguinte sobre o resgate:

> Havia dois ou três pilotos tentando me tirar do carro, mas um deles era Arturo Mezario, o cara italiano, que teve que parar lá no local, porque bloqueei a pista; e ele entrou no meu carro sozinho, e há, soltou meu cinto de segurança e então me puxou para fora.[1]

Não fosse por esse ato de heroísmo, Niki Lauda teria morrido no acidente. Os danos que o fogo causou à sua pele e pulmões o deixaram em coma. Apesar de tudo, Lauda perdeu apenas duas corridas e voltou dessa experiência-limite com uma nova compreensão sobre riscos. Na etapa de encerramento da temporada, no Japão, Lauda estava três pontos atrás de seu amigo e rival James Hunt na disputa pelo título.

Como costuma acontecer no Grande Prêmio do Japão no Fuji Speedway, o percurso estava inundado por causa da chuva torrencial. Depois das mesmas duas voltas em que Lauda se deu mal na Alemanha, ele estacionou o carro e abandonou a prova, porque o risco estava grande demais. Isso resultou na perda do campeonato mundial por um único ponto; alguns dizem que essa atitude prejudicou seu relacionamento com a Ferrari, mas tornou possível que ele vivesse o suficiente para ganhar outro título mundial e se tornar um importante mentor para Lewis. Para simplificar: Niki brincou com fogo e acabou se queimando, fez merda e aprendeu uma dura lição na marra, e não faria isso de novo.

Essa "análise" ganhou muita popularidade por meio de um vídeo viral postado no X (antigo Twitter) em 2022 por Roger Skaer, que se autointitula "o cara do 'faça merda e aprenda a lição'".[2] Roger propõe que o número de lições que a pessoa aprende é igual à quantidade de merdas que a pessoa faz, em uma proporção direta. A Fórmula 1 e outras atividades perigosas não funcionam de forma tão previsível. No mundo real, não existe uma relação constante e previsível de 1 para 1 entre fazer merda e aprender a lição. Segundo, em um piscar de olhos as coisas podem dar errado e, muitas vezes, de forma imprevisível.

Lauda percebeu isso antes do Grande Prêmio da Alemanha, mas não agiu conforme essa percepção – que seria tomar alguma providência quanto à sua preocupação e desistir da corrida caso não fosse oficialmente cancelada. Na Alemanha, apesar desse lapso, ele conseguiu sobreviver. Depois de perder duas corridas por causa de seus ferimentos, Lauda se recuperou e voltou ao grid no Japão. Lá, ao contrário da Alemanha, o piloto parou antes de ultrapassar a linha e se arriscar em acabar com outra catástrofe. Todos os pilotos de Fórmula 1, bons, ótimos, ruins ou indiferentes, estão sempre pensando sobre isso em algum nível.

O fato de que a F1 é muito "mais segura" como consequência do que aconteceu com Lauda, ou após as mortes de Rindt e Senna, não significa que esteja nem perto de ser "segura". À medida que Lewis fez a transição da segurança absoluta de dirigir um carrinho de brinquedo para dirigir/correr um kart no qual estava fisicamente exposto, a segurança não era apenas algo em que ele precisava pensar, mas que a família Hamilton precisou pensar por ele e por si mesma. Os pais têm de lidar o tempo todo com a questão da segurança de seus filhos, até que eles atinjam idade suficiente para tomar decisões por si mesmos. Isso deve ter sido ainda mais pungente à medida que Lewis avançava nas corridas e se expunha a mais perigos... fazendo merda, enquanto seus pais ficavam à margem, assistindo, impotentes e na esperança de que ele tivesse aprendido o suficiente para evitar aprender muitas lições. Isso é uma coisa. Há outra preocupação com a segurança que é exclusiva de Lewis e sua família.

Mesmo no mundo dos carros de controle remoto, onde não deveria haver perigo, os Hamilton eram ameaçados com riscos físicos e de outros tipos. Em nenhum momento de sua "carreira", mesmo quando estava brincando com o que poderiam ser considerados brinquedos, Lewis ou sua família se sentiram seguros, nem em termos físicos nem emocionais. Isso é verdade para todos os negros que cruzam limites, quando ou onde quer que esses limites estejam.

Em visita ao podcast *On Purpose*, Lewis contou a Jay Shetty, monge e guru de autoajuda, que em certo momento o pai de um de seus "competidores" o encurralou e lhe disse que era melhor para ele simplesmente desistir do esporte porque, veja só, *As coisas estão indo muito bem, e nada de bom pode resultar disto tudo.*[3] Vamos analisar melhor o aviso de que "nada de bom pode resultar disto tudo". Não é possível que o intimidador tivesse a intenção de dizer que Lewis não venceria, o que é "bom", porque ele já estava vencendo. A ameaça era de que as vitórias de Lewis causariam hostilidade por parte de outros. Como se sabe, a tentativa desse homem de se livrar de Lewis não deu certo, mas vale a pena refletir sobre a energia negativa que alguém precisa reunir para conseguir ameaçar *crianças* e, ao mesmo tempo, a família delas. Tentativas de fazer Lewis desistir ocorreram não apenas em corridas, mas também durante sua formação educacional.

Lewis conta outro episódio, ocorrido aos 16 anos, que também poderia ter arruinado seu futuro promissor nas pistas. Em um dos banheiros da escola, um colega foi espancado a ponto de sofrer fraturas e ferimentos nos tecidos moles. Sem evidências, o diretor da escola (outro vilão a quem se concedeu um imerecido anonimato) acusou Lewis de ser um dos agressores e o expulsou da instituição alegando algo como "enfim tenho motivos suficientes para me livrar de você". Lewis ficou banido por dois meses. Graças à defesa de seu pai, provou-se que o menino não tinha nada a ver com a surra, e ele foi inocentado e autorizado a voltar para a escola.[4]

Uma vez que os pais e as mães tomam decisões para os filhos com o intuito de mantê-los seguros, também é uma espécie de treinamento para a criança tomar boas decisões por conta própria. Assim como um pai ou uma mãe não pode estar na escola com uma criança o tempo todo enquanto ela transita em meio ao que é bom e ruim, isso é ainda mais verdadeiro em relação ao envolvimento das crianças com os esportes. As linhas brancas que servem como limites do campo de jogo, ou neste caso a corrida de carros, são tudo o que existe de bom e ruim acerca dos esportes. O ruim é que, uma vez que o atleta está dentro desses limites, ninguém pode ajudá-lo. E o bom é que, uma vez que um atleta está dentro desses limites, ninguém pode ajudá-lo. Todas as decisões de corrida são bastante difíceis por si mesmas. Todas as coisas que a maioria das crianças tem que aturar na escola também são difíceis. A maioria dos pais e das mães apenas espera que tudo corra bem para os filhos. Os Hamilton e outros como eles enfrentam riscos adicionais, que podem até não ser evidentes, mas devem ser levados a sério.

E com certeza Lewis enfrenta esses riscos. Lembre-se de seus comentários sobre as tatuagens contarem a jornada de um indivíduo. Tenha em mente a imagem do relógio como pano de fundo para a criança cujo único risco é o momento de ausência de peso entre ser arremessado para o ar e agarrado de volta. Lewis diz que está celebrando uma época em que não havia "negócios" entre ele e seu pai. Quero sugerir que foi um tempo – mesmo que breve, e ainda mais significativo por conta de sua brevidade – em que os dois não estavam fazendo merda e não precisavam se preocupar em aprender lição alguma. Não estavam no circuito dos karts ou tentando pelejar aos trancos e barrancos para conseguir chegar do estacionamento até a linha de largada, ou escapar com seus troféus sem ser punidos por sua excelência. Também não arcavam com a culpa por brigas nas quais não estavam envolvidos, tampouco liam postagens nas redes sociais feitas anos depois afirmando que tudo era uma farsa. A história que Lewis conta com sua arte corporal é que ele encontrou um lugar de descanso e paz onde ele e seu pai podiam viver o oposto de fazer merda e aprender a lição. Esse lugar é a 320 km/h a bordo de um monoposto de F1 a centímetros do chão, ao mesmo tempo em que precisa lidar com um monte de porcaria que nada tem a ver com fazer isso acontecer.

Anthony estava sempre tentando equilibrar o papel de pai com o de gestor da carreira do filho, e uma tragédia nas corridas demonstra o problema.

―――――

O piloto brasileiro Ayrton Senna é um dos dois campeões mundiais que morreram em plena corrida. Na autobiografia de Lewis publicada em 2007, *Lewis Hamilton: My Story* [Lewis Hamilton: minha história], ele nos abre uma janela para sua consciência quanto ao perigo físico representado pelas provas de automobilismo. Um ano antes de conhecer Ron Dennis enquanto comemorava seu título no Campeonato Britânico de Cadetes, uma tragédia atingiu o esporte. Em seu livro, Lewis descreve da seguinte forma o acontecimento:

> No ano anterior, pela primeira vez vivenciei os perigos reais do automobilismo. Me lembro de que era início de maio, e eu estava no [circuito de kart] Rye House. Tinha acabado de terminar uma corrida, e meu pai veio até mim em silêncio e disse: "Lewis, Ayrton Senna acabou de morrer... Ele sofreu um acidente terrível em Ímola...". Lembro que não queria demonstrar emoções na frente do meu pai porque pensei que ele iria me criticar e ficar zangado comigo, então dei a volta e fui até os fundos, onde ninguém estava olhando, e apenas chorei. Realmente me arrastei pelo resto daquele dia. Não conseguia parar de imaginar o que tinha acontecido. Eu tinha apenas 9 anos. O homem que me inspirou estava morto. Ele era um super-herói, sabe, e então ele... simplesmente se foi.[5]

Observe a brevidade com que Lewis lida com essa tragédia em seu livro. Todo o tratamento que ele dá à morte de seu herói limita-se a esse trecho, exceto por uma posterior menção ao fato de que nunca chegou a conhecer Senna ao vivo e a uma tentativa frustrada por *paparazzi* de prestar homenagem no túmulo de Senna no Brasil. O legado de Senna continua a fazer parte da jornada de Lewis na Fórmula 1 e tem especial importância para seu ativismo. A maneira sucinta com que ele lida com essa perda está diretamente relacionada a como os pilotos lidam com a morte.

Claro, esse relato de Lewis de sua reação à morte de Senna é contado da perspectiva de um piloto cujo sonho de Fórmula 1 tornou-se realidade, relembrando o que sentiu quando tinha 9 anos. Mas revela algo interessante acerca da complexidade do relacionamento entre Anthony e seu filho. O que Anthony Hamilton sabe é que o mundo, com ou sem corridas de carros, pode ser um lugar cruel, e mais ainda para os negros. Essa é a primeira coisa. O exterior duro e o amor severo que Lewis relembra aqui são uma forma habitual de pessoas negras se relacionarem com os filhos, sendo rígidos a fim de "prepará-los" para o mundo. Parte disso é aprender a não deixar o mundo perceber que você está ferido ou magoado, mesmo diante de uma tragédia inominável. Ninguém precisa ser psicólogo ou curador somático para saber que essa não é a melhor maneira de desenvolver saúde emocional, mas é uma experiência muito comum. Os negros são amiúde criados para entender que o mundo não dá a mínima para seus sentimentos. O mundo pode até não se importar com os sentimentos dos negros, mas outra maneira de ver esse episódio é como uma prova de que Anthony se importava de verdade com a segurança emocional e física de seu filho. O relato de Lewis pode ser entendido como a história de um pai que amava o filho e que precisava que ele fosse lúcido e tomasse cuidado ao se expor ao mesmo tipo de risco que matou seu herói. À sua maneira, Anthony podia muito bem estar dizendo que naquele fim de semana de corrida os deuses do destino talvez fossem cruéis e, em vez de coroar de louros a cabeça de um futuro e eterno campeão, golpeariam com seu pescoço uma foice. Lewis chorou escondido, o que seu pai fingiu não ver, e aposto que o sr. Hamilton também chorou em segredo; e o próprio Lewis admitiu que, pelo resto do fim de semana, tirou o pé do acelerador.

As perguntas em forma de afirmações que finalizam o relato de Lewis ("Não conseguia parar de imaginar o que tinha acontecido", "O homem que me inspirou estava morto (…) Ele era um super-herói…") são a voz do homem cuja profissão é trapacear a morte. Lewis viu um mestre da profissão encontrar a ruína em pleno exercício do ofício e precisou calcular com frieza o que seu herói teria feito de errado. Não podia aceitar que "simplesmente aconteceu"; que, quando alguém brinca com fogo e se arrisca em jogos perigosos, parte do acordo é que as coisas simplesmente acontecem e as pessoas acabam morrendo. Não podia "simplesmente acontecer", porque isso significaria que a verdadeira resposta ao cálculo da morte de Niki Lauda era estacionar o carro nos boxes para sempre, e nem Lewis nem seu pai tinham qualquer intenção de fazer isso.

O que "aconteceu" com Senna, na lógica de Lewis após o fato, é de real importância para a Fórmula 1 e algo que se aproxima da segurança. Naquele fim de semana, o Grande Prêmio de San Marino, no Circuito de Ímola, na região italiana de Emilia-Romagna, foi cruel. Um dia antes da morte de Senna, durante os treinos de classificação para o grid, o piloto austríaco Roland Ratzenberger morreu em um acidente. A morte de Ratzenberger deveria ter sido um sinal de alerta, porque foi a primeira na F1 em mais de uma década. Não vale a pena relembrar aqui a violência do acidente que matou Ayrton Senna. Basta dizer que ele bateu em um muro de concreto a 210 km/h. Fotos horríveis da devastação nunca foram vistas pelo público porque o fotógrafo que estava no local era amigo de Ayrton, e a família do piloto concordou em mantê-las escondidas. O acidente inaugurou uma nova era de preocupações com a segurança para a Fórmula 1. Por doze anos após a morte de uma de suas maiores estrelas, a F1 correu à beira da morte; isso, além de um punhado de outros acidentes sérios no mesmo circuito, deixou claro que algo tinha que ser feito. Na época em que Lewis estava chegando à categoria principal do automobilismo, o órgão regulador começava a levar a sério a segurança dos pilotos, mecânicos e espectadores. Conforme o século XXI se aproximava, os carros ficavam mais rápidos e o perigo aumentava.

CAPÍTULO 4

A CORRIDA ARMAMENTISTA TECNOLÓGICA

TÃO LOGO SURGIRAM OS CARROS, surgiram pessoas ávidas para disputar corridas de carros. Mas uma corrida requer regras. A segurança é uma preocupação óbvia, mas há muitas outras questões a considerar para garantir que a competição faça sentido. Não basta, por exemplo, decidir a distância de uma maratona sem chegar a um acordo sobre como ela deve ser disputada. Não faria sentido que algumas pessoas estivessem a pé e outras de patins. Isso vale para os esportes a motor.

Não deve ter levado muito tempo para que aparecesse a segunda carruagem sem cavalos e movida a motor – e para que seus donos começassem a disputar qual veículo era mais rápido. Os motoristas A e B talvez tenham buscado formas de modificar seus carros para obter um desempenho cada vez melhor. Mas, no curso da inovação humana, seria apenas uma questão de tempo até um carro ficar irreconhecível em comparação com seu projeto original. Podemos entender o automobilismo como uma espécie de corrida armamentista tecnológica, em que praticamente qualquer invenção com motor e rodas que mantivesse contato com o solo seria aceitável.

Essa visão (uma das) sobre as corridas de carro permanece no imaginário popular, sobretudo para quem cresceu na década de 1970 e voltava às pressas da escola para casa a tempo de assistir aos episódios do desenho animado *Speed Racer*. O jovem Speed Racer (cujo nome significa "piloto de alta velocidade"), e seu pai, "Pops" ("Papai") Racer, também de nome previsível, viviam incrementando seu carro, o Mach 5, de modo a torná-lo competitivo contra qualquer bizarrice que aparecesse para enfrentá-lo:

veículos alados que podiam voar, alguns com propulsores de foguete, e até mesmo um "carro mamute" que era mais ou menos do tamanho de uma locomotiva.

Esse mundo imaginário de corridas revela que a dificuldade era apenas ir de um lugar para o outro o mais rápido possível; qualquer coisa era aceitável. As crianças não queriam ver muitas alterações na carroceria do Mach 5, então Papai Racer o equipou com pelo menos cinco engenhocas do tipo James Bond, ativadas por botões no volante. O site Jalopnik.com disponibiliza um artigo de Jason Torchinsky que descreve o que cada um dos botões do carro fazia.[1] Por exemplo, o Botão A acionava megamacacos hidráulicos que Speed podia usar para saltar sobre obstáculos. Meu favorito sempre foi o Botão C, que colocava para funcionar enormes lâminas giratórias capazes de cortar árvores ou furar os pneus dos concorrentes. Por mais ridículos que os botões de Speed Racer fossem, houve uma era na Fórmula 1 em que, por conta de regulamentos menos rigorosos, permitia-se tal inexistência de uniformidade a ponto de haver apenas carros estranhos no grid. A Tyrrell P34 de seis rodas de 1976 é um dos que se destacam por sua engenharia, que imaginou que adicionar mais dois pneus melhoraria a tração, e pelo fato de ter realmente vencido um Grande Prêmio.

Hoje, os parâmetros são muito mais rigorosos, e o órgão regulador dos esportes motorizados, a FIA, trabalha duro para garantir que os engenheiros possam inovar, ao mesmo tempo em que evita um grid que pareça ter sido desenhado ou por alunos supercriativos do sexto ano do ensino fundamental fãs de carros, ou por cartunistas na década de 1970.

Criada em 20 de junho de 1904, a Fédération Internationale de l'Automobile (FIA) mantém todos os padrões que tornam as corridas modernas tão diferentes quanto possível do *Speed Racer*, ao mesmo tempo em que configura as corridas como um laboratório de engenharia automotiva que aparece nos carros que dirigimos no dia a dia.

A estrutura da FIA e a série global de corridas, os Grand Prix ou Grandes Prêmios de F1, são concebidos para coroar dois campeões no final de cada temporada: um piloto campeão mundial e o que é conhecido como campeão mundial dos construtores, concedido à equipe que acumulou mais pontos. Em geral, a matemática mostra que a equipe com o melhor piloto acumula mais pontos, mas nem sempre é esse o caso. Embora o mundo esteja focado apenas no piloto que chega ao final da temporada como o reinante supremo, as equipes apreciam em igual medida, se não até mais, o campeonato de construtores, porque ele vem com dinheiro... muito dinheiro. Em 2021, a campeã de construtores Mercedes-AMG PETRONAS recebeu 61 milhões de dólares em comparação com a quantia relativamente insignificante de 13 milhões de dólares para a última colocada. Tudo isso parece ótimo, mas, como sabemos, há um longo e tortuoso caminho antes de se preocupar com títulos mundiais que inclui descobrir como agarrar uma das vinte vagas para pilotos disponíveis na Fórmula 1.

A existência desse órgão regulador não aponta apenas para questões tecnológicas, mas também estabelece um caminho previsível, embora tenso, para o sucesso. Lembre-se de que entre 1993 e 2001 Lewis e seu pai competiram no kart, que também é regido pela FIA e representa os primeiros e hesitantes passos no caminho para a glória.

Esse caminho tem, por necessidade e sorte, barreiras de proteção e regulamentos rígidos para assegurar que ninguém apareça no grid em Mônaco sem saber o que está fazendo. Isso é mais óbvio no caso de alguém com muito dinheiro e pouca habilidade. Essa pessoa poderia, em teoria, ter rios de dinheiro suficientes para conseguir uma equipe e um carro e entrar na Fórmula 1 como um projeto de extrema vaidade. No entendimento da FIA, qualquer corrida de que esse indivíduo participasse se transformaria de um Grande Prêmio em um episódio único de *Como ricos, famosos e temerários morreram*.

Para evitar esse cenário, existem padrões que exigem que os pilotos obtenham a Superlicença FIA – a "carteira de motorista" do piloto de F1. Um dos requisitos é passar em um exame teórico da FIA sobre regulamentos esportivos, o que pode soar estranho. É difícil imaginar pilotos às voltas com teoria das regras, mas é assim que funciona. Embora as corridas sejam mais um esforço físico, também exigem em raciocínio, por isso há rigorosos critérios de experiência e desempenho que devem ser cumpridos.

Há também o requisito básico de que a pessoa deve ter 18 anos para obter uma Superlicença. Aí vem a parte difícil: um aspirante deve conseguir completar 80% das corridas ao longo de duas temporadas em uma série de campeonatos de qualificação em carros de corrida de fórmula mono-lugares. Devem ainda acumular pelo menos 40 pontos de Superlicença ao longo de três temporadas. Essas regulamentações são apresentadas com profusão de detalhes no Apêndice L do Código Esportivo Internacional da FIA.[2] A teoria por trás desses prazos está relacionada à distribuição de pontos entre as várias subséries da F1.

Por exemplo, o campeonato na Fórmula 2 concede 40 pontos ao primeiro, segundo e terceiro lugares. A Fórmula 3 dá 30 pontos ao campeão, 25 ao segundo colocado e 20 ao terceiro colocado, respectivamente. De acordo com o pensamento da FIA, qualquer uma dessas categorias daria a um piloto experiência suficiente ao longo de três temporadas nas classificações mais altas para ser elegível para obter uma Superlicença. É provável que essa licença fique no bolso dessa pessoa e nunca veja a luz do dia na Fórmula 1, mas é a condição necessária para atender aos requisitos mínimos.

Também há pontos de Superlicença a serem conquistados nas classificações de kart. A regra das três temporadas exige que um piloto progrida nas classificações, aprendendo as coisas que o impedirão de se matar ou matar outra pessoa quando as corridas ficarem muito mais rápidas. Essas regulamentações também impedem que uma pessoa continue no Campeonato Mundial de Karting Sênior durante uma década inteira e vá conquistando um título de campeão todo ano para somar quatro pontos cada e depois alegar que atendeu aos requisitos para obter a cobiçada Superlicença.

―――――――

Lewis ingressou no Programa de Jovens Pilotos da McLaren em 1998, aos 13 anos, o que significava ter pelo menos mais quatro anos de kartismo antes que a janela se abrisse e tornasse possível e sensato passar para carros de corrida. Lewis e o pai começaram a trilhar o caminho para valer em 1999 na série Intercontinental A. Em 2000, passaram primeiro para a Fórmula A e depois para a Fórmula Super A em 2001, quando Lewis venceu o Campeonato Europeu. Ele tinha 16 anos e estava dentro da janela para tentar os 40 pontos em um carro de corrida e começar a lutar por uma vaga na F1. Os dias de Lewis como piloto de kart logo acabariam.

Em 2001, ele se aproximou da F1 por meio da Fórmula Renault Britânica (Série de Inverno), categoria que fechou as portas em 2011. A McLaren o colocou em uma vaga na Manor Motorsport – ele enfim teria a oportunidade de pilotar um carro de corrida "de verdade", nesse caso um monoposto de rodas abertas. Sobre esse teste, Lewis disse:

> A McLaren providenciou para que eu fizesse um teste com a Manor Motorsport em seu carro de Fórmula Renault. Seria complicado, nunca tendo estado em um carro de corrida antes, e bati depois de cerca de três voltas, arrancando o canto direito do carro. Isso não os desanimou muito, e depois que consertaram o veículo, voltei logo e me saí bem.[3]

Se havia alguma expectativa de que o sucesso no kart se traduziria em facilidade com carro de corrida, os Hamilton se desiludiram já na terceira volta no primeiro dia. Imagine se Anthony tivesse de pagar a conta quando Lewis quebrou o Fórmula Renault. Em valores de hoje, um carro de corrida Renault vintage ano 2000 custa cerca de 90 mil euros. Sem o apoio financeiro dessas instituições, as poucas voltas que Lewis deu teriam sido o grande início e o grande encerramento da aventura automobilística para os Hamilton. Por sorte, as boas pessoas da Manor consertaram o carro, e eles seguiram em frente.

Apesar do apoio financeiro, foi um período difícil para Lewis e sua família, tanto no aspecto pessoal quanto profissional, em especial porque as fronteiras entre as duas coisas tornavam-se cada vez mais difíceis de discernir. Eles resistiram à tempestade causada pela expulsão de Lewis da escola por causa das acusações em torno da surra em um aluno, mas, nessa fase, Lewis admitiu que cogitou desistir de tudo enquanto pelejava para se ajustar aos carros de corrida.[4] Ele se recompôs no final daquela temporada e terminou em terceiro na competição em 2002.

O ano seguinte, 2003, foi muito melhor para Lewis. Ele venceu dez das quinze corridas da temporada, e os passos seguintes para os Hamilton foram a série britânica de Fórmula 3 e depois a Fórmula 3 Euroseries em 2004, ainda com a Manor Motorsport. Mas, na autobiografia *My Story*, Lewis descreveu 2003 como "o pior ano da minha carreira de piloto, tanto por causa do carro quanto do relacionamento com a equipe".[5]

Lewis atribui isso ao fato de que foi o primeiro ano da Manor na Fórmula Renault, então o piloto, a equipe e o gestor de sua carreira (Anthony) estavam lidando com uma curva de aprendizagem íngreme. Tudo isso era normal, mas, para Lewis, ele arcou com a maior parte da culpa pelo desempenho ruim. Nesse momento decisivo no percurso rumo à F1, Lewis e o pai não conseguiram chegar a um acordo com a McLaren sobre o caminho a seguir. Foi um problema sério. Lewis não queria passar mais um ano com a Manor, e a McLaren se manteve firme em exigir mais um ano na Fórmula 3 com aquela equipe.

Nas duas últimas corridas da temporada de 2004, Lewis se viu sem o apoio financeiro da McLaren. Enquanto cursava a faculdade (ao mesmo tempo em que todas essas corridas aconteciam), ele engatou um relacionamento com Jodia Ma, cujo pai era dono de uma corporação na terra natal dela, Hong Kong. Jodia se ofereceu para pedir ao pai que financiasse a participação de Lewis na corrida em Macau. De início, Lewis recusou essa ajuda, antes de enfim ceder e viajar para a prova.

A Fórmula 3 Euroseries costuma ter duas corridas por dia, e Lewis venceu a primeira, mas na segunda se envolveu em um acidente, tendo largado na pole position. Não foi um retorno auspicioso sobre o investimento do sr. Ma, e era uma perspectiva ainda pior para a última corrida da temporada no Bahrein.

De alguma forma, a Manor concordou em bancar a final do Superprix de Fórmula 3 no Bahrein. Para Lewis e para seu pai, parecia o momento decisivo para essa situação e o fim da estrada para o sonho da Fórmula 1. O complicado relacionamento pai/empresário só complicou a já árdua tarefa que Lewis tinha pela frente após uma classificação desastrosa, começando a corrida em 22º lugar. As coisas não estavam nada boas, e em seu livro Lewis expõe os detalhes do perrengue.

> Nós dois ficamos devastados, principalmente meu pai, porque, como sempre, ele se sentia responsável por tudo, pela perda da McLaren, por nossa situação, e estava preocupado pensando onde encontraria dinheiro para manter minha carreira e financiar as corridas do ano seguinte. Ele estava tão deprimido e angustiado que reservou um voo para casa bem cedo para poder aproveitar melhor seu tempo fazendo ligações e se concentrando em obter ajuda. Sei que ele estava realmente

sentindo a pressão por eu não ter patrocinador e, naquele momento, minhas performances não eram boas o suficiente para atrair novos patrocínios. Antes de ir embora, ele fez questão que eu soubesse de tudo, para que eu me culpasse e me odiasse pelo resto do dia e pela noite toda.[6]

Apesar dessa energia negativa e da instabilidade financeira, Lewis conseguiu se recompor. Na primeira corrida, ele terminou em 11º lugar, largando da 22ª posição; na segunda, saltou do 11º para o 1º lugar. E então o telefone tocou. De novo.

Quando dei por mim, Martin Whitmarsh, da McLaren, veio ao telefone para me parabenizar e disse: "Nós decidiremos para onde podemos ir a partir daqui". Isso era típico de Martin e Ron, eles sempre estavam lá em algum lugar no pano de fundo, de olho em mim. Eles se importavam para valer e queriam ajudar, mas também queriam que aprendêssemos do jeito mais difícil, a duras penas.[7]

Com Lewis de volta à McLaren, algumas decisões tiveram que ser tomadas. Uma figura que se tornará central na carreira de Lewis, Frédéric Vasseur, aparece nesse momento crucial em seu papel de proprietário e operador da equipe ASM do Campeonato Euroseries de Fórmula 3. Em seu primeiro ano na ASM Formule 3, Lewis venceu quinze das vinte corridas e a categoria, e em 2006 foi para a GP2 Series pela ART Grand Prix, que também estava sob a gestão de Vasseur. Foi sua última campanha fora da Fórmula 1. Ele venceu a GP2 e pressionou a McLaren a lhe dar o assento pelo qual ele havia trabalhado desde os tempos do *Blue Peter*.

A vaga como companheiro de equipe do campeão mundial espanhol Fernando Alonso com a McLaren era dele. Lewis havia realizado seu sonho de chegar à Fórmula 1. Agora a questão era: o que ele faria com a oportunidade?

CAPÍTULO 5

"OLÁ, MUNDO"

A MANEIRA DE A MÍDIA APRESENTAR OS ESPORTES AO PÚBLICO não descreve com precisão a jornada das categorias amadoras para as profissionais. Até mesmo a Little League World Series, torneio de crianças praticando um esporte amador, acontece em um campo que não tem semelhança alguma com um diamante de beisebol improvisado no seu parque local. O público só vê os esportes em seu estado mais refinado: locais como a quadra central de Wimbledon, com seis árbitros, um número igual de boleiros e infindáveis bolas perfeitas que o tenista pode afagar até encontrar aquela de que mais gosta e devolver as demais para um boleiro pegar enquanto a partida prossegue. As milhares de horas gastas com equipamentos abaixo do padrão, árbitros incompetentes, treinadores sobrecarregados e locais malconservados não são algo que os espectadores tenham que suportar. Quando ligamos a TV para assistir a uma partida de beisebol, até mesmo na liga infantil transmitida pela ESPN, todas as bolas são brancas. As bolas usadas das ligas principais são enviadas para as ligas menores, que não podem se dar ao luxo de usar as bolas uma única vez. Em todos os níveis do esporte as bolas são reutilizadas. Nas ligas principais, as bolas, assim como os campos, os clubes, os hotéis, os voos, os ônibus, a comida, as bebidas, tudo é tão perfeito quanto uma bola novinha em folha tirada diretamente da caixa, e, uma vez que recebe uma ínfima partícula de sujeira, ela é despachada para ser usada por seres inferiores. Se nas ligas principais as bolas são brancas, então na Fórmula 1 devem ser imaculadas e de platina.

A edição de março de 2024 da revista *Road & Track* trazia um artigo de Kate Wagner intitulado "Atrás das cortinas da F1". Depois o artigo foi removido do site da revista. Alguém poderia especular que os argumentos de classe que Wagner apresenta foram considerados controversos. O texto muito bem escrito tenta dar sentido à riqueza bastante calculável que circula pelo esporte da perspectiva de uma pessoa que se autodenomina como o que eu chamaria de "mais ou menos pobre" ou "tipo um pobre". Alguém que de pobre não tem nada, mas está perfeitamente disposto a agir como se fosse, sobretudo porque *todo mundo* é "pobre" comparado a uma pessoa que assiste aos treinos de classificação da Fórmula 1 enquanto corre em uma esteira ergométrica em seu superiate atracado ao lado da pista em Mônaco. (Não pergunte quanto isso custa. Você não tem condições de pagar.) Em tom poético, Wagner iguala a precisão da Fórmula 1 à esgrima: "Uma coisa que me impressiona na Fórmula 1 é sua inesperada semelhança com a esgrima – é algo equilibrado e disciplinado. Há pouco tempo, no meu aniversário de 30 anos, comecei a lutar com espadas medievais". Sejamos francos: pobres não praticam esgrima agora e não praticavam naquela época, mas vamos dançar conforme a música e colaborar com o texto, porque ele aborda de modo correto o esporte. A essência do artigo se detém no tempo em que a autora se debruçou sobre a Fórmula 1, o rosto pressionado contra a vitrine de um fim de semana de Grande Prêmio do ponto de vista de uma pessoa que em geral cobre ciclismo, esporte em que os profissionais ganham cerca de 50 mil dólares por ano. (Ainda assim, o ciclista vencedor do Tour de France ganha cerca de 6 milhões de euros por ano, ao passo que o salário médio de uma pessoa que faz um trabalho essencial e via de regra nada glamoroso é em média 59 mil dólares anuais.) Por trás da cortina de veludo da Fórmula 1, Wagner encontra as sementes da vanguarda da revolução comunista mundial.

> Acho que, se você quisesse converter uma pessoa ao socialismo, conseguiria fazer isso em cerca de uma hora, levando-a para dar uma volta no paddock de uma corrida de Fórmula 1. Não há necessidade de arte cafona tecendo loas ao trabalhador, e nem sequer do *Manifesto*. Nunca na vida vi tantas pessoas ricas reunidas em um só lugar. Se um tornado passasse e destruísse tudo, o mercado de ações despencaria e o patrimônio líquido de um país do tamanho da Eslovênia desapareceria

dos livros-razão em um único dia. Eu morava em Baltimore e tinha a lembrança do tipo de gente que ia à Preakness [corrida de cavalos disputada todos os anos no terceiro sábado do mês de maio] com seus chapéus idiotas e suas melhores roupas ao passo que toda a área da cidade ao redor passava fome e definhava por falta de verba. A Fórmula 1 era igual, mas sem os chapéus. Vi bolsas Birkin de 30 mil dólares e tênis Nikes Off-White de 10 mil dólares. Vi pessoas com o tipo de Rolex que faz desconhecidos chorarem no *Antiques Roadshow* [programa da BBC no qual especialistas avaliam antiguidades]. Vi influenciadores entupidos de Ozempic e caras da tecnologia corpulentos e vestindo camiseta e pessoas que ainda falavam com sotaque de *O grande Gatsby* enquanto suavam em bicas em ternos Yves Saint Laurent sob o sol implacável do Texas. O tipo de fortuna que vi vai me assombrar para sempre. Pessoas brindavam com taças de champanhe grátis em roupas que valiam mais do que o preço de mercado de todos os órgãos do meu corpo. Fiquei lá entre eles com uma blusa de brechó e shorts da Target.[1]

Como mencionado, parece que a explícita crítica de esquerda ao capitalismo acabou fazendo com que o artigo fosse retirado do site da revista *Road & Track*.[2] Apesar de todo o seu potencial radical percebido, se quisesse incitar alguém a abraçar o socialismo, seria melhor que a pessoa visitasse uma escola com poucos recursos em um bairro ou setor censitário dizimado de Detroit, não um Grand Prix. Mas o tipo de análise que Wagner faz pode assumir a forma de ódio pessoal que aparece reiteradas vezes nas críticas a Lewis. Ele simplesmente não pertence a este lugar porque a) nenhum de nós pertence, ou talvez ninguém pertença; b) ele é um hipócrita, porque comenta sobre ser negro e da classe trabalhadora quando na verdade recebeu privilégios por causa disso; e/ou c) pessoas que levam a sério a justiça social, o meio ambiente etc. não participariam de um esporte como esse. Todos os atletas negros já tiveram que enfrentar críticas semelhantes. Para entender o que Lewis estava sentindo na pele, vamos examinar de novo como outro menino e seu pai driblaram circunstâncias semelhantes.

"Olá, mundo." Quando Tiger Woods disse isso na coletiva de imprensa para anunciar que estava se profissionalizando, foi uma saudação a um espaço fechado que ele, tal qual Lewis, alteraria para sempre. Em certo sentido, o território em que Lewis entraria já havia sido mapeado por Tiger anos antes no caminho para a crise moral dos negros comendo frango frito no sul dos Estados Unidos. Em 1996, no Greater Milwaukee Open (por ironia, ou talvez de propósito, o mesmo evento que sediou a primeira vitória de Calvin Peete no PGA Tour duas décadas antes), Tiger falou com a imprensa.

Assim como no caso de Lewis, os sinais da força da natureza que é Woods foram vistos no horizonte do PGA por muitos anos. Imagine a "previsão" da chegada de Tiger como um alerta meteorológico sobre uma chuva torrencial: as crianças querem cancelar a ida à escola, os pais e as mães têm coisas para fazer e precisam que essas crianças saiam de casa. Ou seja, algumas pessoas ficaram animadas com a chegada de Tiger, outras esperavam que fosse apenas exagero e excesso de badalação, que não resultaria em nenhum acúmulo de água mensurável. Claro, entre esses dois extremos há muito espaço, mas também há aqueles que odeiam chuva só porque molha ou talvez porque seja verão ou alguma praia à qual a chuva "não pertence".

Tiger, tal qual Lewis, foi uma figura da mídia por muito tempo antes de se tornar profissional. Aos 2 anos, Tiger e seu pai, Earl, apareceram no *The Mike Douglas Show* para um segmento com o apresentador, mais Bob Hope e Jimmy Stewart. Isso foi em 1978. Na internet há um vídeo curto e bastante editado dessa participação; é problemático.[3] O vídeo mostra que a criança está bastante incomodada. No livro *Tiger Woods*, os autores Jeff Benedict e Armen Keteyian escrevem:

> É fácil ver isso como um momento engraçado, mas a aparição de Tiger no *The Mike Douglas Show* revelou que ele compartilhava clássicos atributos do que os psicólogos infantis chamam de criança talentosa: quieta, sensível, isolada. Havia os incessantes e nervosos puxões em sua orelha, seu óbvio desejo de agradar o pai e sua necessidade de ter sucesso, indicada por sua determinação em garantir que não erraria a tacada final.[4]

Os autores recorrem com insistência a esse evento e a outros que se seguem, sugerindo que Earl Woods, ao pressionar o filho dessa maneira, fez as pessoas pensarem como o ator Jimmy Stewart, que insinuou a Mike Douglas nos bastidores: "Já vi muitas crianças preciosas como esse simpático garotinho, e muitos pais e mães deslumbrados".[5] A preocupação aqui era, de acordo com Benedict e Keteyian, que "Stewart estava no ramo do entretenimento havia quase sessenta anos e já tinha visto sua cota de crianças pequenas que foram colocadas no grande palco por pais e mães incapazes de reconhecer ou avaliar as consequências de longo prazo do estrelato precoce".[6] Isso pode muito bem ser verdade, mas quero propor outra compreensão do que Earl Woods estava fazendo com base no que sabemos sobre seu treinamento e seu período de serviço nas Forças Especiais no Vietnã.

Acho que Earl reconhecia e tinha plena consciência dos efeitos de longo prazo de submeter uma criança de 2 anos àquele tipo de pressão pública. Acho que estava muito tranquilo em ver Tiger naquela idade, errando tacadas curtas e se preocupando em agradá-lo, porque aos 30, quando ele tivesse diante de si o *chip-in* de todos os *chip-ins*[*] no Masters, ele acertaria. Tiger viveu sob extrema pressão durante toda a vida, tanto pessoal quanto profissional, e a complexidade de fazer uma análise minuciosa do que tudo isso significa para ele, para as pessoas ao seu redor e para nós como espectadores do triunfo e da tragédia, permanece.

A edição do segmento disponível no YouTube elimina uma parte complicada da interação. O trecho de vídeo tem apenas 36 segundos de duração. Há comentaristas que afirmam ter visto a transmissão original e elementos dela que são importantes e dão o que pensar.

O usuário do YouTube identificado como @imbees2 postou duas notas sobre sua lembrança do programa. A primeira diz: "Mike Douglas disse para as câmeras, 'Olha só esse macaquinho!'. E deu um tapinha na cabeça de Tigers" [*sic*]. A segunda: "Naquele vídeo, Mike Douglas disse no ar, 'Olha esse macaco jogando'. Eu mesmo vi na TV. Eles cortaram essa parte". Vale a pena ressaltar que ninguém refuta essa afirmação. Alguém chamado @laverite9082 adicionou o seguinte comentário: "Adultos diziam isso de forma afetuosa para jovens jogando golfe; não era considerado um insulto, como alguns podem interpretar hoje".

---

[*] No golfe, o *chip-in* é a tacada curta que o jogador dá perto do *green* para acertar a bola no buraco. (N. T.)

Munidos dessa especulação, há outra maneira de refletir sobre o programa, e não tem tanto a ver com o que Earl Woods pretendia nem diz respeito a quais poderiam ter sido os efeitos de longo prazo em Tiger. *The Mike Douglas Show* era conhecido por seus truques exagerados – o típico entretenimento da TV diurna na década de 1970. Para o programa, era exatamente isto: uma criança jogando golfe é uma coisa, mas uma criança negra jogando golfe são outros quinhentos. Esse tipo de coisa faria o público e os apresentadores se concentrarem na novidade de uma pessoa negra de qualquer idade jogando golfe, sem que fizessem ideia de que, na cabeça do pai do menino, isso tinha a ver com a dominação do esporte como um todo. Por ocasião da coletiva de imprensa "Alô, mundo", o mundo do golfe estava antecipando a chegada de Tiger, e esse foi o começo.

A coletiva de imprensa mostra um Tiger clássico: o enorme sorriso, que segue com cuidado um roteiro pronto de antemão, ponderado, e seu pai bizarramente sentado em uma poltrona ao lado do púlpito. Destacam-se duas coisas que são importantes para situar Lewis em relação a Tiger. A primeira é a resposta do golfista a uma pergunta sobre representatividade. Chris Collins, da afiliada da CBS em Milwaukee, formula a questão perguntando a Tiger sobre o encanto que ele exerce em grupos que "estavam longe de ter relações com o golfe" e agora vinham para vê-lo em ação. Bibliotecas inteiras poderiam ser escritas sobre a (in)compreensão de Tiger sobre questões raciais, mas aqui ele fez uma declaração bastante coerente sobre a natureza excludente do golfe e observou que seu pai e outros estavam trabalhando para aumentar a participação de minorias.

O outro ponto em comum entre as experiências das famílias Woods e Hamilton é a questão do acesso, lógico. A família Woods não tinha condições de pagar a filiação a associações de golfe, mesmo que todos esses lugares permitissem a entrada de negros nos clubes onde estavam os melhores campos. Assim como na jornada para a Fórmula 1, um golfista precisa aprender como é jogar em campos de alto nível. O plano de marketing de Earl Woods, em que o primeiro passo mais público era a participação no programa *The Mike Douglas Show*, girava em torno de usar a novidade de Tiger a fim de dar a ele acesso gratuito ao melhor campo e instrução possível, e funcionou.

Na mesma coletiva de imprensa, quando perguntaram a Tiger o que ele achou de diferente quanto à mudança para a PGA, ele ecoou o luxo da

Major League Baseball. Todas as bolas em ambos os lugares são brancas. Podemos apenas imaginar qual deve ter sido a sensação de Lewis ao pisar atrás da cortina de veludo da Fórmula 1, não como um espectador ou um piloto em potencial, mas como um membro de uma das principais equipes do esporte.

Alguém disse "Olha só esse macaquinho!" para Lewis? Quando grupos de torcedores se espalharam pelas arquibancadas de uma pista de testes em Barcelona caracterizados como gorilas e vestindo camisetas que sugeriam que eram parte da "Família Hamilton" e jogaram bananas, descobrimos que o tropo racista dos primatas se tornaria parte da realidade de Lewis também.

De caso pensado, a apresentação de Lewis ao público em sua estreia na F1 foi um evento mais discreto. O chefe da equipe da McLaren, Ron Dennis, restringiu o acesso da mídia ao piloto novato para que ele não se distraísse da tarefa à mão.

Os meses desde o fim de sua campanha na GP2 e a abertura da temporada de Fórmula 1 foram repletos de trabalho. Na autobiografia de 2007, Lewis descreve o semestre de preparação:

> (…) por seis meses antes do meu primeiro Grande Prêmio na Austrália, fiquei na fábrica todos os dias, das oito da manhã até as seis da tarde ou mais. Em resumo, Ron e Martin deram a várias pessoas na McLaren a tarefa de me transformar de um piloto de GP2 em um piloto de Fórmula 1.[7]

Apesar de todo esse documentado trabalho árduo, os detratores de Hamilton sugeriram outra explicação degradante para seu sucesso. É uma reminiscência de teorias ridículas como "As pirâmides devem ter sido construídas por alienígenas" porque as pessoas não conseguem descobrir como *aquela gente* edificou a obra. Uma das pessoas encarregadas pela McLaren de preparar Lewis para as exigências (físicas e mentais) da Fórmula 1 foi o dr. Kerry Spackman, matemático e astrofísico que se tornou neurocientista e guru do desempenho esportivo. Richard Williams, do jornal britânico *The Guardian*, conversou com o treinador de desempenho e escreveu sobre o encontro em um artigo de maio de 2007 intitulado "A reconfiguração e a sobrecarga do cérebro que fazem de Hamilton um mestre". Durante a conversa sobre um modelo descrito como "o cérebro de Lewis Hamilton", que na verdade é um modelo do cérebro de todo mundo, o dr. Spackman descortina uma camada do véu sobre os segredos do sucesso do recém-chegado:

> "Nós não evoluímos para dirigir carros de corrida", ele está dizendo. "Nosso cérebro se desenvolveu ao longo de milhões de anos, e em certo sentido é incrivelmente sofisticado, mas, em outras aspectos, muito inadequado para algumas das tarefas que queremos que ele faça. Na maioria dos esportes agora, o atleta moderno está levando seu cérebro ao limite. O carro de Fórmula 1 de hoje faz as coisas quase instantaneamente, e o cérebro não consegue acompanhar. A ideia é reconectar seus circuitos, sobrecarregar seus processos, de modo que sejam mais adequados para a tarefa. Para transformá-lo de um computador em um supercomputador, se você preferir."[8]

Ao ler isso, muitas pessoas pensariam que faz sentido estar atento a esse elemento do esporte (e que deve haver muitos doutores por aí que trocariam suas salas de aula e reuniões do corpo docente pelos holofotes da Fórmula 1). Os humanos evoluíram ao longo de cerca de 6 milhões de anos, e dirigimos carros há cerca de 150 anos. Exceção feita à velocidade de um cavalo, a coordenação humana entre mão e olho era uma questão de reagir a objetos que chegavam na velocidade de um pedestre. No caso de dirigir um carro de Fórmula 1 ou pilotar uma aeronave de alto desempenho, mente e corpo são solicitados a fazer coisas que excedem o desempenho que foi necessário por mais de 5 milhões de anos. As equipes buscam extrair cada naco de desempenho do piloto e do carro, entendendo que é muito provável que as capacidades do veículo estejam além das capacidades de quem opera esse veículo. Parte do fechamento dessa lacuna é treinar o cérebro para processar informações de forma diferente, não apenas mais veloz. O cérebro deve ser treinado para resistir a reações que tenderiam a dizer "pare" quando a chave para vencer é "acelere".

O esforço para ajudar Lewis a desenvolver mais essa habilidade soma-se à lista de razões pelas quais ele nada mais é do que um produto que foi recompensado e premiado com coisas que outros pilotos mereciam e não receberam. Para piorar a situação, alguns dirão que Lewis também é ingrato e apela para a "questão do racismo" a fim de explicar tudo ao mesmo tempo. Worrall aborda isso em seu livro.

> Houve insinuações por parte de alguns especialistas de que Dennis interpretou o papel de dr. Frankenstein para Lewis, que ele estava construindo sua criação de Fórmula 1. Essa teoria era corroborada, alegaram eles, pelo fato de que o Grande Ron havia contratado o dr. Kerry Spackman, neurocientista nascido na Nova Zelândia, para, ao que parecia, transformar o menino em uma máquina vencedora de corridas.[9]

É importante notar que o jovem de 21 anos é diversas vezes chamado de "menino" em vários relatos. Falarei mais sobre isso depois.

Ao ouvir tal absurdo, Ron Dennis tentou corrigir o registro histórico observando que Lewis é um dos vários pilotos que teve acesso ao mesmo tipo de treinamento sofisticado. Apesar desse fato, alguns continuam a ver Lewis como um produto ou invenção da imaginação e experiência de Dennis. É lógico que Ron Dennis tinha uma postura de proteção do investimento que fez em Lewis, e a decisão de manter Hamilton longe de um frenético alvoroço de mídia foi a abordagem correta.

Durante os dias que antecederam sua estreia no Grande Prêmio da Austrália, Lewis concedeu uma entrevista, com a permissão de Dennis, que elucida o que o piloto julgava ser possível. O novato se senta diante de um entrevistador que lança algumas perguntas fáceis com as quais ele lida sem dificuldades. São principalmente perguntas sobre o salto da GP2. Lewis se apresenta como um piloto confiante, não arrogante. Ele está ansioso para assumir a responsabilidade por sua ética de trabalho e habilidade, mas se esforça para reconhecer que é apenas o elemento mais visível de uma equipe. Em suma, ele é generoso. Ele fala sobre o nível extremo de preparação em que embarcou e a acentuada curva de aprendizagem que é o objetivo da Fórmula 1.

O entrevistador pressiona além das perguntas clichês e quer saber se a primeira metade da temporada seria e deveria ser dedicada à aprendizagem e a segunda parte à competição. Lewis faz uma pausa quase imperceptível e então concorda, tudo isso no contexto de se juntar a uma equipe que incluía um bicampeão mundial, Fernando Alonso. Lewis acredita na noção de que não havia a expectativa de que ele competisse durante a primeira metade da temporada, mas ele deve ter cruzado os dedos, porque, como o mundo veria no fim de semana em Melbourne, ele não estava lá para ser orientado como um pupilo por nenhum outro piloto, em especial seu companheiro de equipe.[10]

Mais importante, e isto também é uma janela para o pensamento estratégico de Ron Dennis, Lewis não estava interessado em ser simbólico, ou, em termos mais precisos, "apenas" um símbolo de diversidade e progresso. Vem à mente Branch Rickey, o executivo do Dodgers que, ao contratar Jackie Robinson, rompeu com sucesso a fronteira da cor da pele nas principais ligas de beisebol. De acordo com o documentário *Baseball*, de Ken Burns, parte do legado de inovação de Rickey veio de uma perspectiva empresarial, e seus esforços eram norteados por uma genuína preocupação com a imoralidade da segregação.

Ron Dennis estava empenhado em colocar a McLaren em uma posição para ganhar campeonatos mundiais, e isso significava colocar os melhores pilotos que ele pudesse encontrar nos melhores carros que ele pudesse projetar. Lewis, a despeito da raça, com certeza mostrou aptidão para ser um piloto de primeira linha. Não há evidências diretas de que Dennis estava trabalhando, tal qual Branch Rickey, para consertar um equívoco. Ao contrário da segregação aberta e documentada da Major League Baseball, a Fórmula 1 não precisava se importar com todos os motivos que mapeamos aqui. É obvio que Dennis tinha plena consciência de que não havia outros pilotos negros, então seu empenho em dar apoio a Lewis para o que desse e viesse, nos bons e maus momentos, não poderia se basear apenas na habilidade técnica de Lewis. O que isso ilustra de fato é o que os defensores da diversidade, equidade e inclusão definiram como meta para esses esforços. Ron Dennis encontrou um talento em um lugar, situação e corpo que a Fórmula 1 estava predisposta a ignorar. Ele fez o oposto, e valeu a pena.

Se a McLaren retirasse seu apoio aos Hamilton, havia zero chance de outra equipe entrar em cena para envergonhar Ron por não ter aguentado firme. Lewis teria desaparecido do esporte, e a F1 teria seguido em frente. Ron Dennis decidiu que era hora de o esporte abrir suas lentes e sua carteira. E ele queria que isso levasse ao círculo dos vencedores, não como um projeto de engenharia social de curto prazo à guisa de engenharia automotiva.

Isso não agradou a Fernando Alonso.

CAPÍTULO 6

INTRODUÇÃO À FÓRMULA 1

UM FIM DE SEMANA DE GRANDE PRÊMIO começa na quinta-feira e termina no domingo. Na maioria dos casos, no padrão tradicional o fim de semana é dividido em três fases distintas. A primeira fase é chamada de "treinos livres" (free practices), e cada sessão é designada em sequência como FP1, FP2 etc. O objetivo dessa primeira fase é permitir que todos os pilotos se familiarizem com a pista e com o comportamento do carro em várias configurações. Isso inclui composto de pneu (falarei mais sobre isso depois), quantidade de combustível, aerodinâmica etc. Essa fase equivale aos estágios iniciais da carreira de um piloto, quando está começando do zero e lidando com questões básicas de direção rápida. Equipes bem administradas e pilotos experientes têm plena consciência do que sabem e do que não sabem sobre o carro e como ele se comportará em diferentes locais. Parte desse entendimento é tão básico quanto as profundas diferenças entre pilotar em um circuito de rua como Mônaco ou uma pista como Silverstone. Então, o desempenho semana a semana, para melhor ou para pior, é quase sempre previsível.

Todos esses pilotos passaram com êxito por categorias como GP2 e Fórmula 2, cujas corridas são com frequência realizadas nos mesmos percursos da Fórmula 1. Mas a primeira volta em um carro de F1 em qualquer percurso pode apresentar até mesmo ao mais talentoso dos pilotos uma curva de aprendizagem íngreme. As equipes esperam que seus pilotos deem o máximo de voltas possível nos vários ajustes do carro a fim de desenvolver um plano para as duas fases seguintes do evento, a classificação (ou qualifying, que decide as posições de largada do grid) e a corrida em si. Ao mesmo tempo, à medida que forçam ao máximo os limites de desempenho do carro, os pilotos, mais do que tudo, precisam evitar colisões e perder valioso tempo de treino com reparos ou, no pior dos casos, tratamento de ferimentos. Depois de fazer várias sessões de treinos livres, as equipes devem estar prontas para tirar o máximo possível do carro e do piloto durante a fase de classificação.

Todo esse esforço e esse raciocínio só valem a pena se colocarem o piloto em condições para fazer o melhor possível nas mais ou menos cinquenta voltas das corridas reais, ao contrário da classificação, em que o xis da questão é a velocidade em uma volta. O que os pilotos chamam de "ritmo de corrida" pode ser muito diferente de "ritmo de classificação". Os velocistas de 100 metros e os de 400 metros são ambos "velozes", mas precisam distribuir essa velocidade em distâncias diferentes. Isso também vale para um carro de Fórmula 1. Durante os treinos classificatórios, o ajuste do carro e a mentalidade do piloto giram em torno da velocidade máxima em uma volta. O dia da corrida exige um enfoque diferente. O objetivo da classificação é estabelecer onde cada um dos vinte pilotos começará a corrida no grid. O piloto mais rápido da classificação terá a pole position ou P1, e o mais lento a P20, que não tem nome, exceto "último". Alguns circuitos não são propícios para ultrapassagens, então largar de uma posição na frente do grid pode determinar o resultado no domingo.

As sessões de treinos de classificação têm três fases: Q1, Q2 e Q3. A Q1 tem dezoito minutos de duração, e ao fim do cronômetro os quinze melhores pilotos, ou seja, os quinze melhores tempos em uma volta, avançam para a Q2; os últimos cinco garantem do 16º ao 20º lugar no grid de largada.

A Q2 segue o mesmo padrão; após quinze minutos de ação na pista, os cinco últimos são "eliminados" e começarão nas posições de 11º a 15º no domingo. Por fim, na Q3, que dura doze angustiantes minutos, dez pilotos brigam pela pole position, atribuída ao piloto que faz a volta mais rápida; os restantes completam o grid da 2ª à 10ª colocação.

Parece muito simples. Não é. Os limites de tempo de cada sessão são uma das variáveis que tornam a classificação complicada – o piloto deve encontrar o posicionamento ideal na pista no momento exato para obter o melhor resultado. Como você pode imaginar, durante a Q1, com vinte carros participando da sessão, um piloto pode ter uma volta arruinada por ser obstruído. Trata-se de um lugar que de fato demonstra por A mais B que simplesmente não pode haver pilotos que não sabem o que estão fazendo na pista. Um carro não arranca em disparada dos boxes enquanto um diretor de prova aperta um cronômetro para ver como ele se saiu. De maneira geral, um piloto dá uma ou duas "voltas de saída dos boxes" (out laps), que são lentas, não contam tempo e servem para aquecer pneus, freios e motor e tentar encontrar espaço na pista antes de engatar uma volta rápida (hot lap), a volta principal que de fato conta tempo e vai valer para a classificação. Se o piloto A estiver em uma volta rápida e o piloto B estiver em uma volta de saída dos boxes, é de extrema importância que o carro do piloto B não esteja explorando uma posição a 144 km/h no lado errado da pista – o que é conhecido como "linha de corrida" – quando o carro do piloto A fizer uma curva cega a 290 km/h.

Além disso, com relação ao momento em que um piloto entra na pista, a maioria das pistas vai ficando mais rápida à medida que mais carros dão voltas. Isso ocorre porque os pneus deixam borracha na linha de corrida, e a aderência melhora conforme a sessão de treinos avança, o que significa que os tempos são mais rápidos no final. Isso parece ótimo, mas seria tolice um piloto deixar para se arriscar já mais para o término da sessão, porque muita coisa pode dar errado, incluindo um piloto ser enredado em uma fila de carros competindo por posição e o tempo se esgotar. Também pode ocorrer um acidente que leve os comissários de prova a reduzir a velocidade de todos (bandeira amarela) ou até mesmo interromper a sessão (bandeira vermelha). Assim, talvez não haja o último e melhor momento para ser aproveitado, então o piloto deve cronometrar o número de voltas que consegue encaixar em uma sessão a fim de maximizar as tentativas no melhor momento possível para estar na pista.

Depois, há a questão do clima. Imagine que o Piloto A sai no início da sessão e, no meio da volta rápida, um pé-d'água cai sobre a metade da pista. A primeira parte da volta é rápida, a segunda parte muito mais lenta, mas os pilotos mais atrás não têm o benefício da primeira parte seca, então o Piloto A registra o melhor tempo. Com quatro minutos restantes, enquanto nosso piloto inicial observa os outros se esforçarem na pista encharcada, o sol sai e seca rapidamente a superfície. O desafio agora é voltar lá com tempo suficiente para aproveitar as condições secas.

Outra variável importante é o desgaste dos pneus. Todas as equipes recebem a mesma cota de pneus para todo o Grande Prêmio. Existem vários compostos de pneus – a textura relativa do pneu – que constituem a cota de pneus. O composto macio é normalmente o mais rápido, mas não dura tanto quanto os outros. O composto médio fica entre macio e duro e é mais equilibrado entre desempenho e durabilidade. O composto duro é o que dura mais, porém é o mais lento. Além desses três, as equipes também têm acesso a pneus intermediários/de chuva para as piores condições climáticas.

Munido dessas informações, o recém-nomeado estrategista de Fórmula 1 de poltrona pode pensar: "Tá legal, os pneus macios são os mais rápidos; como só precisa de algumas voltas para os treinos de classificação, então fique com eles, certo?". Talvez. Mas lembre-se de que um piloto só tem uma quantidade limitada de cada tipo de pneu para o fim de semana inteiro, o que significa que você não quer começar a corrida com um conjunto de pneus macios desgastados porque os usou nas sessões de classificação. As equipes que conseguirem passar pelas primeiras etapas da classificação com pneus de compostos mais duros farão isso para guardar o melhor para a Q3 e a corrida no domingo.

Dia de corrida. Agora as equipes selecionaram sua estratégia para a prova. Algumas estão preocupadas em vencer, outras em terminar a prova. Elas começarão com pneus médios, correrão com eles pelo máximo de tempo possível e depois mudarão para macios no final da corrida para ter os pneus mais rápidos no final da corrida? Ou farão o oposto? Alguns podem pensar que deve levar tempo para trocar pneus, então por que não colocar os duros e correr sem fazer paradas até destruí-los? Isso não é permitido. Cada carro tem que usar dois compostos de pneus diferentes, a menos que a corrida seja realizada sob chuva.

Isso significa que as equipes de F1 precisam pensar sobre o pit stop em seu planejamento estratégico. Uma equipe de pit stop de F1 bem treinada troca todos os quatro pneus em cerca de 3 segundos. Tenha isso em mente da próxima vez que seu mecânico local cobrar por seis ou mais horas de trabalho para trocar os pneus do seu carro. Da mesma forma, uma oficina local pode levar três semanas consertando seu painel traseiro.

As equipes de pit stop da F1 fazem isso em cerca de 5 segundos. Como a FIA interrompeu o perigosíssimo processo de reabastecimento durante a corrida, a maioria das paradas nos boxes é para a troca de pneus, e até mesmo as piores equipes em geral conseguem fazer isso em cerca de 4 segundos. Apesar de eliminar o perigo de incêndios e explosões do pit stop sem que o combustível de foguete respingue por todo o lugar, o pit lane [corredor onde estão localizados os boxes das equipes, uma faixa usada para a passagem dos carros e em que as equipes podem fazer a manutenção de seus carros durante uma corrida] ainda é um lugar de perigo equivalente ao convés de um porta-aviões ativo. As pessoas devem saber o que fazer, o que *não* fazer e quando fazer ou *não* fazer. Há o risco de carros serem liberados de forma arriscada e insegura, e pode haver gente no caminho, ou um carro pode colidir com outros entrando ou saindo dos boxes. O pit stop é um bem orquestrado balé entre todas as equipes que exige profissionalismo intransigente. Os pilotos não têm permissão para entrar no pit lane em alta velocidade e não podem sair de lá feito balas de canhão. Algumas das penalidades mais severas do esporte são amiúde dadas por violações de segurança no pit lane, e por um bom motivo.

Enfim, chega a hora de correr. No horário marcado no domingo, todos os carros saem para fazer a volta de apresentação, giro completo no percurso que exibe os pilotos dando guinadas no carro da direita para a esquerda a fim de aquecer os pneus. Já houve casos de pilotos que bateram durante a volta de apresentação. Os carros na frente do grid terminam primeiro a volta e precisam esperar os de trás se posicionarem, o que esfria os pneus e atrapalha a aderência, então eles em geral desaceleram, reduzem o ritmo do pelotão para passar o mínimo de tempo possível parados esperando. Assim que todos os carros estiverem alinhados em posição, uma pessoa correrá atrás da 19ª e 20ª posições acenando uma bandeira verde para sinalizar ao starter para começar manualmente a contagem regressiva, que não é o "em suas marcas… preparar… tiro de largada" das competições de atletismo nem o 10-9-8-7-6-5-4-3-2-1 das missões espaciais. Em vez disso, duas fileiras de cinco luzes vermelhas acendem em sequência e, quando elas se apagam… a corrida começa.

CAPÍTULO 7

O PAI COLHE OS FRUTOS

A PRIMEIRA CORRIDA DE UMA NOVA TEMPORADA DE FÓRMULA 1 é muito parecida com o primeiro dia de um novo ano letivo. Todo mundo tem planos de fazer todo o dever de casa, tirar nota máxima em todas as provas, encetar amizade com pessoas interessantes e ser um incontestável favorito para integrar o seleto grupo de alunos homenageados no baile de boas-vindas. Todo mundo quer ser o rei ou a rainha do baile. Mas então bate a realidade. A trigonometria faz sua média de notas despencar vertiginosamente. Seu armário fica ao lado do valentão da escola, e ele coloniza seu espaço para esconder armas caseiras improvisadas e contrabando. E, por azar, seu telefone nunca toca e você não consegue arrumar um par para o baile. Mas sempre há o ano que vem.

Lewis passou a vida inteira, junto com seu pai, preparando-se para esse "primeiro dia de aula", sua estreia na F1, e logo ficou evidente que ele já havia se formado. Apesar de dizer ao entrevistador que a primeira parte da temporada era um momento para se firmar, estava claro que Lewis havia feito uma bem-sucedida transição da GP2 para a Fórmula 1.

O que isso significa? Não é apenas uma questão de os carros serem mais rápidos; dizer isso é chover no molhado. A parte "mais rápidos" traz a reboque um punhado de exigências. A revista *Wired* postou um vídeo intitulado "Por que o ser humano médio não conseguiria dirigir um carro de F1" que detalha o assunto com comentários de Clayton Green, o ex-treinador de desempenho de Lewis durante a temporada de 2010.[1] Primeiro, há a questão do tempo de reação necessário para fazer uma boa largada. De acordo com a *Wired*, o tempo de reação médio de um piloto de F1 é de cerca de 200 milissegundos. Como ponto de referência, o vídeo usa o tempo de reação de 160 milissegundos de Usain Bolt na corrida de 100 metros rasos, ao passo que o tempo típico de um ser humano é de cerca de 500 a 600 milissegundos. Isso não é importante apenas no início, mas durante toda a corrida; nessas velocidades extremas, permanecer vivo depende de ser capaz de reagir antes que seja tarde demais.

Além disso, um piloto que está subindo para a Fórmula 1 precisa estar preparado para lidar com as forças extremas que são geradas em curvas de alta velocidade, que a *Wired* compara a uma força de mais de 36 quilos empurrando sua cabeça para o lado contrário da direção da curva. Ou seja, a força do pescoço de um piloto de Fórmula 1, diferente da de uma pessoa comum, é tamanha que ele será capaz de manter a cabeça na posição para ver para onde está indo, em vez de seus olhos fitarem o colo.

A frenagem requer que o piloto gere cerca de 100 quilos de força para mover o pedal do freio. Isso é como ir à academia e empurrar 90 quilos no *leg press* com uma das pernas centenas de vezes ao longo de algumas horas. Se uma pessoa comum conseguisse colocar um carro de F1 em movimento, seria muito difícil conseguir pará-lo.

Estamos falando apenas dos elementos físicos. Capacidade mental e a habilidade de administrar o estresse de dirigir, competir e lidar com as obrigações relacionadas à equipe fora da pista podem desgastar um piloto. Boa parte disso é gerada pelas expectativas colocadas no piloto e na equipe.

A McLaren não era uma equipe desacostumada ao sucesso. O espanhol Fernando Alonso já havia conquistado dois campeonatos mundiais de pilotos com a Renault e se juntou à McLaren esperando muito mais. O fato de Hamilton, um novato que ainda precisava provar seu valor, ser anunciado pela McLaren para correr ao lado do bicampeão indicou a Alonso e seus fãs que o jovem estava lá para ajudá-lo na sua briga pelo título do campeonato e talvez aprender algo ao longo do caminho, não para tentar vencê-lo.

Nos anais da história esportiva, Fórmula 1 e além, você terá dificuldade para encontrar um novato que tenha sido tão impactante para o esporte quanto Lewis, embora de imediato o nome de Magic Johnson venha à mente. Quando o líder do Los Angeles Lakers, Kareem Abdul-Jabbar, sofreu uma lesão nas finais da NBA [National Basketball Association, a principal liga de basquete profissional da América do Norte], Magic se destacou. Na partida decisiva contra o Philadelphia 76ers, disputada na Filadélfia, o novato atuou em todas as posições na quadra. Magic marcou 42 pontos, pegou 15 rebotes e distribuiu sete assistências, ajudando o time a vencer o campeonato e sendo eleito como MVP (o jogador mais valioso) das finais. Lewis teria esse tipo de temporada logo na estreia.

Antes da primeira corrida de Lewis, a mídia não teve o acesso frenético que gostaria. Isso permitiu que Hamilton passasse muito tempo em contato direto com sua equipe, o que ficou evidente nas fotos de Lewis a portas fechadas com Ron Dennis, conversando sobre sabe-se lá o quê. Os comentaristas notaram que Fernando Alonso deve ter se perguntado por que ele estava pressionado contra o vidro e não na sala de champanhe cochichando com o talentoso indivíduo. O xis da questão é que estava claro que ninguém na McLaren prometeu a Fernando que ele seria o piloto número 1, e aí residia o problema: ninguém tampouco lhe disse que ele *não* era. Quanto ao bicampeão mundial, é provável que ele tenha julgado que seria absurdo alguém precisar dizer algo como: "Nosso bicampeão mundial é o piloto número 1, e não o novato inexperiente".

Da mesma forma, ninguém garantiu a Lewis nada além de um carro competitivo. Nesse momento, com certeza ele não recebeu nenhuma orientação de que deveria priorizar o apoio ao seu talentoso companheiro de equipe – prática conhecida como "ordens de equipe", que pode violar rapidamente o princípio de que uma corrida, antes de tudo, é uma competição. De certo modo, uma equipe de Fórmula 1 pode funcionar como uma equipe de ciclismo em um *grand tour*, em que outros membros se dedicam a colocar o piloto principal na dianteira e mantê-lo lá.

Com seus dois astros no escuro quanto às expectativas da equipe, o que Hamilton e Alonso deveriam fazer além de competir? Ao contrário do ano de estreia "mágico" de Johnson, o "Kareem" dessa equipe não se lesionou. Alonso ainda estava correndo. O que a McLaren esperava?

———————

A melhor maneira de entender a temporada de 2007 é como um ponto de transição para a Fórmula 1. Michael Schumacher, o heptacampeão mundial, dependurou as chuteiras (ou melhor, o capacete) no final da temporada de 2006. Sua saída deixou duas questões em aberto para o esporte: a primeira, se seu substituto na Ferrari, o lacônico Kimi

Räikkönen, seria capaz de começar a preencher o gigantesco buraco deixado pela saída do piloto alemão; e, a segunda, quem seria o rosto do esporte.

A mudança de Alonso da Renault para a McLaren pretendia responder a ambas as perguntas, primeiro mantendo os ambiciosos pilotos da Ferrari atrás dele e, segundo, adicionando um terceiro campeonato mundial à sua contagem e estabelecendo-o como o piloto de uma nova era. Da perspectiva de Alonso, a equipe, incluindo Ron Dennis e Martin Whitmarsh, estava lá para fazer isso acontecer. Lewis era necessário porque uma equipe precisa de dois pilotos e, enquanto o novato estivesse lá, poderia muito bem tomar algumas notas, ficar fora do caminho e não atrapalhar, ajudar quando pudesse e talvez encontrar uma vaga em algum outro lugar que precisasse de um piloto principal.

Um piloto pode ajudar um companheiro de equipe de muitas maneiras, isso quando ele mesmo não está preocupado em vencer. Em geral, essas "ordens de equipe" consistem em fazer o possível para segurar os rivais, criando assim a margem necessária que permite pit stops sem a perda de posições. Ou, durante os treinos de classificação, um segundo piloto abrirá um buraco no ar para que o piloto principal tire proveito de um reboque aerodinâmico e obtenha uma vantagem de velocidade sobre os demais que estão nessa sozinhos. A prática mais complicada é quando os dois pilotos têm condições de ser competitivos e recebem ordens para se absterem de "disputar" um contra o outro e manter a posição; houve até momentos em que, durante a prova, um piloto foi instruído a trocar de posição com um companheiro de equipe. Ao que parece, Fernando Alonso tinha plenas expectativas de poder escolher entre esse menu de opções para seu próprio benefício. Se a McLaren distribuiu algum memorando interno nesse sentido, Lewis não o recebeu, ou decidiu que não se aplicava a ele, porque Alonso teria que se preocupar primeiro com o novato antes de lidar com a concorrência dos pilotos de outras equipes.

Ao longo do fim de semana, Hamilton se mostrou discreto, mas competente na pista durante os treinos livres. Os melhores tempos foram todos registrados por pilotos veteranos, e Lewis, a bordo da McLaren, estava tateando o circuito de Albert Park. Nas sessões de treinos classificatórios, o destaque ficou com a performance marcante de Kimi, o primeiro piloto da Ferrari desde 1956 a se classificar na pole em sua primeira corrida pela equipe – o último a fazer isso havia sido o lendário Juan Michael Fangio. Fernando o perseguia em uma autoconfiante P2.

Assim como Räikkönen estreava na Ferrari, Alonso estava em sua corrida de estreia pela McLaren. Na coletiva de imprensa pós-treinos de classificação, ele foi questionado sobre sua experiência com a equipe até então. O espanhol expressou confiança em si mesmo e no carro. O entrevistador lhe perguntou sobre o que pensava acerca da estratégia para a corrida no dia seguinte; Fernando mantinha sua atenção focada na Ferrari, e não mencionou Lewis, que havia se classificado em quarto, atrás da BMW Sauber de Nick Heidfeld.[2]

Em uma entrevista pré-corrida na mesma plataforma que Lewis visitara, Fernando fala sobre sua empolgação em correr pela McLaren, mesmo que a equipe tivesse enfrentado dificuldades de desempenho na temporada de 2006. Ele minimiza a importância de fazer estardalhaço no início da temporada, oferecendo garantias de que, à medida que ele e a equipe se sentirem mais confortáveis um com o outro, as coisas melhorarão. Em seguida, ele é indagado sobre Lewis.

ENTREVISTADOR: Estamos todos interessados, é claro, em como seu companheiro de equipe vai se sair também. O que você acha de Lewis Hamilton? O que você sabe sobre ele e como você está se saindo com ele até agora?

ALONSO: É muito bom. Tem sido um relacionamento muito bom. Ele pode ser um piloto muito forte em 2007. Eu o vejo como um ótimo companheiro de equipe. Ele está pressionando um pouco a equipe com algumas ideias novas e uma mentalidade nova que só ajudam a equipe e a mim também.[3]

Palavras inócuas, que você esperaria ouvir de um companheiro de equipe mais experiente falando sobre um companheiro de equipe que nunca havia pilotado em uma corrida de F1. No relacionamento entre Lewis e Fernando, isso foi o máximo de cortesia a que conseguiram chegar.

No dia da corrida, a posição P4 de Lewis nos treinos de classificação o colocou logo atrás de Fernando, que largou na P2. No caos do início da prova, Lewis tirou proveito do tipo de manobra ousada que apenas um piloto experiente faria e saltou na frente de Alonso após a primeira curva. Ele descreveu o momento em suas memórias de 2007:

> Foi um momento de tirar o fôlego. Eu estava completamente focado. Fui para cima com tudo. Tinha acabado de ultrapassar Fernando, o campeão mundial, com uma manobra externa, e foi uma daquelas sensações em que você está no limite. Ou você consegue ou não. E, sendo realista, havia muito mais chance de eu não conseguir, mas tudo correu bem. E não foi sorte. Apenas cronometrei com perfeição, e entrei lá e foi tipo, "Ufa!". Esse é um lugar muito melhor onde começar.[4]

Lewis chegou chegando, metendo o pé na porta. Na primeira curva da primeira corrida, ele anunciou com sua manobra que não estava lá para brincadeiras. Apesar do que alguns pudessem ter pensado ou até desejado, ele não estava no esporte apenas para ser o primeiro piloto negro na história da F1. Lewis terminou na P3, ganhando uma posição em relação à largada, e Fernando voltou para o segundo lugar como resultado de uma estratégia de pit stop que não serviu bem a Lewis. Kimi havia vencido sua primeira corrida como piloto da Ferrari e, se não fosse pela erupção de alegria de Lewis em seu primeiro pódio, a corrida teria um enredo bastante convencional.

Mesmo com o sucesso do ótimo início, Lewis não se permite espaço para deixar que essa seja a lembrança que as pessoas terão dele. Ele é inquieto a ponto de duvidar de si mesmo e é autoconsciente o bastante para questionar se foi apenas sorte de iniciante, ou uma combinação entre ser inconsequente e ter um companheiro de equipe mais experiente que consertou as coisas e o salvou de si mesmo porque todos foram pegos de surpresa.

> Então, outros pensamentos começaram a entrar na minha mente, como "Isto é uma coisa que só vai acontecer uma única vez? Como faço para manter isto?". Estava no pódio pensando nisso, mas ao mesmo tempo me sentindo ótimo e pensando "Deixei meus pais orgulhosos" (…) "Meu pai está sorrindo lá embaixo, então sei que ele está feliz, e isso é tudo que importa para mim. Há uma coisa que posso fazer e que fez meu pai sorrir, e é isto."[5]

Esse aspecto do relacionamento entre Lewis e seu pai deve ser levado a sério. O piloto expressa em suas próprias palavras o que ele acha que orienta o relacionamento entre pai e filho. A declaração resulta de cuidadosa ponderação. Não é o produto de uma resposta irrefletida no meio de um amontoado de repórteres e microfones, mas de um livro de memórias publicado. Lewis, nessa fase de sua vida, não acredita que exista outra maneira de agradar seu pai além de ser um piloto de Fórmula 1 de grande sucesso. Na cabeça de Lewis, e talvez na de seu pai, piloto = filho e filho = piloto. Em termos emocionais, as apostas para Lewis e sua família não poderiam ser maiores. Não há razão para acreditar que a família de Lewis não o amaria se ele não fosse um piloto. A palavra "amor" está ausente do que Hamilton diz. Ele parece acreditar, e essa não é a primeira nem a última vez que pensamentos semelhantes aparecem em sua mente, que as únicas coisas capazes de deixar seu pai feliz com ele, "gostar" dele, estão no âmbito do sucesso na Fórmula 1, como meta ou realidade.

Não se trata de uma situação incomum entre pais e filhos. August Wilson centraliza o problema em sua peça *Um limite entre nós** quando o pai é questionado por seu filho: "Como é possível que o senhor nunca tenha gostado de mim?". O pai, como era de se esperar, responde: "Gostar de você? Quem disse que tenho que gostar de você, porra?". O diálogo continua, mas a pergunta tácita é sobre o amor.

Talvez, na verdade, Anthony Hamilton estivesse apenas respondendo ao que entendia como a única coisa que de fato importava para seu filho. Se achasse que Lewis era apaixonado na mesma medida por ser o melhor professor do terceiro ano do ensino fundamental do mundo, Anthony abriria o mesmo sorriso radiante nas apresentações de peças teatrais e recitais de flauta doce organizados por seu filho e suas turminhas de alunos. Ou também podia ser que Anthony já soubesse que nesse jogo, o automobilismo, quem sai na chuva é para se molhar, ou seja, tem de saber que é tudo ou nada. Lewis não poderia fazer Fórmula 1 pela metade. Provavelmente estava claro para Anthony, por conta de sua experiência de vida, que a possibilidade de Lewis ter conseguido ser o primeiro piloto negro na história da Fórmula 1, como ele propusera havia muito

---

* No original, *Fences*. Edição brasileira: *Um limite entre nós*. Tradução de Leonardo Abramowicz. São Paulo: Única, 2017. (N. T.)

tempo, e, depois não conquistar mais nada além de estar lá, talvez fosse pior do que nunca ter alcançado essa façanha. Mas lá estavam os dois, o que era improvável, Lewis no pódio encharcado de champanhe já em seu primeiro Grande Prêmio, e a pergunta para Anthony, assim como para seu filho, era: e agora?

De acordo com o cronograma, o mundo e os pilotos teriam duas longas semanas para pensar sobre isso antes da corrida seguinte. O tempo permitiu que Lewis pudesse se recompor e se reajustar. Agora, o frenesi da mídia que Ron Dennis estava ansioso para evitar era irrefreável. Quando o circo itinerante que é a Fórmula 1 chegou a Sepang para o Grande Prêmio da Malásia em meados de março, todos estavam de olho para ver se Lewis conseguiria mostrar que seu primeiro sucesso no mundo das corridas de F1 não havia sido um acaso.

Os treinos de classificação no circuito de Sepang exigiram experiência, porque o clima não colaborou como na Austrália. Lembre-se do caos que a chuva traz para uma sessão de treinos classificatórios; foi isso que aconteceu na Malásia, e os pilotos mais experientes se saíram melhor. O brasileiro Felipe Massa, o outro piloto da Ferrari, conquistou a pole position. Fernando Alonso igualou sua posição da Austrália na P2, e Kimi Räikkönen colocou sua Ferrari na terceira posição. Lewis ficou de novo em quarto, como resultado de sua inexperiência em um carro de F1 na pista molhada, terminando meio segundo (o que nesse esporte é uma vida inteira) atrás dos três primeiros classificados.

Mas, assim como na Austrália, Lewis não se permitiu ficar acomodado em quarto lugar. De forma semelhante à sua manobra no GP da Austrália, ele ultrapassou Kimi para ganhar a terceira posição na primeira curva. Porém, nas voltas finais Fernando abriu distância para vencer com dezessete segundos de diferença sobre seu companheiro de equipe. Com os dois pilotos da McLaren de novo no pódio, a equipe aumentou sua liderança sobre a Ferrari no campeonato de construtores.

O programa de cobertura pós-corrida deu a Lewis todo o crédito pela vitória de Fernando. Isso não deve ter agradado ao espanhol, muito mais tarimbado. O comentarista do canal ITV passou 70% de sua fala de dois minutos e meio antes da coletiva de imprensa do piloto discorrendo sobre o brilhantismo de Lewis, a vitória de Fernando servindo como um mero adendo.

A entrevista coletiva permitiu a Fernando descrever sua corrida e sua alegria com o rápido retorno de seu investimento na mudança para a McLaren. Em seguida o foco mudou para Lewis, que descreveu a dificuldade que teve em segurar atrás dele as Ferraris, mais leves e mais rápidas e conduzidas por pilotos mais experientes; em seguida, como é seu padrão, Lewis agradeceu minuciosamente sua equipe pelo apoio. Depois, a transmissão da ITV cortou as entrevistas do pódio, privando os espectadores da característica indiferença de Kimi Räikkönen, para ouvir Anthony Hamilton.

O programa encerrou o segmento com: "Esse foi o brilhante Lewis Hamilton, e o pai colhe os frutos". Anthony está explodindo de orgulho e embala o troféu do segundo lugar como... uma criança. O sorriso estampado no rosto de Anthony é tão largo que ele mal consegue falar. Por fim, diz que Lewis e ele esperavam um sexto ou sétimo lugar na Austrália, e que estavam ambos nas nuvens com os resultados até ali. De forma previsível, as perguntas se voltaram para saber se, levando-se com conta o avanço de Lewis do terceiro para o segundo lugar nas duas primeiras corridas, ele estaria no topo do pódio na etapa seguinte, no Bahrein.[6]

Mas esse não foi o caso.

Depois de uma acirrada corrida no deserto, Lewis terminou em segundo lugar, atrás da Ferrari de Felipe Massa. O quarto lugar de Fernando significou que, após as três primeiras corridas, ele, Kimi e o novato estavam empatados com 22 pontos no campeonato de pilotos. A transcrição da coletiva de imprensa pós-treinos de classificação revelou a veloz evolução da cobertura jornalística dedicada a Lewis.

PERGUNTA: Como você se sente em relação à corrida e a ser o centro das atenções, já que está sob os holofotes?

LEWIS HAMILTON: Eu me sinto bastante relaxado quanto a isso. Parece natural. Estou extremamente feliz por estar onde estou. Trabalhei por treze anos para estar onde estou, e por fim estar aqui e ter um desempenho muito bom... estou muito feliz comigo mesmo e acho que a equipe deu alguns bons passos adiante. Sobre a corrida de amanhã, será difícil. A primeira curva aqui é sempre complicada, porque é muito apertada, mas vamos ver o que acontece.

Então a questão racial surge explicitamente em uma referência a Tiger Woods.

PERGUNTA: Esta pergunta é para Lewis. Muitas pessoas estão comparando você com grandes personalidades esportivas, como Tiger Woods, por exemplo. O que você acha dessas comparações? Estão dizendo que você é o Tiger sobre rodas...

LEWIS HAMILTON: Na verdade não dou muita atenção a esse tipo de coisa. Eu não sou Tiger Woods, sou Lewis Hamilton, sou completamente diferente. Acho que ele é um atleta sensacional, e é uma honra ser comparado a alguém de tão grande calibre. Mas estou aqui na Fórmula 1, estou aqui para fazer um trabalho. Espero poder ter um impacto semelhante na Fórmula 1 ao que ele teve no golfe.[7]

Lewis aborda isso em seu livro de memórias:

> Tiger Woods é um dos maiores golfistas de todos os tempos e mudou completamente a percepção que milhões de pessoas têm sobre o esporte (...) Sei aonde as perguntas de comparação com Tiger Woods estavam indo; então apenas as respondi como sempre fiz. Disse que, a meu ver, a raça não é um problema... Não quero ser o Tiger Woods do automobilismo – ser apenas o Lewis Hamilton do automobilismo já será legal o suficiente para mim.[8]

Essa abordagem segue o modelo aprovado pelo pai de Lewis de lidar com questões raciais. O que é bom. Mas, como resposta ao racismo, mostra-se ineficaz. Não é difícil ver como, nos extremos da estratificação social, uma pessoa pode isolar-se por completo da questão racial, a ponto de a raça parecer *não* ser uma questão. Uma pessoa pode ser pobre à beira do desespero ou ter uma riqueza tão fabulosa que a rígida barreira em torno desses fatos torna a raça algo mais ou menos irrelevante. É no espaço entre esses dois extremos, em que as pessoas interagem com o mundo de múltiplas formas, que a raça ganha importância, de forma positiva ou negativa.

O racismo, no entanto, é como a gravidade. Não faz diferença se você o julga um problema pessoal ou não, pois ele afeta a todos. Lewis demorou algum tempo para perceber que considerar a raça uma questão irrelevante não era algo produtivo nem ético. Lewis tomou um caminho muito diferente da explícita rejeição de Tiger em engajar-se com as complexidades de raça ou racismo.

Concentrar-se em um desempenho de excelência nas corridas era sem dúvida o que Lewis deveria estar fazendo, mas, conforme sua estrela subia, a antipatia por Lewis tornou-se mais complicada e amplificada. Ficou claro que Fernando Alonso estava farto de Lewis, e o relacionamento dos dois transformou-se em uma parte negativa da história da temporada de 2007.

Depois de uma exibição ruim no Bahrein, Fernando estava animado para o Grande Prêmio seguinte em sua casa, Barcelona, onde tinha a expectativa e a necessidade de se redimir. A pista do Circuit de Barcelona-Catalunya havia sido alterada antes da corrida. Fernando, o residente e autoproclamado especialista nesse traçado, comentou que achava que as mudanças permitiriam mais ultrapassagens no percurso, que tinha um histórico de dificultar a vida dos pilotos que buscavam subir na classificação.[9]

Na 4ª etapa da temporada de 2007, Alonso não teve o fim de semana de corrida que esperava. O espanhol lançou o desafio ao se classificar em segundo no grid e parecia estar na ponta dos cascos para começar a assumir o controle da corrida pelo título e colocar seu companheiro de equipe no devido lugar. Na primeira volta, na freada da curva, Fernando se enroscou com Felipe Massa e acabou indo parar na brita, caindo para um distante quarto lugar. No final, Fernando terminou em terceiro, Massa conquistou a vitória e Lewis mais uma vez chegou em segundo. Esse resultado colocou Hamilton sozinho na liderança do campeonato de pilotos, dois pontos à frente de seu veterano companheiro de equipe, antes de rumarem para uma das corridas mais icônicas, Mônaco.

Lewis conhecia o percurso, onde já havia corrido antes em outras categorias e no qual jamais havia sido derrotado, mas a Fórmula 1 eram outros quinhentos. Seus adversários na disputada luta pelo título eram muito mais experientes nas ruas de Mônaco, mas Lewis demonstrou que aprendia rápido. A prova, como sempre, foi bastante emocionante, mas um bizarro incidente envolvendo a Ferrari deu a primeira indicação de que a temporada caminhava para uma controvérsia além do conflito interno na McLaren. Um funcionário descontente da Ferrari, irritado por não ter sido promovido a diretor-técnico da equipe, foi pego tentando sabotar os carros da equipe antes do início dos trabalhos.

Enquanto todo o drama da Ferrari se desenrolava, Fernando e Lewis arrasaram nos treinos de classificação e terminaram em P1 e P2 no grid. Se ultrapassar era considerado difícil em Barcelona, nas estreitas ruas de Mônaco sempre beirava o impossível. O percurso tem 3.337 metros de extensão. A corrida está programada para 78 voltas em um traçado que apresenta dezenove curvas e ostenta a curva mais lenta da F1, a Fairmont Hairpin, que os pilotos contornam a uma agonizante lentidão de 48 km/h, considerando que o mesmo percurso tem outras curvas que são feitas a bem mais de 240 km/h. Não obstante, os pilotos que completam a corrida fazem mais de 1.482 mudanças de direção a uma velocidade média de 160 km/h, façanha descrita pelo ex-campeão mundial Nelson Piquet pai como semelhante a "andar de bicicleta dentro da sua sala de estar", mas a cerca de 160 km/h.[10]

Isso significava que Lewis teria muito trabalho pela frente se quisesse enfim obter sua primeira vitória em Mônaco, talvez o evento mais icônico da F1. Fernando Alonso era conhecido pela agressividade com que se defendia contra investidas de rivais, e a estreita largura das ruas do principado transformava o risco de uma luta total entre os dois pilotos da McLaren um grande risco para ambos. Conforme a corrida avançava, os dois pilotos da McLaren se distanciavam do pelotão, e a questão que estava fervilhando – e que ficaria sem resposta durante toda a temporada – saltou aos olhos de todos: Lewis estava em um papel coadjuvante? Já que o novato liderava o campeonato, Alonso deveria se preocupar em garantir que Lewis tivesse algum espaço para respirar? Ambos tinham permissão para se digladiarem um contra o outro? Ficou claro que nada disso fora discutido abertamente, e quando Fernando, no momento em que liderava a prova, entrou para um pit stop, Lewis assumiu a ponta e estava fazendo tudo o que podia para manter-se na posição.

O britânico ficou tão surpreso quanto todo mundo quando a equipe o chamou cedo para um pit stop e o impediu de assegurar a liderança, devolvendo a Fernando o primeiro lugar. Lewis não desistiu, e, quando a corrida chegou ao fim, estava a uma distância de ataque de seu companheiro de equipe. A McLaren pesou a mão. A decisão não foi do agrado do novato. Ele foi instruído a se manter em segundo, dando a vitória a Fernando. Há várias maneiras de interpretar isso, e, nos anos que se passaram, nunca houve uma resposta clara sobre o que realmente acontecera na McLaren ao ordenar que Lewis se segurasse.

A leitura mais controversa da decisão é que a alta cúpula da McLaren gastou muito dinheiro para contratar o bicampeão mundial. Não exigia grande esforço imaginar que apostar na experiência de Alonso para dar à McLaren um campeonato era muito menos arriscado do que apostar todas as fichas no novato, por mais que ele tivesse dado provas de ser talentosíssimo.

Outra explicação possível baseia-se na aceitação da versão de Ron Dennis como a verdade incontestável, na esteira da controvérsia que explodiu após a corrida. Mônaco é um percurso difícil para ultrapassagens. Dennis afirmou que a prioridade da equipe era abocanhar as duas primeiras posições, então quem estivesse na frente ficaria lá. Dessa forma, evitariam riscos de que manobras agressivas acabassem com a corrida para ambos. A explicação seria plausível se você ignorar que Lewis recebeu a ordem de retornar aos boxes justamente quando poderia construir uma liderança intransponível e buscar a vitória. Essa decisão estratégica garantiu que Fernando terminasse na frente.

Seja qual for o raciocínio, Lewis não gostou e deixou isso bem claro na coletiva de imprensa pós-corrida.[11] Seu pai sentiu, ou pelo menos expressou uma visão positiva da situação e deixou claro durante sua entrevista pós-corrida que manter a posição foi a decisão certa com base na classificação de seu filho no grid atrás de seu companheiro de equipe e rival.[12] Os comentaristas da ITV aproveitaram isso como uma oportunidade para sugerir que a corrida representava uma aula magistral por parte de Alonso e que a relação mestre-aprendiz entre os dois pilotos da McLaren estava estabelecida.[13]

Durante a coletiva de imprensa dos pilotos, Fernando deu respostas inócuas, atendo-se aos pneus e mostrando gratidão pelo desempenho de ambos os pilotos, que estava colocando alguma distância entre as McLarens e as Ferraris. Lewis parecia mais interessado em reafirmar que estava lá para correr, não para estudar ou servir como um mecanismo de apoio para a ambição de seu companheiro de equipe de ganhar um terceiro campeonato. De uma forma ou de outra, a comunicação ineficaz da equipe com os pilotos e o público contribuiu para a confusão, e a FIA se envolveu ao lançar uma investigação sobre as práticas da equipe.

A FIA tem regras contra ordens de equipe que predeterminam os resultados do que deveria ser uma corrida justa e verdadeira. Em Mônaco, a McLaren quase passou dos limites. A investigação obrigou a equipe a declarar que não tinha uma hierarquia, real ou imaginária, e que os pilotos eram livres para correr à vontade. Dennis, em uma entrevista à agência Reuters, tentou encerrar o assunto: "Todo mundo sente, tenho certeza, que há algum favoritismo ou alguma penalização dada a Lewis ou Fernando. Mas somos justos e temos escrúpulos em todos os momentos no modo de administrar esta equipe de Grande Prêmio. Nunca favoreceremos um piloto, não importa quem seja. Nunca fizemos isso, nunca faremos isso".[14] Com essa declaração e com uma pausa de duas semanas antes da corrida seguinte, o público estava ansioso para ver o que aconteceria entre os dois pilotos da McLaren, em especial porque o novato ainda não havia ficado de fora do pódio e o mais importante, ainda não havia vencido um Grande Prêmio.

CAPÍTULO 8

A PRIMEIRA VEZ
É SEMPRE A MELHOR

**GRANDE PRÊMIO DO CANADÁ
(FORMULA I GRAND PRIX DU CANADA)
CIRCUITO GILLES VILLENEUVE
MONTREAL, QUEBEC, CANADÁ
8-10 DE JUNHO DE 2007**

QUANDO A TEMPORADA FOI PARA O OUTRO LADO DO ATLÂNTICO, o mundo das corridas ainda se perguntava se Lewis tinha o que era necessário para vencer um Grande Prêmio. Ao que parece, Hamilton havia encontrado um lugar permanente no pódio nas cinco primeiras corridas da temporada, mas não dera o salto final para o primeiro lugar, e o burburinho à boca pequena era de que ele ainda não estava pronto para arrancar uma vitória de pilotos mais experientes, contentando-se com o segundo e o terceiro lugares. Em muito pouco tempo, o papo mudou. Se antes se perguntavam se Lewis passaria a primeira parte da temporada como aprendiz, agora discutiam se ele conseguiria vencer um campeonato mundial sem nunca ganhar uma corrida: algo que era matematicamente possível. Lewis estava frustrado. Para ele, em Mônaco havia corrido em um ritmo muito mais rápido que Alonso, e podemos imaginar que, à medida que se aproximava de seu companheiro de equipe nas últimas voltas, Lewis se permitiu ver subindo o degrau mais alto do pódio no principado. Mas a equipe roubou dele a oportunidade de competir pela vitória. E isso ele não aceitaria mais. Lewis viajou ao Canadá, circuito em que ele nunca havia corrido, com a faca entre os dentes.

A pista de corrida em Montreal recebeu o nome do lendário piloto Gilles Villeneuve, que morreu tragicamente em 1982 durante os treinos de classificação no Grande Prêmio da Bélgica. Seu filho, Jacques, seguiu os passos do pai no automobilismo e ganhou um campeonato mundial em 1997 com a Williams Racing. O ex-campeão mundial era um habitual comentarista de F1 e, enquanto as equipes deixavam para trás a confusão de Mônaco e rumavam ao circuito que levava o nome de seu pai, Jacques fez uma contundente crítica ao novato e à McLaren. Em entrevista ao site *Autosport*, reproduzida pela BBC, Villeneuve expressou preocupação sobre o que ele entendeu como um estilo de pilotagem excessivamente agressivo que Lewis havia exibido e que até então fora autorizado a empregar com conivência para melhorar sua posição nos inícios de corrida. Nas páginas da revista, Villeneuve lançou uma pergunta retórica: "Quando essas manobras bruscas e agressivas vão parar? Até agora, ele (Lewis) tem tido sorte, mas vamos ver se isso vai continuar (…) Lewis é muito rápido, mas ele ainda tem que se afirmar para bater Alonso. E ainda não vimos como ele reage sob pressão".[1]

Essa crítica severa contrastava com o pensamento de outros ex-pilotos de F1, que vinham aplaudindo as exibições de Hamilton. Os especialistas, em contraste com a opinião de Villeneuve sobre o tema, não tinham feito nenhuma ressalva ao estilo de pilotagem de Lewis e, pelo contrário, apenas o cobriam de elogios, então alguns julgaram que os comentários de Jacques decorriam de alguma espécie de inveja. O canadense impressionou o mundo do automobilismo em seu ano de estreia na F1, quando, em seu primeiro GP, conquistou a pole position e terminou em segundo. Chamar Villeneuve de novato era, de certa forma, um exagero, porque ele chegou à Fórmula 1 tendo sido campeão da IndyCar Series, categoria em que venceu a icônica prova 500 Milhas de Indianópolis (Indy 500). Além disso, seu pai fora um piloto de Fórmula 1 de sucesso, então Jacques entrou no esporte tendo um pai com experiência genuína em todas as facetas da F1, privilégio de que Hamilton não desfrutava. Seja qual for o caso, Jacques julgou que Lewis estava sendo badalado em excesso e que dificilmente sua maré de sorte continuaria, já que os outros pilotos se acertariam ao longo da temporada e os comissários e diretores de prova começariam a penalizar o principiante por suas táticas.

Após sua vitória em Mônaco, Fernando acreditava ter ganhado ímpeto e se preparou para começar a trabalhar para valer na conquista do campeonato mundial. A despeito da explicação de Ron Dennis – de que a ordem para Lewis diminuir a velocidade não equivalia às ordens de equipe que violam as regras –, Fernando interpretou o ato como sinal de que a MacLaren via que o novato estava lá para ajudá-lo em sua campanha pelo título do campeonato.

Lewis entendeu de outra forma. Depois de apenas algumas corridas, já ficou evidente que ele tinha aquela qualidade rara das pessoas com motivação e determinação extremas: insatisfação permanente. A cada passo ao longo do caminho, havia uma série de rampas de saída bastante óbvias e defensáveis, ou desculpas que lhe permitiriam recuar, usando seu status de neófito como um porto seguro.

Lewis poderia ter seguido a narrativa de sua entrevista pré-corrida na Austrália, simplesmente contentando-se em participar da Fórmula 1 para ter uma ideia das coisas, "familiarizar-se com a F1" ou "entender como funciona" a principal série dos esportes a motor. Ele não fez isso.

Lewis poderia ter se olhado no espelho, depois de se ver empatado na disputa pau a pau pelo título com um piloto muito mais experiente, concluído que já havia demonstrado seu valor e que fazia parte daquele mundo e deixado as coisas por isso mesmo. Mas não foi o que ele fez.

Depois de Mônaco, mesmo a pessoa mais competitiva poderia ter encontrado uma maneira de escapar das tensões que se avolumavam ao aceitar a narrativa de que, para o bem da equipe, era hora de apoiar o bicampeão mundial. Lewis não fez isso.

E, um aspecto talvez ainda maior do que todas essas possibilidades, Lewis surgiu "do nada" e, na condição de primeiro piloto negro na história da Fórmula 1, ele tinha todos os motivos do mundo para se curvar a isso como uma conquista em si mesma. Ao que parece, Lewis nunca se preocupou com nenhuma dessas opções.

Conforme a temporada avançava, tornou-se um microcosmo da carreira que Lewis construiria pela frente: sua relutância em acomodar-se com o sucesso sempre foi o motor a impulsioná-lo. Essa característica, somada a um nível quase bizarro de modéstia, desconcerta os detratores de Lewis e rende elogios dos fãs. Ninguém levaria a sério se, na entrevista antes da Grande Prêmio da Austrália, em vez de concordar que precisaria de dez corridas ou mais para se consolidar na Fórmula 1, ele anunciasse que se considerava no páreo por um campeonato mundial. Na entrevista, Lewis concordou com as expectativas reduzidas, mas pelo visto tinha em mente algo bastante diferente.[2] Atletas profissionais, em sua maioria, acreditam ser capazes de ganhar o título em circunstâncias ideais, o que é diferente de disputar de fato pelo primeiro lugar do campeonato. Entrar para uma equipe como a McLaren eliminava da equação as variáveis do equipamento necessário e da experiência corporativa necessária para competir por um campeonato, o que então colocava o ônus sobre os ombros do atleta. Lewis nunca permite que as expectativas do público e da mídia limitem suas expectativas em relação a si mesmo. Isso também vale para as expectativas de seu parceiro neste sonho, seu pai. Anthony confiava em um início lento e constante para esta primeira temporada e, como todos, surpreendeu-se com a atuação do filho.

Lewis é o dono do momento. Não como um evento isolado, mas como um elo em uma cadeia para se apropriar de todos os momentos. Isso remonta à sua aparição no programa infantil *Blue Peter*. Ele está preparado para tomar conta do momento quando o momento se apresenta. No caso do Grande Prêmio do Canadá, Lewis estava competindo em um circuito no qual nunca havia pilotado e que é notoriamente enganoso em sua complexidade. Hamilton escreveu sobre isso em seu livro de memórias de 2007:

> Ainda bem que as dificuldades de correr em pistas novas nunca me incomodaram. Embora pareça um circuito simples, Montreal é na verdade bastante exigente em termos físicos e também bastante técnico, então demorei um pouco para aprender na sessão de treinos na sexta-feira.[3]

A complexa simplicidade da declaração de Lewis é digna de nota aqui como uma expressão de seu método profissional. Primeiro, a noção de que ele não estava "incomodado", o que não significa que não fosse algo com que se preocupar, mas sim que estava comprometido em fazer o que tinha que ser feito para desvendar o mistério. Para Lewis, os treinos são exatamente isso, e seu objetivo no Circuito Gilles Villeneuve na sexta-feira era ficar longe do muro para não bater o carro, o que seria um desperdício de tempo e oportunidade. Na última sessão de treinos na manhã de sábado, Lewis se sentiu poderoso e pronto para entregar o que ele chamou de "volta muito consistente" na classificação: "Não cometi nenhum erro e consegui o tempo. Eu me lembro de ter pensado comigo mesmo: 'Uau! Me classifiquei na pole e não fui parar no muro!'".[4]

Fernando tinha sido rápido, mas Lewis foi mais veloz. Quando as luzes se apagaram no domingo, mais uma vez Lewis usou a entrada da primeira curva para afirmar seu domínio. Fernando largou em segundo, mas acabou saindo da pista e perdeu a vice-liderança, deslizando para o quarto lugar. Depois de vários outros contratempos, o espanhol continuou a ir para trás do pelotão, sofrendo danos em seu carro enquanto Lewis disparava à frente. A corrida estava longe de ser simples. A liderança de Lewis foi colocada em risco quatro vezes quando o safety car foi acionado, mas, no final, após exaustivas e tumultuadas 70 voltas no Circuito Gilles Villeneuve, Lewis provou não apenas que era capaz de derrotar seu companheiro de equipe, mas também que tinha condições de vencer um Grande Prêmio. Apesar de ser um resultado que aconteceria cedo ou tarde, não faltaram especialistas que ficaram surpresos com o sucesso relâmpago de Hamilton. Niki Lauda estava chocado, e o ícone das corridas britânicas Damon Hill, como muitos outros, teve dificuldades para lidar com a rápida ascensão de Lewis ao topo da F1. Com essa vitória e o péssimo sétimo lugar de Alonso, Lewis se viu oito pontos à frente de seu companheiro de equipe. A questão sobre a possibilidade de o novato conquistar o campeonato de pilotos sem vencer uma corrida foi resolvida.

———

A imprensa queria saber: Lewis sonhou esse sonho impossível desde os 6 anos; agora que se tornara realidade, o que viria a seguir? Em consonância com sua infinita necessidade de se superar, Lewis disse em alto e bom som o que as pessoas ousavam apenas pensar. O livro de Worrall cita o ousado e ao mesmo tempo autodepreciativo pronunciamento do piloto:

> O próximo sonho é obviamente ganhar um Campeonato Mundial de Fórmula 1, mas no momento temos que voltar a ser realistas. É sempre bom ter em mente que ainda sou um novato e esta é minha primeira temporada.[5]

"Realista" era um termo novo no vocabulário de Lewis Hamilton no que dizia respeito à Fórmula 1. Nada em sua carreira foi "realista", mas naquele momento, do topo do pódio, ele demonstrou profunda maturidade. O paradigma havia mudado. Antes de chegar à F1, uma vaga em uma das equipes era um sonho que se materializava à medida que Hamilton se aproximava desse objetivo. Agora, como piloto de Fórmula 1 por uma equipe de ponta, vencedor de Grande Prêmio e líder de campeonato, ele colocou de propósito a noção do título do campeonato um pouco além do seu alcance.

A infinita necessidade de Lewis de perseguir objetivos parece exigir dele nunca considerar nem mesmo o óbvio como algo plenamente realizável. Para ele, algo apenas é realista quando concretizado. Não acreditava poder derrotar Alonso em Montreal – mas, uma vez que "vencedor de Grande Prêmio" era algo que jamais poderia ser tirado dele ou objeto de especulações, foi sua compreensão do "sonho impossível" que ativou um modo competitivo capaz de tornar possível o impossível. Lewis havia chegado de vez, e era importante que essa etapa tenha acontecido no Novo Mundo. A América do Norte estava pronta para uma estrela internacional do automobilismo.

CAPÍTULO 9

ATÉ OS CRÍTICOS SE RENDEM A VOCÊ EM NOVA YORK...

EM 12 DE ABRIL DE 2024, Lewis estava na cidade de Nova York para ser homenageado como um dos inovadores globais da revista *GQ* e, como é o costume nesse tipo de evento, foi entrevistado no tapete vermelho. Os entrevistadores lhe fizeram uma pergunta popular de TikTok/cultura pop que já circulava havia alguns anos: se ele preferia receber 500 mil dólares em dinheiro ou almoçar com o rapper Jay-Z. Como qualquer pessoa racional, Lewis disse que ficaria com o dinheiro e faria algo positivo com esse montante, já que, sejamos honestos, para ele não era exatamente uma fortuna. Lewis explicou que já tivera a oportunidade de conhecer Jay-Z e estar com ele uma porção de vezes, sobretudo em Nova York, onde mantinha uma casa na qual não tinha tido muita chance de dormir, mas estava planejando passar mais tempo lá. Isso, disse Lewis, remontava a seu antigo caso de amor com a cidade, que começou quando sua mãe o levou, ainda menino, para uma visita de três dias. Daquele momento em diante, Lewis soube que queria fazer da cidade de Nova York seu lar.[1]

Após Lewis conquistar sua primeira vitória na F1 no Grande Prêmio do Canadá, a etapa seguinte, a sétima da temporada, também seria na América do Norte, o Grande Prêmio dos EUA em Indianápolis. Em 2007, Lewis ainda não havia caído nas graças da cultura popular estadunidense, mas isso não demoraria muito.

O Brickyard* em Indianápolis, a casa da lendária Indy 500, é o centro de gravidade do automobilismo nos Estados Unidos e, na época, a

---

* Localizado em Speedway, enclave nos arredores de Indianápolis, no estado de Indiana, a pista do circuito oval era originalmente feita de tijolos. A superfície foi substituída

Fórmula 1 desfrutava de módica popularidade junto aos fãs de velocidade que preferiam assistir a provas das NASCAR ou da IndyCar Series. Em parte, isso ocorria porque os EUA não tinham um piloto de relevância na F1 havia anos. Alguns fãs de automobilismo lembravam-se de Mario Andretti, o imigrante ítalo-americano que competira na Fórmula 1, mas, para os adeptos da Indy 500, o título mundial de Andretti em 1978 significava tanto quanto seu sucesso no Brickyard. Phil Hill alcançou algum sucesso na década de 1960, e Eddie Cheever teve um desempenho razoável na década de 1980, mas dificilmente seriam reconhecidos na rua por fãs de esportes norte-americanos. Também vale a pena mencionar que, em 1986, Willy T. Ribbs, piloto afro-americano de carros esportivos, testou um carro de Fórmula 1 da Brabham para a equipe de Bernie Ecclestone, mas as coisas nunca foram além dessas três voltas.

A popularidade dos principais esportes nos Estados Unidos, somada ao interesse em golfe, tênis e boxe, bem como nos Jogos Olímpicos a cada quatro anos, deixava pouco espaço para a F1 na cultura esportiva dos EUA. E Indianápolis, embora seja uma grande cidade, não é Nova York. A Fórmula 1 não é realizada no Meio-Oeste por sua influência cultural. Mas a cultura estadunidense é baseada na personalidade, e Lewis Hamilton estava pronto para abrir um novo mercado para a Fórmula 1. Nada atrai mais o interesse do público dos EUA do que o luxo.

Lewis, como todo mundo, foi profundamente influenciado pela cultura hip-hop negra americana. Não importa se você está no Brooklyn ou em Katmandu, em algum momento na balada você vai ouvir rap, e Lewis, como um garoto que atingiu a maioridade durante os anos 1990, era fã desse gênero musical. Ao mesmo tempo, à medida que o hip-hop evoluiu além de suas origens na cidade de Nova York, arrebatou personalidades e interesses que eram cada vez mais internacionais. Pharrell Williams, da dupla de produtores de hip-hop Neptunes e da banda N.E.R.D., já era fã de Lewis e entrou em contato com ele antes de o piloto desembarcar. Ao contrário de muitos na cultura do rap de

---

por asfalto, porém, por causa da faixa de tijolos que foi deixada intacta na linha de chegada, a pista ganhou o apelido *"The Brickyard"* (terreno de tijolos). (N. T.)

Nova York e da Costa Oeste, Pharrell não era de uma metrópole nem tinha uma origem familiar de poucos recursos. Pharrell é de Virginia Beach, Virginia, e conheceu seu parceiro, Chad Hugo, em um acampamento para crianças superdotadas em 1992. Enquanto Lewis dava os primeiros passos na Fórmula 1, Pharrell já era um astro internacional e estava ansioso para conhecê-lo.

Talvez seja impossível pensar na pegada internacional do hip-hop e do luxo como objeto e objetivo sem pensar em Sean "Puffy" Combs. Apesar de suas recentes enrascadas legais e morais, Puffy/Diddy/P-Diddy/Love, seja lá que nome for, vinha definindo uma forma de luxo negro desde o final dos anos 1990. O magnata do rap era visto com frequência em locais como a Prêt-à-Porter em Paris, a Semana de Moda de Nova York etc., e ao fim e ao cabo todas essas estradas acabaram chegando a Mônaco, lugar que é sinônimo de Fórmula 1. Lewis fazia parte de uma forma ainda desconhecida de cultura negra global que era inseparável do que Combs e outros estavam fazendo, baseada em consumo desbragado e espalhafatoso: carros (velozes e europeus), diamantes (grandes), relógios (raros), mansões (em lugares exóticos), champanhe (jorrando), tudo isso soa como um fim de semana de Fórmula 1.

A distância, Lewis cresceu fascinado pela cultura negra norte-americana e, em 2007, de repente ele se viu na lista de "pessoas obrigatórias e incontornáveis" de formadores de opinião como Pharrell. O projeto mundial de dominação cultural negra ganhou um valioso parceiro em Lewis Hamilton, que, mesmo no início de carreira, já estava criando uma forma de luxuoso internacionalismo negro.

Pharrell Williams, produtor extraordinário e ícone da moda, serviu como porta de entrada e guia de Lewis nesse mundo. O garoto peculiar que estava dominando o hip-hop conquistou Lewis, e Lewis o conquistou de uma forma que não teria sido possível para outras vertentes do rap, que surgem de contextos distintos e têm sensibilidades muito diferentes. Seria difícil imaginar Lewis assinando com a gravadora Cash Money Records em Nova Orleans na época.

Entre a euforia da primeira vitória de Lewis e o desafio de decifrar outra nova pista de corrida no Brickyard, houve uma breve reviravolta. No Canadá, Lewis provou que era capaz de vencer, então o comportamento de "Ora bolas, sou um novato!" acabou. As atenções sobre o piloto atingiram o ponto de frenesi na Europa, e o oceano Atlântico não conseguiu mitigar o intenso entusiasmo. Lewis dispunha de muito pouco tempo para si mesmo. Por conta de obrigações contratuais, teve de comparecer a eventos de patrocinadores antes mesmo de chegar a Indy para se preparar para a corrida.

Lewis vivia os primeiros estágios do status de celebridade, quando tudo ainda parecia tão surreal que ele nem sequer encontrava energia para ficar cansado disso. Em meio a tanta pressão, que pouca coisa tinha a ver com pilotar um carro de corrida veloz, o novato demonstrou entender que o que ele fazia na pista era o que fazia esse novo mundo girar. Teria sido muito fácil para o menino-prodígio distrair-se com sua fama recém--descoberta e as amizades com pessoas famosas. Um erro que poderia facilmente descarrilar sua a carreira e fazê-lo perder o foco daquilo que, para começo de conversa, o alçou à fama.

Assim que se iniciaram os trabalhos do fim de semana do GP dos EUA, Lewis se viu tateando o caminho pela pista desconhecida. Após a primeira sessão de treinos livres, Fernando saltou na frente nas tomadas de tempo, e Lewis mantinha-se otimista quanto ao próprio progresso. Na classificação no sábado, Lewis se viu em terceiro após a Q1, seu companheiro de equipe continuou na dianteira e Nick Heidfeld na segunda posição. No final da Q2, Lewis ainda estava atrás de Alonso, que parecia decidido a sair do buraco em que se encontrava depois do GP do Canadá.

Durante a Q3, as coisas mudaram de forma imprevisível. Lewis entrou na pista antes de todo mundo e, em sua primeira volta rápida, fez o melhor tempo pela primeira vez naquele fim de semana. Fernando estava alguns décimos atrás de Lewis, e ficou claro que, se caprichasse com tranquilidade no giro, superaria com facilidade seu companheiro de equipe. Nos minutos seguintes, pilotos do meio do pelotão embaralharam o grid, derrubando Lewis e Fernando para a terceira e quarta posições. Segundos depois, os dois pilotos da Ferrari voltaram para as primeiras posições, Felipe Massa alguns décimos à frente de seu companheiro de equipe Kimi Räikkönen. Lewis guardou o melhor para sua última tentativa, abrindo caminho à unha pelo Brickyard e terminando alguns décimos de segundo à frente de Alonso, que havia retornado à competição pela pole com tempo para outra volta. Lewis retornou aos boxes e não conseguiu sair para uma volta final. Isso significava que teve que prender a respiração enquanto Alonso se preparava para dar sua última cartada em busca da pole. Fernando falhou e terminou a dois décimos de segundo de seu companheiro de equipe, que estava em êxtase. A Ferrari de Felipe Massa completou a trinca de primeiras posições do grid. Na coletiva de imprensa pós-treinos classificatórios, Lewis fez um elogio fingido a seu titubeante companheiro de equipe.

PERGUNTA: Lewis, uma performance brilhante sua em um circuito em que você nunca esteve.

LEWIS HAMILTON: Sim. Uma grande surpresa, para ser sincero. No início dos treinos de classificação, nós ainda não tínhamos encontrado o melhor ajuste, a configuração ideal, e eu sabia que o Fernando é extremamente rápido aqui. Mas é ótimo ver que a equipe é tão veloz e está à frente das Ferraris, é lógico, mas na hora de ir para a sessão de treinos de classificação tive que dar tudo de mim e minhas duas últimas voltas na Q3 foram perfeitas, e acho que bati minha melhor volta no final. Então, não poderia estar mais feliz. Eu não esperava mesmo estar na pole. Achei que o Fernando teria sido mais rápido, mas não foi.

PERGUNTA: Sim, sua segunda volta mais rápida, mas não roxa em nenhum setor,* mas houve um pequeno drama ontem à noite quando eles tiveram que trocar o motor antes de você sair esta manhã, e soubemos também que você está com um pouco de febre do feno.

PERGUNTA: Não, não diria que estou com febre do feno. Ontem... nos últimos tempos não tenho dormido muito, talvez porque estou só curtindo demais! Mas ontem não me senti muito bem. Mas sim, tiveram que trocar o motor. Acho que foi um problema de montagem ou algo assim, mas o motor funcionou muito bem, então

---

* O circuito tem três setores de tempo: Quando o piloto faz o melhor tempo que já foi registrado em determinada sessão em um setor (ou a volta mais rápida também), seu nome e seu tempo aparecem em roxo na cronometragem. Se for o melhor tempo dele, e não da pista, a cor indicativa será verde. Se for um tempo mais lento do que o melhor setor dele, será amarelo ou branco. (N. T.)

estou em êxtase. Realmente não esperava conseguir a pole de novo, mas estou muito, muito satisfeito e feliz pela equipe.

PERGUNTA: Fernando, em muitos aspectos, condolências a você: o mais rápido em todas as sessões até agora, exceto na importantíssima Q3, onde acabou sendo derrotado na disputa pela pole.

FERNANDO ALONSO: Sim, foi um bom fim de semana para mim, sem dúvida, e fui o mais rápido na P1, P2, P3, Q1, Q2, mas não na mais importante, a Q3. Mas ser o mais rápido o fim de semana todo me dá muita confiança para amanhã. Sim, a Q3, bem sabemos, é uma questão diferente, e você coloca muitos, muitos fatores na Q3, então… Acho que podemos ter uma corrida forte amanhã, e estou confiante.

PERGUNTA: Como você avalia os últimos cinco minutos da Q3 em termos das duas voltas que conseguiu fazer com aqueles pneus?

FERNANDO ALONSO: Estavam bons. Acho que ambos os conjuntos de pneus estavam muito, muito próximos em uma volta cronometrada, e não melhorei muito na segunda. Acho que foi um pouco pior, e tive uma boa aderência no carro e fiquei muito satisfeito com as voltas também, então acho que amanhã podemos ter um bom desempenho.

PERGUNTA: Felipe, parece que a Ferrari está mais próxima da McLaren Mercedes do que no Canadá. Acho que é uma surpresa termos que dizer isso. Como está o carro do seu ponto de vista?

FELIPE MASSA: Bem, com certeza um pouco mais próxima, mas não o suficiente, então precisamos estar na frente, não apenas mais próximos. Mas com certeza a situação está um pouco melhor do que no Canadá. O Canadá foi um fim de semana bem difícil para nós. Aqui, começar em terceiro, na segunda fila, não é um desastre. Sabemos que a McLaren vai ser forte na corrida como foi em todas as sessões, então precisamos trabalhar duro. Precisamos lutar até o fim, e é isso que vou fazer amanhã.[2]

Na corrida de domingo, Anthony Hamilton estava tenso e assistiu à prova nos boxes acompanhado pelo novo amigo famoso de Lewis,

Pharrell. Já na largada, Alonso pressionou ferozmente, mas Lewis foi afiado e colocou seu carro em uma posição defensiva, fechando a porta para o espanhol. Essas posições se mantiveram, mas, no meio da corrida, Fernando cerrou os dentes e fez investidas contundentes, mas de novo foi rechaçado. Lewis repeliu os ataques e viu a bandeira quadriculada para sua segunda vitória. Na coletiva de imprensa pós-corrida, Lewis, como de costume, chamou a atenção para os trabalhadores invisíveis que tornaram possível sua vitória.

LEWIS HAMILTON: Que sonho. Correr em dois circuitos que eu não conhecia, sabe, impor esse ritmo e ver a equipe progredindo sempre e sendo competitiva. E também ver o árduo trabalho do pessoal lá em Brixworth, Woking e Stuttgart, todos trabalharam duro para produzir um carro e desenvolvê-lo. Eles fizeram um trabalho fantástico, e sou muito grato a eles, pois sem eles nada seria possível. Os caras aqui são um ótimo grupo e fizeram um trabalho fantástico em estratégia, ajustando o carro. É uma equipe perfeita, e estou muito feliz por poder colocar a cereja do bolo.

MODERADOR: Corrida muito, muito acirrada com seu companheiro de equipe, Fernando, durante toda a prova. Você assumiu a ponta na largada, mas, na volta 38, Fernando estava lá, e houve pressão o tempo todo.

LEWIS HAMILTON: Houve, e em especial no stint do meio. No primeiro stint [sequência de voltas com o mesmo jogo de pneus, sem parar no boxe], as primeiras voltas foram muito parelhas, e consegui abrir uma pequena vantagem e mantê-la. E, no stint do meio, as duas primeiras voltas foram muito boas e então meus pneus começaram a granular, talvez eu os tenha forçado muito desde logo, e então o Fernando estava bem no meu encalço. Foi muito difícil. Ele estava no meu vácuo o tempo todo, então sempre me pegava nas retas. Aí, eu perdia na reta qualquer coisa que ganhava no meio do pelotão. Então, foi muito, muito difícil, mas ele lutou muito bem, foi muito profissional. No final, abri uma vantagem... e consegui manter essa vantagem e administrar o resto da corrida.

MODERADOR: Como você disse, segunda vitória consecutiva, mas uma vitória aqui em Indianápolis. Fale-nos sobre as últimas voltas. Pareceu um dia longo e quente para você?

LEWIS HAMILTON: Pareceu, sim. Obviamente, foi ótimo ver que há uma grande multidão aqui, e todos eles dão muito, muito apoio. Muitas bandeiras britânicas lá na torcida, o que para mim é fantástico. Tiro muita energia disso. Mas as últimas voltas pareceram longuíssimas. Eles me passaram pelo rádio que faltavam quinze voltas, e fiquei tipo, "Certo". E as quinze voltas pareceram uma vida inteira, em especial quando você está na liderança, tentando mantê-la, não forçar muito e não danificar o carro. Mas consegui fazer isso e, como disse, fiquei muito, muito emocionado.

MODERADOR: Parabéns, Lewis.[3]

A conversa mudou para Fernando, e estava na cara que ele ficou descontente com seu resultado.

MODERADOR: Fernando, você correu uma volta a mais no primeiro stint, parecia que você poderia ter uma vantagem de combustível, e chegou muito, muito perto na volta 38, como Lewis disse.

FERNANDO ALONSO: Sim, muito perto. Além disso, na largada cheguei muito perto. Mas consegui ultrapassar o Lewis [*sic*] e depois, a partir daí, quando você persegue alguém, você perde um pouco de pressão aerodinâmica, e é difícil colocar os pneus em condições de forçar durante todo o stint porque você danifica os pneus talvez um pouco mais quando corre atrás de alguém. Então, acho que tentei no stint do meio, e emparelhei com ele uma vez aqui na reta principal. Mas, de novo, não foi o suficiente para ultrapassá-lo. O último stint foi talvez apenas conservador, muito difícil de ultrapassar, muito difícil de perseguir alguém. Então, agora é começar a pensar no Grande Prêmio da França.

MODERADOR: Se possível, como você descreveria sua largada?

FERNANDO ALONSO: Bem, acho que foi boa, mas, sabe, acho que nós dois freamos mais ou menos no mesmo ponto. A largada é sempre arriscada. Eu me lembro de que no Canadá saí na grama e perdi uma posição. Foi com meu companheiro de equipe, sabe, você tenta ultrapassar, mas sem arriscar acabar a corrida na primeira curva. Fazer oito pontos é melhor que ponto nenhum. Então, sabe, aumentamos a diferença em relação à Ferrari, que é um dos principais objetivos nesta primeira parte do campeonato.[4]

Fernando, de sua parte, parecia resignado a levar essa surra e voltou sua atenção para o retorno à Europa. Ele encarou a corrida seguinte como uma oportunidade de retomar a disputa pelo título do campeonato. No regresso ao continente europeu, as McLarens tinham aumentado a distância em relação à Ferrari, com Lewis alcançando 58 pontos contra os 48 de seu companheiro de equipe no campeonato de pilotos.

O frenesi pós-corrida não estaria completo sem um momento com Anthony, ainda mais porque nos Estados Unidos comemorava-se o Dia dos Pais. Anthony destacou que o filho manteve a calma durante toda a semana e surpreendeu-se positivamente com sua pole position nos treinos de classificação. Lewis lidou com o problema de Mônaco com método e maestria. Ultrapassagens são sempre complexas e, quando um piloto se importa – por motivos pessoais ou de equipe – com aquele que está tentando ultrapassar, as coisas se complicam ainda mais. O novato demonstrara domínio nas recuperação de posições na largada – onde o caos reina – e aprendeu que estar na frente de todo o grid na classificação não só colocava sua habilidade em evidência, mas também garantia o respeito dos adversários.

Além disso, é importante avaliar o singular interesse pelo pai de Lewis. Embora todos os pilotos tenham amigos e familiares presentes nas corridas, a mídia não parecia se importar tanto com isso. No entanto, a preocupação da mídia com a família Hamilton provaria ser interessante e pitoresca para alguns e, para outros, incômoda – para não dizer desencadeadora de gatilhos. À medida que a temporada avançava, ambas as maneiras de ver essa situação se intensificariam.

Conforme e o programa pós-corrida chegava perto do fim, os mesmos comentaristas que duvidavam que Lewis estivesse pronto para vencer uma corrida após o desastre em Mônaco tiveram que admitir que era hora de pensar em Hamilton como o favorito para ganhar o campeonato de pilotos, por mais improvável que isso parecesse apenas algumas semanas ou talvez até dias antes. Os melhores planos do bicampeão mundial espanhol para sua primeira temporada na McLaren haviam naufragado contra as rochas de um piloto novato que parecia não sentir pressão nem cometia erros. As duas semanas entre Indy e o Grande Prêmio da França em Magny-Cours apenas aumentaram a atenção da mídia sobre o novato britânico.

O relacionamento entre Fernando e Lewis, que começou a ficar maduro demais depois de Mônaco, estava absolutamente podre, mas não a ponto de ser tóxico. Ainda. A edição de 4 de julho de 2023 da revista *Motor Sport* revisita essa controvérsia prestes a entrar em ebulição em uma matéria intitulada "Como a rixa de Alonso e Hamilton em 2007 estourou: 'Vai ser uma baita briga.'". Uma entrevista com um engenheiro da McLaren, Steve Hallam, revela que, após a "brilhante" primeira vitória de Hamilton no Canadá, "Alonso fez comentários insinuando que sua equipe britânica estaria favorecendo o piloto britânico – e de novo em Indianápolis, quando o espanhol gesticulou em protesto para os boxes da McLaren sinalizando que a equipe deveria deixá-lo vencer por aparentemente ser mais rápido, o que não aconteceu".[5]

Para deixar bem claro, é difícil imaginar que Fernando fosse "aparentemente mais rápido" uma vez que Lewis o superou na classificação e o manteve atrás dele em todas as fases da corrida durante a disputa roda a roda sem intervenção da equipe. A parte dos gestos também não deve passar despercebida. Os pilotos de Fórmula 1 são conectados às suas equipes por meio de um link de rádio. O problema é que todos podem ouvir, e Fernando não tinha intenção de deixar que os comentaristas e o público, ou, provavelmente mais importante, as autoridades da FIA, o ouvissem implorando à equipe para fraudar a corrida de modo que ele pudesse vencer. Em seu livro, Lewis menciona as desvairadas reclamações de Alonso, claramente tão confuso quanto todos os outros sobre de que diabos ele poderia estar falando:

> (...) na primeira coletiva de imprensa em Indianápolis foi a primeira vez que Fernando fez comentários sobre a equipe me ajudar mais do

que a ele. Achei estranho quando ele disse isso, em especial depois do que aconteceu comigo em Mônaco.[6]

Lewis não venceu seu terceiro Grande Prêmio consecutivo na França, no Circuito de Magny-Cours, mas continuou sua sequência ininterrupta de pódios, ficando em terceiro, atrás da dobradinha de Ferraris. Seu companheiro de equipe, cada vez mais taciturno, continuou a entregar resultados abaixo do padrão, e terminou a prova em sétimo lugar. Lá de trás, em uma posição de chegada que mal pontuava, Fernando deixou claro que ficou feliz em ver as duas Ferraris derrotarem seu companheiro de equipe. Mesmo que você pense algo assim, é melhor não contar ao público. É uma declaração tresloucada, demonstrando que Alonso estava cada vez mais desequilibrado. Ele simplesmente não conseguia fazer as pazes com o fato de que não era capaz de submeter a equipe e Lewis à sua vontade. A ordem da equipe em Mônaco foi uma vitória de curto prazo para Fernando, e o que aconteceu nas corridas seguintes não chegou nem perto do fundo do poço a que o espanhol se mostraria determinado em degringolar em termos de comportamento desesperado. Desse ponto em diante, a temporada de 2007 explodiria em diversas polêmicas, todas elas ligadas à McLaren.

CAPÍTULO 10

MAIS DINHEIRO, MAIS (POTENCIAIS) PROBLEMAS

O CIRCUITO DE SILVERSTONE É UM DOS MAIS LENDÁRIOS DO AUTOMOBILISMO. A pista de 5,9 quilômetros foi construída sobre uma base da Força Aérea Real (RAF) da Segunda Guerra Mundial e habitava o imaginário do jovem Hamilton. Agora ele retornava como piloto de Fórmula 1 para seu GP em casa, integrando uma equipe de ponta e liderando o campeonato mundial. Em 2007, o jovem piloto não poderia prever que, em 2020, a reta onde ele voava seria batizada como "Reta Hamilton" – a primeira homenagem do tipo nesse circuito histórico. Essa honraria seria conferida mais de uma década após a primeira corrida de F1 de Hamilton em Silverstone, mas agora os fãs britânicos aguardavam ansiosos para apoiar seu herói que voltava para casa.

Nas semanas que antecederam a corrida de 2007, Lewis aprendia a lidar com sua nova fama e tudo o que a acompanhava. Isso incluía mais acesso e contato com pessoas e lugares que antes pareciam inacessíveis. Conhecer Pharrell abriu esse mundo para o jovem piloto, e ninguém menos que Sean "Puffy" Combs rumou para Londres antes de Silverstone. Lewis era o queridinho do momento, e Combs era nada menos que um astuto caçador de talentos. Ele reconheceu que Hamilton personificava uma nova versão do luxuoso estilo de vida negro que o magnata do rap cultivava havia anos.

A primeira tentativa de Lewis de aceitar o convite de Combs não deu muito certo.

> Depois de conhecer o Pharrell em Indianápolis, tive a chance de conhecer outro astro da música que admirava havia muito tempo – P. Diddy. Ele estava em Londres e fui convidado para conhecê-lo. Por azar, eu

estava no meio de uma semana tão intensa que foi impossível aceitar seu convite.[1]

Ufa. Depois de inúmeras alegações de agressão, estupro e outros crimes sexuais, parece que, quanto menos contato as pessoas tiveram com Puffy e suas festanças, melhor. Pouco tempo depois, Hamilton compareceu a um jantar oferecido por Diddy e ficou sentado ao lado dele durante a maior parte da noite. Segundo a descrição de Hamilton, o evento de verdade só começou depois que Diddy chegou, cerca de uma hora depois do horário marcado.

> Como ele era? Bem, ele era muito pé no chão (...) Ele me perguntou coisas sobre corridas, e estava claro que ele não entendia muito sobre um carro de Fórmula 1 (...) Então, em resumo, apenas contei sobre o que acontece em um fim de semana de corrida... Demorou um pouco para me acostumar – sair com P. Diddy, chamá-lo de Sean (...) Lá estava eu, a poucos dias da maior corrida da minha vida, em um jantar privativo com P. Diddy e Pharrell Williams.[2]

Era raro Combs demonstrar interesse em algo que não o beneficiasse pessoalmente. E parecia ainda menos interessado em qualquer coisa que o obrigasse a considerar outra pessoa mais importante que si próprio. Portanto, o convite a Lewis merece uma análise atenta. Combs não sabia patavina sobre Fórmula 1, mas reconhecia carisma quando encontrava um fenômeno. Nessa fase inicial da carreira, Lewis se transformava no epicentro de um novo universo que unia moda, música, vida noturna, sociedade, justiça e questões raciais. E o Grande Prêmio da Grã-Bretanha era sua nona corrida.

Antes do fim de semana da corrida, desenrolava-se um drama legal que era uma extensão da fracassada sabotagem da Ferrari em Mônaco. Parece que o pivô do escândalo, Nigel Stepney, estava em contato com um engenheiro da McLaren em uma tentativa de vender informações técnicas confidenciais que ele roubara da Ferrari. A McLaren alegou que não tinha ideia do que estava acontecendo, e a FIA abriu uma investigação interna. O problema foi agravado porque essa confusão tornou-se objeto de litígios criminais e civis em diversas jurisdições. O caso ganharia força nas semanas seguintes. A essa altura, o foco na corrida em Silverstone e a empolgação com a busca de Lewis pelo título do campeonato foram capazes de abafar o barulho, mas isso não duraria muito.

Impulsionado por seu recente sucesso e pela adulação na Inglaterra, Lewis estava a todo vapor nas sessões de treinos livres. Ele terminou no topo da planilha de tempos, seguido pelas duas Ferraris. Fernando se viu em uma posição com a qual já estava familiarizado, fora dos três primeiros. O último treino livre na manhã de sábado antes da classificação da tarde não seguiu a forma das sessões do dia anterior. Räikkönen assumiu o primeiro lugar, apenas uma fração de segundo à frente de Alonso, que marcou um tempo quase idêntico ao do outro piloto da Ferrari, Felipe Massa. A volta final de Lewis com pouco combustível (peso reduzido) não aconteceria. Um piloto da Williams estragou sua volta rápida, fazendo com que se levantasse uma bandeira amarela, o que impediu Hamilton de correr com o carro em seu ajuste mais rápido possível. A sessão de treinos de classificação prometia ser intensa.

Na Q1, um carro interrompeu a primeira volta ao rodar e sair da pista. Fernando mostrou estar em boa forma e deu a impressão de que assumiria o controle dos treinos de classificação. O mesmo aconteceu na segunda volta, em que Alonso continuou a mostrar condições de abocanhar a pole position, e Lewis agora mostrou estar pronto para ameaçar a P1. A Q3 se encaminhava para o fim, Alonso parecia disposto a estragar a festa de Lewis ao lhe negar a pole position. A derradeira volta de Alonso foi mais rápida do que sua primeira tentativa na Q3, mas a Ferrari de Kimi foi muito mais rápida, colocando o finlandês na pole provisória enquanto a multidão esperava para ver o que o novato britânico seria capaz de fazer para melhorar seu desempenho até então mediano. Praticamente do nada, Lewis fez uma volta inesperada e roubou a pole da Ferrari. Hamilton foi o único piloto a completar a volta abaixo de 1min20s. Kimi permaneceu em segundo, e Fernando ficou em um decepcionado e abatido terceiro no grid.

A coletiva de imprensa pós-treinos classificatórios foi dedicada a explorar o que Lewis estava pensando, agora que a opinião geral sugeria que ele rumava de vento em popa para conquistar o campeonato mundial. Ao mesmo tempo, seu companheiro de equipe manteve um discurso otimista em relação à corrida.

PERGUNTA: Fernando, você foi o mais rápido na Q2, alcançou a velocidade máxima. Isso deve ter sido muito satisfatório.

FERNANDO ALONSO: Sim, o dia todo sendo o mais rápido na P3, na Q1, na Q2. Além disso, fiquei muito feliz com o carro. Em relação a ontem, tivemos alguns problemas com o equilíbrio do carro. Não estava totalmente satisfeito, mas durante a noite fizemos algumas mudanças e hoje me senti muito mais confiante. Para a corrida, tudo parece promissor, muito bom para nós e espero poder recuperar algumas posições logo após o início da corrida e ao redor da área de pit stop.

A entrevista voltou para Lewis, com perguntas sobre o frenesi da mídia – do qual a imprensa especializada ali reunida fazia parte.

PERGUNTA: Há, sem dúvida, um apoio fantástico para você neste fim de semana. Você já falou sobre isso, mas como está lidando com a transição de um relativo anonimato para o status de um esportista reconhecido no mundo todo? E como é receber tantos elogios de figuras da F1, como Sir Frank Williams, que o descreveu como alguém sobre-humano?

LEWIS HAMILTON: Bem, é impressionante ouvir coisas tão boas de figuras como Sir Frank Williams e muitos outros nomes da Fórmula 1. Vim aqui para fazer um trabalho sólido, houve muita pressão desde o primeiro dia, mas não ouvi muitos comentários negativos. Então consegui manter toda essa energia positiva, e sem dúvida é reconfortante ouvir coisas tão boas. Quanto a ter meu mundo virado de cabeça para baixo é... Sou muito sortudo por ter uma base sólida e consciência do momento. Então, mesmo que tudo esteja virado de cabeça para baixo, ainda consigo seguir com minha vida. Mas tem sido muito difícil, claro, andar nas ruas e as pessoas se aproximarem de você. É estranho. A partir da minha experiência anterior, quando costumava ir até os pilotos de Fórmula 1, queria ser um pouco diferente. Queria que as pessoas pudessem se aproximar de mim e tentar dar a elas o máximo de tempo possível. Isso é o que alguns pilotos de Fórmula 1 não faziam quando eu era mais jovem.

PERGUNTA: Lewis, os sentimentos que você está vivenciando agora... Como se comparam aos da sua primeira vitória no Canadá? E sobre sua largada na França na semana passada, você ficou decepcionado por ter Kimi logo atrás? Você está confiante de que vai arrasar amanhã?

LEWIS HAMILTON: Sim, estou confiante. Trabalhamos duro neste fim de semana para melhorar nossas largadas e acho que estar no lado limpo sem dúvida ajuda. E meus sentimentos? Com certeza parece... Acho que os treinos de classificação são sempre empolgantes. Até para você assistir, mas, quando você está no carro e sabe que está na última volta, o menor erro e você perde... e você dá tudo de si enquanto está no fio da navalha até o fim. Você completa a volta e vê que fez o tempo... é uma sensação fenomenal, realmente é.[3]

Quando as luzes enfim se apagaram no domingo, após um atraso quando o motor de Felipe Massa morreu no grid e forçou uma segunda volta de apresentação, Lewis manteve sua primeira posição nas primeiras dezesseis voltas. Lewis parou nos boxes e, ao abastecer, cometeu seu primeiro erro caro da temporada. Pensando ter recebido sinal para sair, Lewis engatou a marcha e deu um solavanco para a frente antes de perceber seu equívoco. Isso lhe custou um tempo valioso e posições na pista. Ele voltou à corrida na quinta posição. Nunca mais recuperaria a ponta, e terminou em um decepcionante terceiro lugar, atrás do ferrarista Kimi em primeiro e de Alonso, seu agora revigorado companheiro de equipe. Fernando deixou claro para qualquer um que quisesse ouvir que este era de novo (!) o começo do fim do domínio de Lewis. Ele declarou à imprensa espanhola que pretendia diminuir rapidamente a diferença de pontos para seu companheiro de equipe ficando um degrau acima dele no pódio pelo resto da temporada.

Uma parcela do público mostrou-se preocupada que os holofotes tivessem começado a ofuscar Lewis para aquilo que era de fato o seu trabalho: correr em vez de viver uma vida de *jet-set* e vender produtos patrocinados. A natureza transcendente da participação de Lewis no esporte ficou evidente no direcionamento que as perguntas tomaram após a corrida. Uma das linhas de questionamento da mídia reunida depois que abriram a coletiva é reveladora:

SEAN MCGREEVY (*Motoring and Leisure*): Parabéns por mais um pódio, Lewis. Como você está lidando com a ideia de ser um ídolo inspirador, um modelo de vida exemplar e as responsabilidades que vêm com isso? E quem é o ídolo que inspira você, seu modelo de vida exemplar?

HAMILTON: Não tenho mais um modelo de vida exemplar, porque tenho 22 anos. Mas meu irmão me inspira porque ele sempre tem um sorriso no rosto, não importa o que aconteça. Acho que pode-se aprender muito com isso. Como sempre digo, não importa o que ele faça – ele não consegue jogar futebol como o resto de nós, ele não consegue praticar nenhum tipo de esporte como o resto de nós – ele ainda dá 110%, mesmo que seja tão difícil. Acho que você pode aprender muito com isso, então ele me inspira.[4]

Ser um ídolo inspirador e um modelo de vida exemplar era um terreno novo para Lewis, e foi um momento crucial em sua crescente compreensão de seu lugar na cultura mundial, tanto dentro quanto fora dos esportes. Em seu livro de memórias, em um capítulo intitulado "Sonho", Lewis oferece nuances acerca de sua compreensão do que vem a ser um modelo de vida exemplar e do que isso significa para ele. A resposta de Lewis explica que ele sente que amadureceu, ignorando de propósito a parte da pergunta sobre lidar com a ideia de ser um modelo de vida exemplar, muito menos as coisas que vêm a reboque disso.[5]

As reflexões de Lewis estão longe de ser um "momento Charles Barkley". Os fãs da NBA vão se lembrar do incidente ocorrido na temporada de 1990-1991, quando o ala-pivô tentou cuspir na cara de um provocador racista e, em vez disso, acabou atingindo uma garotinha sentada bem na beira da quadra. A liga multou o jogador em 10 mil dólares, e a causa do incidente (a provocação racista) desapareceu e foi substituída pela questão da obrigação dos atletas profissionais de serem melhores do que todo mundo em tudo o mais, incluindo ignorar o racismo ou ser cuspidores com mira mais precisa.

Barkley afirmou: "Não sou pago para ser um modelo de vida exemplar. Sou pago para causar estragos na quadra de basquete. Os pais devem ser modelos de vida. Só porque enterro uma bola de basquete na cesta não significa que eu deva criar seus filhos".[6] A Nike, agindo para lidar com as quedas nas vendas entre os jovens, transformou a citação em um comercial que continua controverso até hoje. Lewis chegou à cena quando os esportes e os atletas tiveram seu papel na sociedade definido por atletas como Barkley, que não se arrependem e francamente não se preocupam com o que a opinião pública pensa sobre eles. Lewis passou de um jovem que abria caminho em direção a um sonho para o que o jornalista entendia como um ídolo inspirador e um modelo de vida exemplar, com responsabilidades além de ser o melhor piloto que ele pudesse ser.

Ao responder a essa pergunta, Lewis está tentando deixar claro que não se pode permitir que um único atributo ou mesmo uma única falha possa representar tudo o que se entende, de positivo ou negativo, acerca de uma pessoa. Sem dúvida ele admirava o pai e, ao longo de sua carreira, nunca hesitou em dar a Anthony todo o crédito pela determinação e disciplina que incutiu no filho e com base nas quais o educou. Parte disso meio que passou por cima de muita coisa que entendemos como parentalidade moderna, mas tanto pai quanto filho pareciam ter feito as pazes com essa realidade.

O que parece importante, em especial nesse momento muito precário na carreira de Lewis, quando a súbita pressão da fama poderia ter feito tudo degringolar ou o levado a se contentar com o que havia conquistado até então e tirar proveito disso em uma jornada que duraria o máximo possível, é que ele dá provas de não querer ocupar uma posição na retaguarda. O foco do piloto em Muhammad Ali, o atleta-ativista cuja coragem se estendeu além dos ringues de boxe, também é importante. A influência de Ali como atleta e ativista criou a noção do GOAT, o acrônimo para *the Greatest of All Time,* "o maior e melhor de todos os tempos", "o número 1 inconteste", que não pode ser contido pelos limites de um esporte. Ser o maior e melhor exige mais do que excelência dentro de um esporte, e para Lewis a ausência de um modelo de vida exemplar cria a possibilidade de *ele próprio* estabelecer exatamente o que um modelo de vida exemplar significa em um mundo em mudança.

Pharrell e P. Diddy, e tudo o que veio com seu ambiente, não afetaram Lewis. Ele não ficou nem impressionado nem encantado e se manteve firme e forte em seu ofício. Essa postura de confiança autossustentável, quando ele próprio já era considerado um exemplo para os outros, é, de certa forma, previsível. Dentro da Fórmula 1, não havia ninguém que pudesse servir de exemplo para Lewis. Ele teria que inventar e aprender tudo enquanto seguia em frente.

CAPÍTULO 11

TUDO DESANDA

LEWIS E SEUS FÃS SE DECEPCIONARAM COM SUA EXIBIÇÃO EM SILVERSTONE, mas, na prática, a temporada estava indo melhor do que a maioria poderia imaginar. Agora Lewis estava doze pontos à frente de Alonso. A corrida seguinte, marcada para a Alemanha, em Nürburgring, era chamada de Grande Prêmio da Europa, devido a um problema de gestão de marcas e nomenclatura entre a F1 e os promotores do evento. No intervalo entre Silverstone e o GP alemão, o caso de espionagem corporativa que vinha cozinhando em fogo brando estava prestes a fervilhar. Ao mesmo tempo em que alegava completa inocência, a equipe McLaren anunciou que seria chamada a prestar contas por sua parte no fiasco alguns dias após o Grande Prêmio.

Enquanto a fama de Lewis criava pressão adicional, antes da corrida ele se viu com uma agenda apinhada de eventos de patrocinadores, e a iminente audiência perante a FIA complicava ainda mais as coisas. Nesse ponto, de acordo com seu livro de memórias e com entrevistas contemporâneas, Hamilton estava convencido de que a equipe nada tinha a ver com o imbróglio e seria considerada inocente.

> Perguntas sobre a equipe McLaren – sobre a controvérsia com a Ferrari – sempre vinham à tona naquela fase da temporada. Tudo começou antes de Silverstone, e tive que tirar isso da minha cabeça. Realmente não sabia nada a respeito, embora mais tarde na temporada tenha ficado claro que esse assunto era mesmo importante e teve um efeito enorme em nossas esperanças de vencer o campeonato (…) Eu me sentia confiante em relação a mim mesmo, minha pilotagem e a

integridade da equipe, e então julguei que não tinha nada com que me preocupar.[1]

Lewis chegou à Alemanha com uma virose, cansado das corridas e da pressão de seus deveres junto a patrocinadores, e os treinos classificatórios foram um absoluto desastre. As duas primeiras fases transcorreram sem incidentes, mas na Q3 Lewis sofreu um terrível acidente em alta velocidade que o mandou para o hospital. Durante o pit stop antes de sua volta final, uma pistola de ar comprimido apresentou defeito, Lewis saiu para a pista com um pneu mal encaixado, o que não era propício para dirigir a 240 km/h. Ele acabou perdendo o controle e bateu de frente na proteção de pneus. Lewis escapou por pouco de ferimentos graves e disse: "Foi um dos acidentes mais dolorosos que já tive (…) Foi ruim e é difícil de descrever".[2]

Lewis obviamente não conseguiu continuar depois que seu acidente fez a bandeira vermelha ser levantada, e até mesmo sua participação na prova estava em questão, dependendo de avaliações sobre seu estado físico. Por fim liberado pela equipe médica, Lewis foi relegado à sua pior posição inicial em sua carreira na Fórmula 1, longe das primeiras filas, em décimo no grid. Além disso, pilotar com os ferimentos que sofreu no acidente não era um bom presságio para manter a liderança que ele tinha sobre seus rivais na disputa pelo título do campeonato. Kimi Räikkönen conquistou a pole, Fernando parecia estar cumprindo o desafio que estabeleceu para si mesmo ao deixar Silverstone e garantiu a segunda posição no grid de largada, entre as Ferraris, com Massa à espreita na P3.

O dia da corrida foi fustigado por chuva torrencial. Os problemas de Lewis continuaram a ocorrer em cascata, tal qual a água que jorrava sobre a pista. Na largada, ele fez uma manobra drástica, ganhando quatro posições na primeira volta antes que o dilúvio começasse a piorar e levasse a uma situação caótica, que obrigou os pilotos a se engalfinharem com a aderência ao longo de todo o percurso. Alguns pilotos logo entraram nos boxes, o que foi uma boa decisão, mas houve muita confusão sobre quais pneus eram melhores nessas condições. Uns colocaram pneus intermediários e outros optaram por pneus de chuva. Outros bancaram os meteorologistas e, tentando adivinhar o clima, arriscaram-se a ficar com pneus de corrida, o que foi um desastre. O temporal piorou, alagando a pista, e os carros aquaplanaram e se espalharam por toda parte.

Lewis girou e saiu da pista. De novo. Ele conseguiu manter o motor funcionando e, naquela época, na medida do possível, os pilotos podiam receber ajuda externa para voltar à pista. Lewis havia escapado para a brita perto de um guindaste, e o operador o colocou de volta na prova. Esse tipo de intervenção já não é mais permitida. Mesmo com a assistência, Lewis não se recuperou desse infortúnio, e, no frigir dos ovos, terminou na 9ª posição, sem pontuar.

Fernando se destacou na pista molhada e recebeu a bandeira quadriculada com mais de oito segundos de vantagem sobre Massa. A vitória de dez pontos reduziu para apenas dois pontos a liderança de seu companheiro de equipe. Alonso, claro, estava em êxtase durante a conferência pós-corrida, a primeira da temporada sem a presença de Hamilton.

PERGUNTA: Fernando, como você avalia a corrida de hoje em comparação às suas outras vitórias? Você parecia em êxtase no pódio.

FERNANDO ALONSO: Sim, com certeza. Gostei muito da corrida porque gosto das diferentes condições, das diferentes condições climáticas. Sempre gosto desse tipo de corrida e, em determinado momento, quando estava em segundo, disse que talvez não fosse o momento certo para chover, porque estava feliz com o segundo lugar. Lewis estava fora da pontuação e Kimi também, então, para mim, oito pontos eram bons o suficiente. Mas então, agora com o resultado final, é óbvio que gosto da chuva, não há dúvida. Sempre que chove, fico muito feliz e me divirto. No pódio, fiquei muito feliz porque a corrida foi bem empolgante, como disse.[3]

Lewis estava ferido: física e mentalmente. A corrida seguinte, na Hungria, provaria ser o fim até mesmo da pretensão de um relacionamento civilizado entre os dois pilotos da McLaren.

Além da animosidade entre Hamilton e Alonso, o fedor do escândalo de dados técnicos roubados assombrava a equipe McLaren e a F1. Como é de praxe, mesmo fora dos Estados Unidos, não demorou muito para que o sufixo "*-gate*" fosse adicionado para assinalar a gravidade do problema que envolvia o esporte. O *Spygate*, como veio a ser conhecido, seria apenas um dos escândalos que ganharam as manchetes do Grande Prêmio da Hungria.

A corrida em si, infelizmente, foi mais ou menos enfadonha em comparação com a maluca sessão de treinos classificatórios. Isso é importante porque em Hungaroring a pista era muito estreita, com pouco espaço para ultrapassagens. Lewis começou na pole, posição que lhe foi concedida depois que seu companheiro de equipe recebeu uma devastadora penalidade de cinco posições no grid por causa de suas palhaçadas durante a Q3, uma série de eventos rotulados como *Pitlanegate*.

Naquela época, os carros da Fórmula 1 ainda eram reabastecidos durante a corrida – e muito menos eficientes que os atuais modelos ecológicos. Assim como na corrida, as voltas de classificação precisavam considerar a quantidade de combustível, o que levava a várias táticas para dar aos pilotos a melhor oportunidade de fazer sua melhor volta com o menor volume de combustível/peso possível. Em alguns circuitos, os carros eram abastecidos para várias voltas de alta velocidade, exigindo fazer algumas voltas para "queimar combustível". Como consequência, o piloto com o combustível extra poderia fazer uma ou duas voltas a mais. Nesse caso, havia uma regra interna na McLaren de que, nas primeiras voltas da Q3, Hamilton deixaria Alonso passar para lhe dar espaço na pista. A versão de Lewis da história é que ele estava disposto a cumprir essa determinação, mas, como Kimi teria tirado vantagem disso e, no processo, bloqueou seu espaço na pista, ele não cumpriu. Desnecessário dizer que Fernando ficou furioso.

Não demorou muito para o espanhol buscar vingança e uma vantagem para domingo. Conforme o tempo passava, a McLaren comunicou aos pilotos um plano para que ambos colocassem pneus novos para os últimos momentos da Q3. Antes de ir para os boxes, Lewis estava na pole provisória, mas havia bastante tempo para essa jogada dar aos dois pilotos outra oportunidade de correr com os carros em seu melhor ajuste. A equipe colocou as McLarens nos boxes, e, por ironia do destino, Fernando foi o primeiro a trocar os pneus.

A equipe trocou seus pneus com a eficiência de sempre, e Fernando ficou lá, parado, enquanto seu companheiro de equipe aguardava atrás. Veio o sinal para ele deixar os boxes de modo que a equipe pudesse trabalhar no carro de Lewis, com 1min48s restantes na Q3, tempo de sobra para os dois pilotos fazerem mais uma volta voadora. Mas, mesmo autorizado pela equipe a voltar ao circuito, Fernando não moveu uma palha. Só gesticulou e continuou no mesmo lugar, segurando Lewis no pit lane. Ele apontou com as mãos e permaneceu mais um pouco, enquanto os mecânicos pareciam confusos. Por agonizantes dez segundos, Fernando gesticulou antes de acelerar para a pista, deixando seu companheiro de equipe com muito pouco tempo para trocar pneus e voltar à pista para mais uma tentativa de volta rápida. Sem a ameaça do seu companheiro de equipe, Alonso fez a volta mais veloz da sessão. Lewis não teve tanta sorte. Fernando afundou a sessão classificatória de seu companheiro de equipe, conquistou a crucial pole e se preparou para a segunda vitória consecutiva. Por enquanto.

O chefe da equipe, Ron Dennis, ficou furioso e foi visto arrancando os fones de ouvido da cabeça do personal trainer de Alonso para ter certeza de que o espanhol ouviria tudo o que ele tinha a dizer. A coletiva de imprensa pós-treinos de classificação foi tensa, por mais que o bicampeão mundial tentasse fingir que nada estava acontecendo. Alonso falou primeiro, como era seu direito, já que ele era o pole position.

PERGUNTA: E também teve um pouco de atraso, já que os segundos são contados com o aquecedor do pneu dianteiro direito no início da sua primeira volta.

FERNANDO ALONSO: Sim, acho que o cobertor do pneu teve um problema e ficou dentro da roda, entre a roda e o carro e houve um pequeno atraso aí. Os mecânicos pressionaram muito o cobertor e não sei se ele quebrou ou algo assim, mas o carro estava bem.[4]

Isso é um completo absurdo. O atraso não teve nada a ver com os cobertores de pneus não terem sido removidos, e as alegações de Alonso implicavam que a culpa era da incompetência dos mecânicos do boxe. Em seguida, as perguntas se voltaram para o segundo classificado, Lewis, que, diante das circunstâncias, tomou a melhor decisão possível, agradecendo às pessoas da equipe pelo resultado. Pressionado pelo entrevistador a responder sobre o que acontecera durante a Q3, ele se voltou para Fernando e sugeriu que eles fariam uma reunião para lidar com a questão. Depois de falar com Nick Heidfeld, da BMW Sauber, o terceiro no grid, os jornalistas retornam a Fernando para pressioná-lo sobre o fiasco da sessão de treinos de classificação.

CARLOS MIQUEL (*Diario AS*): Temos uma pergunta para Fernando. Com a questão do cobertor do pneu, a volta extra vai para Hamilton, não?

FERNANDO ALONSO: Não, acho que na verdade não houve tempo para fazer uma volta extra de queima de combustível para ambos os pilotos, então, quando fiz meu primeiro pit stop, já sabia que não era possível. Assim, paramos nos boxes uma volta antes para tirar o primeiro conjunto de pneus. Portanto, naquele ponto, ter tido o problema do cobertor e perder outros dez segundos ou mais não era realmente uma coisa importante para volta extra, nós já a havíamos cancelado.

MICHAEL SCHMIDT (*Auto Motor und Sport*): Fernando, na primeira parada antes de os problemas do cobertor do pneu começarem, você pareceu ter ficado muito tempo esperando e teve uma discussão com a equipe no pit wall. O que aconteceu lá?

FERNANDO ALONSO: Não, nós trocamos a asa dianteira, porque tive um pouco de problemas com a saída de frente no meu carro na volta de queima de combustível. Tentamos ajustar o carro e, como disse, porque começamos na frente do grid no final do pit lane, não íamos fazer a volta extra para queimar combustível, então eu tinha os 45 segundos extras de espera no pit stop.[5]

Aqui, Fernando está claramente fazendo a antiética manobra de colocar a culpa nos mecânicos sem rosto em vez de assumir a responsabilidade por suas ações. Lewis, que mesmo nesse estágio inicial de sua carreira tinha plena consciência da importância e dignidade desses trabalhadores, não permitiria isso.

ANDREW FRANKL (*Forza*): Duas semanas atrás em Nürburgring foi um teatro amador na troca de pneus, hoje eles não conseguiram tirar o aquecedor de pneus. Você acha que toda a pressão política está chegando aos membros da equipe? Porque, francamente, parece Fórmula 3 ou Fórmula Ford.

LEWIS HAMILTON: Não, não acho que você deva ser tão duro com a equipe. Eles fazem o que são instruídos a fazer, e acho que isso é uma coisa importante. Eles cumprem ordens. Duvido muito que tenha havido um problema com o cobertor de pneus, porque é algo muito fácil de retirar. A equipe, como disse, sempre faz um trabalho fantástico, meu grupo de rapazes faz um ótimo trabalho, e durante as corridas eles trabalham duro. Acho que na verdade as pessoas não dão a eles o respeito e o apreço que merecem.

SIMON ARRON (*Motorsport News*): Lewis, tivemos quatro semanas do *Stepneygate* e agora tivemos meia hora de *Pitlanegate*. Como você faz para esquecer todas as maquinações políticas e se concentrar no trabalho principal?

LEWIS HAMILTON: Acho que é uma habilidade que desenvolvi ao longo dos anos. É o que digo desde o primeiro dia: adoro, amo o meu trabalho. É algo que sempre quis fazer e ainda gosto. Sempre entro no carro com um sorriso no rosto. Para mim é fácil superar quaisquer problemas que eu tenha na equipe ou fora do carro, e depois fazer meu trabalho da melhor maneira possível.

PETER WINDSOR (*Speed TV*): Lewis, alguns minutos atrás você disse: "Não sei por que a equipe me segurou, você precisa perguntar a eles". Mas, na verdade, Fernando disse que foi a ele que a equipe segurou. Isso foi um lapso freudiano ou você acha que a equipe realmente segurou você?

LEWIS HAMILTON: Não, como disse o Fernando, ele foi instruído a parar e esperar. Colocaram as rodas dele, retiraram os cobertores de pneu, e ele foi instruído a esperar. Imagino que tenha perdido meio minuto, eu diria, da minha volta para esperar atrás do Fernando. Pelo menos trinta segundos, então sem dúvida isso precisa de uma boa explicação.[6]

Os jornalistas extirparam o óbvio disparate da explicação de Fernando e voltaram a bombardear o pole position com perguntas mais contundentes:

PETER WINDSOR (*Speed TV*): Fernando, isso já aconteceu antes: a equipe segurar você para abrir uma vantagem?

FERNANDO ALONSO: Em todos os treinos de classificação. Nós paramos e esperamos, às vezes dez segundos, às vezes cinco, às vezes quarenta e cinco, como na primeira parada de hoje.

A sessão de perguntas e respostas, semelhante a uma partida de tênis, voltou para Lewis, que estava sentado bem ao lado de seu companheiro de equipe, como é a prática em todas essas coletivas de imprensa.

ED GORMAN (*The Times*): Lewis, você diria que está mais zangado com isso do que com o que aconteceu em Mônaco?

LEWIS HAMILTON: Como disse, e você pode ver, não estou zangado. Estou curioso para saber o que aconteceu, e acho isso muito interessante e divertido. Mas o lado bom é que tivemos ritmo. Fizemos um ótimo trabalho, temos um ótimo carro. Estava muito, muito à vontade e estou muito confiante com minha estratégia para amanhã, então, para ser sincero, a verdade é que não estou zangado.[7]

Os comissários de prova também não ficaram convencidos com as desculpas esfarrapadas e, após uma reunião com as partes afetadas, decidiram punir a equipe e Alonso. Dar a Lewis a pole era algo significativo por vários motivos. Primeiro, como já mencionamos, a pole nessa corrida costuma ser definitiva, além do fato de que colocar Alonso e a equipe no mesmo balaio para receber uma punição criava uma dinâmica interessante. Uma coisa é imaginar que Lewis estava isolado e sozinho nessa temporada. A outra, a julgar pelos desdobramentos da situação, é que Alonso tornou-se o primeiro albatroz pendurado em volta do pescoço da equipe McLaren e seu novo porta-estandarte, Lewis.

O episódio dos treinos de classificação na Hungria é de extrema importância. Então, uma explicação provável é que Fernando quis intencionalmente manter Lewis longe da P1. O ponto óbvio é que é melhor estar na pole do que não estar. Alonso também tinha um motivo legítimo para estar furioso com Lewis por ter ignorado as instruções para deixá-lo passar, apesar da explicação de Lewis sobre Kimi também ter passado. Para a equipe, teria valido a pena discutir a situação de Kimi, e, como vimos, isso não impediu Fernando de ter a oportunidade de uma disputa limpa pela pole. A decisão que Alonso tomou, de atacar e obstruir seu companheiro de equipe – trapaceando – criou um problema para os comissários de prova e corroeu sua reputação como competidor.

Se, por exemplo, um piloto da McLaren tivesse segurado de propósito uma Ferrari nos boxes, a punição seria direta. O piloto seria penalizado e, a menos que houvesse evidências de que a equipe dera ordens ao atleta, é difícil imaginar que a equipe teria sido excluída da pontuação por causa de uma decisão ruim de um piloto. No caso da McLaren, por se tratar de uma questão intraequipe, a FIA estava em posição de deixar bem claro para a McLaren que seu piloto – Alonso – precisava agir em total conformidade com os padrões de conduta esportiva que a maioria dos envolvidos ao menos fingia respeitar. Uma coisa é cristalina: Fernando chegara à conclusão de que não haveria uma maneira de a equipe cuidar dele como fizera em Mônaco. Já era óbvio que Lewis tinha pouco ou nenhum interesse em ajudar o companheiro de equipe sacrificando seu próprio status. A parte mais deplorável da peripécia de Alonso é que foi uma inequívoca admissão de que ele era incapaz de competir com Lewis mano a mano, piloto a piloto; e o espanhol e seus fãs não gostaram nada disso.

Lewis venceu a prova e conquistou mais dez pontos; seu companheiro de equipe chegou em 4º e marcou cinco pontos, mas a Ferrari se deu bem na corrida pelo título de construtores. Se esse fosse o único problema da McLaren, o fim de semana teria sido um sucesso. Embora o *Pitlanegate* tenha sido resolvido, pelo menos no que diz respeito às consequências, o *Spygate* ameaçava a própria integridade do esporte.

No decorrer das semanas anteriores ao GP da Hungria, Alonso foi às rádios esportivas espanholas para reclamar sobre sua situação – a seu ver, desafortunada – na McLaren. Pode-se imaginar que no mundo que existia antes da explosão das mídias sociais Alonso talvez tenha pensado que a barreira da língua pudesse lhe dar alguma privacidade para extravasar sua indignação pública. Não dava. A mídia da Fórmula 1 percebeu isso e estava de olho. Fernando plantou as sementes de um ambiente nocivo para Hamilton.

Bizarramente, Alonso tirou proveito até mesmo de uma campanha de caridade para dar alfinetadas em seu companheiro de equipe que eram, na melhor das hipóteses, juvenis e, na pior, racistas. A *F1 Racing* é uma revista britânica que se autodenomina "a revista sobre Grand Prix mais vendida do mundo". Para sua edição de agosto de 2007, a publicação pediu a cada um dos pilotos que desenhasse uma caricatura de seu companheiro de equipe, e esses desenhos seriam leiloados para caridade. A revista ficou surpresa quando todos os vinte pilotos concordaram em participar, e de fato recebeu as "artes" com antecedência suficiente para serem incluídas na edição de agosto.

Como seria de se esperar, os resultados variaram muito, mas até mesmo os organizadores do esforço filantrópico ficaram surpresos com o desenho de Lewis feito por Alonso. Na legenda acima da obra de Fernando, os editores escreveram: "Observe a palavra 'menino' rabiscada por Fernando no ombro de Lewis..."[8] As reticências pertencem aos editores, convidando o observador a preencher esse enorme e controverso espaço aberto pela imaginação artística de Fernando. Ao que parece, os editores entenderam tratar-se de algo bastante problemático, mas não avançaram para trazer à tona o que exatamente estava acontecendo com o bicampeão e seu companheiro de equipe. Essa piscadela e um aceno de reconhecimento ao racismo descontraído de Fernando levariam a uma catástrofe para a Fórmula 1 em um futuro muito próximo. Em situações assim, há inúmeras maneiras de apagar as implicações desse tipo de menosprezo. Uma delas é sugerir que um falante nativo de espanhol como Fernando talvez não tenha a consciência cultural de como isso pode ser percebido. Várias coisas parecem claras. Como você notará na imagem, Fernando teve o cuidado de reproduzir os logotipos dos patrocinadores no uniforme de piloto de Lewis. Obviamente, em lugar algum na parte superior do macacão consta a palavra "menino", então a adição de Fernando foi feita para sinalizar o que ele pensava de seu companheiro de equipe – na melhor das hipóteses para infantilizá-lo e, na pior, para criar um estereótipo racializado por meio dessa mesma linguagem. Trocando em miúdos, Lewis era um novato, tinha 22 anos, mas o espanhol era apenas quatro anos mais velho; não havia exatamente uma divisão geracional.

Esse desenho, em combinação com o comentário ainda mais desequilibrado de Fernando sobre a nacionalidade da equipe e do piloto, cria uma narrativa difícil de evitar: Alonso estava empenhado em atribuir à identidade a culpa pelas circunstâncias, pelo desempenho ou o não desempenho. Lewis, que na mente de Alonso era o "menino", estava derrotando-o, e não poderia ser porque era um piloto melhor. Essa toxicidade levou ao fim do relacionamento de Fernando com a McLaren e o assombraria até hoje em suas interações com Hamilton; e o problema Stepney ainda estava por vir.

———————

Na mesma edição que continha as caricaturas, a *F1 Racing* cobriu a catástrofe anunciada em um pequeno artigo intitulado: "O 2007 da McLaren será destruído?" O artigo cita o seguinte trecho de um comunicado à imprensa da FIA:

> Os representantes da equipe foram chamados para prestar esclarecimentos acerca de uma acusação de que entre março e julho de 2007, em violação ao Artigo 151c do Código Esportivo Internacional, a Vodaphone McLaren Mercedes teve posse não autorizada de documentos e informações confidenciais pertencentes à Scuderia Ferrari Marlboro, incluindo informações que poderiam ser utilizadas para planejar, projetar, desenvolver, construir, verificar, testar, desenvolver e/ou operar um carro de Fórmula 1 da Ferrari de 2007.[9]

A resposta curta é que a temporada seria de fato destruída em grande medida. O chefe de mecânicos Nigel Stepney, a peça central nessa controvérsia, era uma figura bem-conceituada na Fórmula 1, um membro essencial do sucesso que Michael Schumacher teve na Ferrari antes de se aposentar em 2006. Parece que Stepney havia recrutado a esposa para reproduzir documentos (por ele roubados) em uma loja local de cópias e impressões, onde um fã de carteirinha da Ferrari, muito consciente, percebeu a importância dos documentos e entregou toda a papelada à FIA. Os problemas da McLaren estão inextricavelmente relacionados à insatisfação de Fernando. Um artigo de Jake Nichol publicado em 2023 no site *Racing News 365*, "Os maiores escândalos da F1: McLaren multada em 100 milhões de dólares pelo *Spygate*", revela que, como consequência do quiproquó na Hungria, as coisas ficaram péssimas entre Alonso e a equipe. No artigo, Nichol informa que:

Alonso perdeu cinco posições no grid, a McLaren foi punida e sua pontuação nesta etapa do mundial de construtores foi eliminada, mas uma discussão entre Alonso e Dennis reacendeu o *Spygate*, e durante o bate-boca Alonso ameaçou Dennis com a revelação de novas informações sobre o *Spygate* para a FIA, além de fazer uma exigência. Por mais de uma década, apenas um grupo muito pequeno e seleto de pessoas sabia o que de fato aconteceu, mas, em 2018, a *BBC Sport* revelou que Alonso exigiu que a McLaren tomasse providências para que Hamilton ficasse sem combustível na corrida.[10]

Só para deixar claro: após bloquear Lewis nos boxes e impedi-lo de ter uma chance de disputar a pole, Fernando Alonso exigiu que a equipe sabotasse o carro de seu companheiro de equipe, para que ele parasse durante a corrida – os mecânicos receberiam ordens para abastecer de maneira inadequada o carro de Hamilton. Diante das ameaças de Fernando, Ron Dennis procurou a FIA, que reabriu a investigação, o que resultou na multa sem precedentes e na eliminação da equipe da corrida de construtores. Fernando, a história sugere, percebeu que Dennis tinha ido à FIA e, antes da corrida no domingo na Hungria, disse que não queria mais que o carro de Lewis fosse sabotado e concluiu que não queria dar mais informações à FIA.

É difícil imaginar como o relacionamento entre os envolvidos nessa controvérsia poderia ser reparado. Ademais, uma multa de 100 milhões de dólares é um lançamento especial no balancete de uma corporação e difícil de explicar aos acionistas, pessoas que estão interessadas em vender luxo, não nos meandros das corridas de F1. Fernando ficou em uma posição difícil. Nenhum piloto, sobretudo um bicampeão mundial, quer ser desafiado por um companheiro de equipe, muito menos um novato cujo talento ainda não foi comprovado em temporadas na categoria. A caricatura que Fernando fez de seu companheiro de equipe, na qual o rotulou de "menino", indica um explícito desrespeito por Lewis, agravado pela questão da raça. O problema era que, para Alonso, era inaceitável ser superado por alguém que estava lá para aprender e simbolizar diversidade – e não para prejudicar sua reputação. E pensar que ainda restavam seis corridas na temporada.

Lewis Hamilton e Max Verstappen se acidentam no Grande Prêmio italiano em 2021, poucos dias antes do Met Gala.
Zak Mauger / Getty Images

Lewis e convidados no Met Gala 2021, em Nova York.
Dimitrios Kambouris / Getty Images

Lewis comemora a conquista do campeonato mundial de 2011 com sua companheira à época, Nicole Scherzinger.
Clive Mason / Getty Images

Lewis e outros pilotos protestam contra racismo policial.
Mark Sutton / Getty Images

Lewis protesta contra o assassinato de Breonna Taylor por policiais.
Getty Images

Lewis e sua mãe, Carmen Larbalestier, depois de ter sido condecorado cavaleiro em 2021.
Andrew Matthews / Getty Images

Lewis no Met Gala de 2024.
Dia Dipasupil / Getty Images

Emocionados, Lewis e seu pai, Anthony Hamilton, comemoram a vitória em Silverstone em 2024.
Mario Renzi / Getty Images

CAPÍTULO 12

TRÊS CORRIDAS

EM UMA ENTREVISTA DE 2024 PUBLICADA NO SITE DA EQUIPE MERCEDES, questionaram Lewis sobre de qual corrida ele gostaria de mudar o resultado, e ele citou três.[1] É provável que os entrevistadores quisessem focar no fiasco de Abu Dhabi em 2021. Lewis não decepcionou. Ele incluiu essa na lista, mas a primeira prova que ele mencionou foi de sua temporada de estreia: o Grande Prêmio da China de 2007. A segunda foi a da Malásia de 2016 e, em seguida, a corrida de Abu Dhabi em 2021. Ao encerrar a análise da temporada de estreia de Hamilton, o Grande Prêmio da China é instrutivo, informativo e formativo de tudo o que se seguiu na carreira de Lewis. É por isso que, dezessete anos depois, ainda o preocupa.

Após a controvérsia interna da Hungria, a temporada de 2007 ainda tinha seis corridas, e o novato mantinha uma vantagem de sete pontos sobre Alonso. Logo após o GP realizado em Hungaroring, as equipes se encontraram na Turquia, onde um dos pneus do carro de Hamilton estourou, obrigando-o a voltar para os boxes, incidente que o fez cair para a quinta posição, que o inglês manteve até o final. Felipe Massa continuou sua ascensão pela equipe Ferrari e venceu a corrida, seu companheiro de equipe conquistou o segundo lugar e Alonso completou o pódio em terceiro. A liderança de Lewis sobre seu companheiro de equipe agora caíra para cinco pontos, com cinco corridas restantes.

No icônico Grande Prêmio da Itália em Monza, Fernando superou Lewis na pole e terminou em primeiro, Lewis agarrado ao segundo lugar. Agora a liderança de Hamilton em relação a Alonso era de apenas três pontos.

A 14ª etapa da temporada, o Grande Prêmio da Bélgica, foi disputada no Circuito de Spa-Francochamps. Nos treinos de classificação, as Ferraris asseguraram a primeira fila no grid, Kimi na pole e Felipe na P2. Fernando superou Lewis de novo, e a dupla de McLaren ficou com o terceiro e o quarto lugares na segunda fila. Na largada, a ordem se manteve, mas não sem alguma dose de drama. Alonso lutou contra uma das investidas iniciais de Lewis, forçando-o a sair da pista. Na bandeira quadriculada, a corrida terminou como começou, Lewis fora do pódio – e agora apenas dois pontos à frente de Alonso.

Para a 15ª etapa, o campeonato rumou para o Extremo Oriente: 67 voltas no Fuji Speedway em Oyama, Shizuoka, a primeira vez que o Grande Prêmio do Japão foi realizado fora de Suzuka desde o final dos anos 1970. Nenhum dos pilotos tinha a mínima experiência a bordo de um carro de F1 nessa pista. Onde quer que seja realizado, o Grande Prêmio do Japão tem chances de ser atormentado pelas condições climáticas. As primeiras rajadas de chuva pararam no início dos treinos classificatórios, mas a pista ainda estava encharcada, o que levou as equipes a despachar os pilotos para a pista com pneus de chuva. Lewis se destacou e liderou a classificação, Fernando em segundo. As Ferraris não ficaram muito atrás, garantindo P3 e P4.

A chuva pode ter poupado as sessões de treinos classificatórios, mas voltou para a corrida. Choveu tanto que os comissários de corrida dispensaram a largada tradicional e mandaram os carros para trás do safety car. Isso continuou por excruciantes dezenove voltas, e as Ferraris entraram nos boxes para colocar pneus de chuva "extrema".

O safety car saiu do caminho na 20ª volta, e as Ferraris, por terem parado para trocar pneus, acabaram ocupando as duas últimas posições. Como era previsível, a corrida teve vários acidentes, pois os pilotos sofreram com a aderência. Na verdade, Fernando Alonso foi vítima de um acidente que o tirou da prova. No que equivaleu a uma guerra de atrito, Lewis acabou conquistando a vitória e dividindo o pódio com Heikki Kovalainen da Renault e Räikkönen da Ferrari. Mais importante, Hamilton ampliou sua liderança para doze pontos sobre seu companheiro de equipe, com apenas duas corridas restantes. Lewis parecia pronto para alcançar o impossível, um título de campeão mundial em sua temporada de estreia, mas então veio o GP da China – uma das três corridas que Lewis um dia desejaria poder mudar.

A natureza extenuante de uma temporada de Fórmula 1 desgasta todo mundo. Mas, em 2007, Lewis parecia ter recuperado um segundo fôlego com as tempestades no Japão e foi para a China surfando em uma onda de momento positivo. A matemática estava do lado de Hamilton. Após o desastroso acidente de Fernando no Japão, apenas Kimi Räikkönen e sua Ferrari, dezessete pontos atrás de Lewis, poderiam ameaçar seu título.

Para avisar que não era carta fora do baralho, Kimi foi o mais rápido em todos os três treinos livres e nas duas primeiras partes do treino oficial de classificação. Quando mais precisava, Lewis fez uma volta épica na Q3 e, em um apertadíssimo duelo, arrancou a pole de Kimi, com Massa em terceiro e Fernando à deriva na P4.

Por conta de um tufão na costa leste da China, foi outra corrida sob aguaceiro. As condições não eram tão ruins quanto no Japão, então a prova ocorreu normalmente, e todos os pilotos usaram pneus intermediários. A chuva parou, e o asfalto da pista não demorou a secar. A ordem dos quatro primeiros lugares de largada permaneceu a mesma. A McLaren planejou uma estratégia antes da corrida e estava determinada a segui-la. Por causa dessa estratégia, os pneus de Hamilton se desgastaram muito rapidamente. Lewis abriu demais em uma curva, Kimi aproveitou o lapso, partiu para cima e assumiu a liderança.

Nesse ponto, estava claro para todos que Hamilton não poderia continuar com os pneus "na lona", e, contanto que conseguisse se segurar a segunda posição, ainda deixaria a China liderando o campeonato de pilotos. Então, o desastre aconteceu.

Nesse circuito, a entrada nos boxes exigia que os pilotos fizessem uma curva fechada para a esquerda. A condição dos pneus de Hamilton não permitiu, e, quando ele enfim resolveu fazer o pit stop, acabou na brita. E não saiu de lá. O primeiro abandono de prova de Lewis da temporada ocorreu no momento mais inoportuno, abrindo a porta para outros pilotos que antes estavam matematicamente excluídos da disputa pelo título do campeonato. Räikkönen segurou a ponta para vencer o Grande Prêmio. Alonso chegou em segundo lugar, e Felipe Massa subiu ao terceiro degrau no pódio. Lewis deixou a China liderando o campeonato quatro pontos à frente de Alonso e com sete de vantagem sobre Räikkönen.

O deslize estratégico – a incapacidade de ser decisivo conforme as condições mudavam na pista – é a razão pela qual essa corrida assombra Hamilton até hoje.

———————

A última etapa da temporada levou as equipes ao Brasil, onde o resultado da corrida decidiria a coroa do piloto. Para conquistar o campeonato mundial, tudo o que Hamilton precisava fazer era terminar entre os quatro primeiros, não importava o desempenho dos outros pilotos.

Lewis mostrou estar em forma sólida, classificando-se em segundo atrás de Felipe Massa no grid, ao mesmo tempo garantindo o recorde de piloto novato com mais largadas na primeira fila. Räikkönen e Alonso completaram a segunda fila, o que colocou três pilotos em posição de ganhar o título.

Hamilton fez seu nome na corrida de abertura da temporada na Austrália, quando suas expectativas para si mesmo excederam as do público, aproveitando uma oportunidade na primeira curva para melhorar sua posição. A largada de Lewis na última corrida da temporada foi ruim. Isso era difícil de explicar depois que ele começou a temporada como um piloto inexperiente, fazendo manobras ousadas e decisivas que o prepararam para grandes chegadas. Na última e decisiva corrida, a largada de Lewis foi hesitante, o que seria de se esperar em seu primeiro Grande Prêmio, não na derradeira etapa da temporada. Lewis imediatamente cedeu posição para ambas as Ferraris, e não muito longe na primeira volta foi ultrapassado por Alonso. Durante o episódio, ele travou os pneus e caiu para um devastador oitavo lugar antes do fim da primeira volta. O título estava escapando-lhe pelas mãos.

O drama não parou por aí. Várias voltas depois, enquanto Hamilton lutava para devolver ultrapassagens e recuperar posições, um defeito na caixa de câmbio assolou sua McLaren. Por agonizantes trinta segundos ou mais, os carros passaram por Hamilton enquanto ele lutava para fazer seu carro voltar a funcionar. Quando o computador enfim se reiniciou e o carro recobrou a potência, o prejuízo já era imenso: ele se viu em 18º lugar.

As Ferraris aceleraram para longe, e o campeonato acabou. No fim das contas, depois de dezenas de voltas de recuperação nas quais tentou chegar de novo ao quarto lugar, Lewis terminou em sétimo, perdendo o campeonato por um único ponto para um extasiado Kimi Räikkönen. A Ferrari conseguiu ganhar os títulos de pilotos e de construtores, porque a McLaren havia sido banida da competição por equipes.

Lewis se anunciou como uma estrela na Fórmula 1, apesar de ter perdido o campeonato. Mas havia perguntas. Ele cometeu graves erros quando a pressão estava no auge, e a questão de se ele tinha os atributos necessários para ganhar um título teria que esperar até a temporada de 2008, porque, com base no final de 2007, a resposta era "não". O xis da questão era saber qual dos dois: *"ainda* não" ou "não, *e ponto-final"*.

Por mais incerto que o futuro de Hamilton parecesse, o destino de Fernando Alonso estava tão firme quanto um carro atolado no cascalho. Farto de Lewis e da McLaren, o espanhol rescindiu seu contrato. Alonso voltou para uma de suas antigas equipes, a Renault. Se essa mudança aliviaria ou não a animosidade entre Lewis e Fernando, ainda não se sabia. O início da temporada de 2008 estava a apenas alguns meses de distância. Ninguém poderia imaginar o que estava por vir.

CAPÍTULO 13

DIZER EM VOZ ALTA O QUE É SILENCIADO

PARA OS ATLETAS, a segunda temporada gira em torno das perguntas que permaneceram sem resposta na primeira. A questão mais importante para um atleta é provar que a primeira temporada não foi um acaso – que o sucesso não subiu à cabeça e que ele não desistiu do trabalho duro que lhe rendeu o sucesso de novato. Para Lewis em particular, o fracasso de bater na trave na hora de fechar o campeonato o deixou suscetível à crítica de que ele não era capaz de enfrentar a pressão dos grandes momentos. Eles poderiam e seriam resolvidos na pista.

A instituição Fórmula 1 também tinha coisas pendentes a resolver. O que muitos talvez tenham pensado que equivaleria a uma demonstração de bons sentimentos e de que a categoria era um lugar de diversidade acabou sendo muito mais do que isso. Lewis tornou-se o rosto da Fórmula 1 e, ao fazer isso, humilhou um de seus antigos campeões. Cabia ao futuro dizer se a F1 capitalizaria esse sucesso e promoveria Hamilton de maneiras que seriam desconcertantes para pessoas com ideias antiquadas. Havia um público inexplorado, e a F1 tinha que decidir se e como queria fisgá-lo. Embora Lewis tenha redesenhado a paisagem do automobilismo, uma de suas equipes mais famosas estava atolada em escândalos; seria capaz de se recuperar? Ao fim e ao cabo, a verdadeira questão era: a Fórmula 1 é flexível o suficiente a ponto de ter um lugar para Hamilton? Ele conseguiria "se encaixar"?

Esta última questão é a que Hamilton menciona até hoje, sempre afirmando que ele simplesmente não era adequado. Trata-se, sejamos claros, de um eufemismo para o que significava a presença de uma pessoa negra na Fórmula 1 e que inquestionavelmente também demonstrava dominância no esporte. Lewis e seu pai com frequência aludem, de modo velado, à reação negativa que receberam ao longo de sua jornada até a F1. Seria ingênuo presumir que alcançar ao topo do esporte resolveria de súbito o sentimento de não se encaixar sem ter de confrontá-lo diretamente.

A caricatura de Alonso que apareceu na revista *F1 Racing*, aquela em que ele rabiscou a palavra "menino", nunca foi confrontada para valer. Seja lá qual tenha sido a intenção de Fernando com seu desenho, há quem, ao ver essas coisas, deleite-se em suas piores inclinações em relação à questão racial. Fernando Alonso, o bicampeão mundial, mudou-se para a McLaren e foi atropelado por um novato. Na esteira do truque que ele aprontou na Hungria para bloquear a volta de classificação de seu companheiro de equipe, Alonso retornou à Renault; além disso, nos últimos anos revelou-se sua exigência de que Lewis fosse forçado a abandonar a corrida por falta de combustível. Tudo isso vai junto com sua canhestra tentativa de chantagear a equipe. Nada disso funcionou. Seus fãs estavam ansiosos para ver Lewis, que eles acreditavam ter sido o responsável por sua derrocada na McLaren, humilhado.

A temporada de 2008 da F1 foi configurada para ser emocionante e com potencial para controvérsia. O pontapé inicial foi a reunião das equipes para a realização dos testes coletivos de pré-temporada, em que carros e pilotos tiveram a chance de ver seu nível de competitividade após a pausa. Os testes de 2008 estavam ocorrendo no quintal de Fernando Alonso, nos arredores de Barcelona, onde em 2007 ele teve um desempenho abaixo do esperado. O jornal *The Guardian* cobriu sem papas na língua os eventos que se desenrolaram na Espanha. As manchetes registraram os acontecimentos nos testes de forma simples e provocativa: "Racistas espanhóis expressam ódio por Hamilton". Em um dos trechos, lê-se:

> Nos testes de pré-temporada realizados em fevereiro em Barcelona, ele foi hostilizado por um grupo de torcedores espanhóis que pintaram o rosto de preto, vestiram perucas e camisetas estampadas com as palavras "Família de Hamilton". Esses torcedores vaiaram o piloto britânico e o chamaram de "preto de merda".[1]

Os "torcedores" foram filmados, e a FIA se viu obrigada a responder a essa situação sem precedentes lançando uma campanha antirracismo semelhante à promovida pelos escalões mais importantes do futebol mundial. A organização chamada "Every Race"* emitiu uma concisa condenação do vexame ocorrido no circuito em Barcelona: "Discriminação e preconceito não podem ter lugar no esporte ou na sociedade. Todos em nosso esporte se juntarão a nós para condenar esses comentários abusivos e odiosos".[2] O "todos", infelizmente, não incluiu Fernando Alonso.

O site de esportes a motor da ESPN cobriu o episódio, e, em 20 de fevereiro de 2008, publicou um artigo da *Associated Press* intitulado "Após incidentes contra Hamilton, Alonso ignora alegações de racismo". Cita-se a seguinte declaração de Fernando:

> Este não é um país racista. Foi uma coisa isolada, e, quanto menos se falar sobre isso, melhor. Havia gente fantasiada para curtir o Carnaval, e vejam só o que aconteceu. Já me chamaram de cachorro, e ninguém saiu em minha defesa (...) Não creio que seja necessário fazer uma campanha antirracismo como a que a FIA quer organizar no Grande Prêmio de Barcelona.[3]

A declaração de Alonso era preocupante por vários motivos. Em primeiro lugar, foram ataques evidentemente racistas, mas o piloto espanhol quis minimizá-los entendendo-os como incidentes isolados. De acordo com Fernando e outros "passadores de pano", a Espanha tem racistas, mas não é um país racista. Em segundo lugar, Alonso tentou inverter a narrativa, colocando-se no centro da situação, e mencionou algum episódio em que alguém o chamou de "cachorro", sem fornecer contexto ou detalhes, mas afirmando ter a impressão de que o caso de Lewis teria sido um acidente trivial, do tipo que estudantes universitários bêbados consideram "baixaria de festa". Por fim, é preciso empreender um grande esforço para tentar imaginar que mal uma campanha antirracismo poderia fazer. Fernando quer apenas silêncio sobre o assunto, como se presumisse que esse tipo de agressão não acontecerá de novo, mas, se acontecer, terá sido um incidente isolado. Ele parece estar dizendo: "Quem se importa com isso?".

Apesar da declaração de Alonso, a Espanha estava em crise em relação a Lewis Hamilton. A hostilidade dos torcedores espanhóis contra

---

* Em inglês, a palavra *race* significa tanto "raça" quanto "corrida". (N. T.)

Hamilton ultrapassava o simples coração partido pelo britânico ter derrotado Alonso e o feito fugir da McLaren com o rabo entre as pernas. Para as pessoas que lançaram insultos racistas a Hamilton, a motivação para aquilo tudo era o fato de Lewis ser negro. Simultaneamente aos eventos na pista de testes, um site espanhol local incentivou fãs a espetar pregos e alfinetes em uma imagem do circuito, para que os espíritos danificassem o carro de Hamilton. A exemplo dos torcedores racistas que compareceram à pista de testes para hostilizar Lewis, outro site, também sediado na Espanha, estava preocupado com a ascendência de Hamilton e o chamou de "mestiço" – atitude que levou a matriz do site, de Nova York, a fechá-lo.

Lewis, dando continuidade à prática desenvolvida por Anthony, admitiu que ficou incomodado com o incidente, mas "seguiu em frente". Quando pensamos na estratégia defendida pelo pai Lewis – "O que você tiver que falar, fale na pista" –, fica evidente sua ineficácia para combater efetivamente o racismo. Sem dúvida, Lewis falava com veemência, em alto e bom som, na pista. Sua habilidade era inquestionável. O problema com "falar na pista" é que a resposta à excelência de Lewis foi uma série de ataques racistas. Não seria a última vez que Fernando se envolveria, como personagem principal ou coadjuvante, em um caso de racismo na Fórmula 1, esporte que, apesar dos argumentos em contrário do piloto espanhol, tem um problema com racismo que já dura muitos anos.

Avançando uma década ou mais a partir de 2008, Lewis tem um histórico de engajamento na luta global antirracismo, tanto como ativista pessoal quanto fundador de um projeto social. No devido tempo, examinaremos de perto aquela que é, sem discussão, a rivalidade definidora da carreira de Lewis – com o holandês Max Verstappen –, mas, ao refletirmos sobre o racismo na Fórmula 1, é apropriado discutir de modo breve um aspecto específico da complexidade entre eles.

Por associação, o piloto holandês Max Verstappen tornou-se próximo de Nelson Piquet pai. A filha de Nelson, Kelly, está em um relacionamento sério com o piloto holandês há algum tempo. Assim, Piquet se manteve firme ao lado do parceiro de sua filha durante a árdua campanha da F1 em 2021. Em novembro daquele ano, Piquet deu uma entrevista a um podcast no Brasil sobre o polêmico acidente em Silverstone que abre este livro. O ex-piloto brasileiro criticou Lewis pelo acidente e, em sua fala, usou o termo "neguinho" para se referir a Hamilton. Com conotações positivas, em sentido de deboche ou de tratamento carinhoso, a palavra pode ser traduzida como "jovem negro", mas há a implicação e o contexto mais terríveis em que se traduz pejorativamente como "crioulo" ou "preto safado", equivalente ao ofensivo *nigger* do inglês estadunidense, associado aos tempos da escravidão.[4]

Quando a entrevista veio à tona, a Fórmula 1, a Mercedes e a FIA, de acordo com uma matéria de Matias Grez publicada no site da CNN em 29 de junho de 2022, "condenaram Piquet por usar o insulto racial".[5] Hamilton respondeu aos comentários de Piquet em uma série de postagens no Twitter (agora X), escrevendo em português: "Vamos focar em mudar a mentalidade". Lewis foi além, dizendo:

> Chegou a hora de agir contra o racismo. É mais do que linguagem. Essas mentalidades arcaicas precisam mudar e não têm lugar em nosso esporte (...) Fui cercado por essas atitudes e fui alvo durante toda a minha vida. Já houve muito tempo para aprender. Chegou a hora da ação.[6]

Isso é o oposto de deixar para falar na pista e esperar que as coisas melhorem. O ambiente dentro da Fórmula 1 também evoluiu além das ideias de Alonso da temporada de 2008. O piloto australiano Daniel Ricciardo talvez tenha sido o mais articulado em responder tanto ao incidente racista quanto ao exemplo de Lewis. A matéria de Grez no site da CNN cita a postagem que Ricciardo fez em seu Instagram.

> Discriminação e racismo não têm lugar neste esporte ou em nossa sociedade. Aqueles que ainda escolhem espalhar ódio e usar essas palavras não são meus amigos.
>
> Quero expressar gratidão a Lewis por todo o trabalho que ele tem feito dentro e fora das pistas não apenas para espalhar mensagens de igualdade, mas combater esse ódio.
>
> Nunca lidei com nenhuma ação motivada por raça, mas ele, sim, lidou com isso por toda a sua vida. Ainda assim, em cada episódio sua resposta ao ódio é motivada pela maturidade, positividade e disposição

para educar o mundo sobre como devemos agir. Estou com ele e farei o que puder para segui-lo e apoiá-lo.[7]

Todo esse furor estimulou as pessoas a olharem mais a fundo para Nelson Piquet pai. Como dissemos, Piquet tinha um histórico de comentários ofensivos, optando por se autodenominar "um brincalhão". Como era previsível, ele fez outras declarações preconceituosas sobre Lewis. Em 2016, Lewis, em uma temporada extenuante, perdeu o título para seu companheiro de equipe Nico Rosberg; na mesma entrevista de 2021, Piquet sugeriu que se Lewis não estivesse tão ocupado fazendo sexo com homens, teria sido vitorioso.[8]

A Aliança Nacional LGBTI+ do Brasil entrou com uma ação judicial por "danos morais" contra o preconceituoso ex-piloto, que resultou em condenação na forma de pagamento de uma multa de 950 mil dólares (5 milhões de reais) pelos comentários racistas e homofóbicos sobre Hamilton. O apoio que Lewis ganhou por meio de seu exemplo não vem apenas de seus colegas pilotos e das estruturas da Fórmula 1, mas também de organizações de direitos humanos, que o veem como uma pessoa digna de proteção, assim como todas as outras.

A resposta da comunidade da F1 também melhorou em relação à resposta ao que ocorreu quando Lewis ainda aprendia a duras penas como administrar a compreensão de sua negritude em 2011 durante o Grande Prêmio de Mônaco. Nessa corrida, Lewis continuava enredado em uma sequência difícil de se imaginar como alvo de investigações e visitas dos comissários de prova para receber advertências. Quando indagado a respeito, ele respondeu dizendo: "Talvez seja porque sou negro. É o que [o personagem interpretado pelo comediante britânico Sacha Baron Cohen] Ali G diz, eu não sei". A reação foi feroz, e o oposto da resposta ao racismo de Nelson Piquet pai uma década depois. O site *Bleacher Report* publicou um artigo intitulado "Após sofrer penalidades no Grande Prêmio de Mônaco, Lewis Hamilton apela para o argumento do racismo". Escrito por Barry Rosenberg, o artigo criticou Hamilton, enfatizando que o piloto pediu desculpas aos comissários de prova por sua "piada ruim" e que "este observador gostaria de saber de Hamilton qual seria o momento certo para dizer: 'Talvez seja porque sou negro'. Eu gostaria de saber qual parte disso é engraçada. Lewis Hamilton tem o mesmo sentimento de direito adquirido que Ayrton Senna tinha – como se Deus estivesse do seu lado e o mundo lhe devesse alguma coisa. Espero que ele não termine sua carreira da mesma forma que Senna terminou". As duas frases finais do artigo são surpreendentes por vários motivos. O primeiro é que não há evidências de que Lewis Hamilton tenha proclamado um senso de direito divino; além disso, refere-se de forma pavorosa e sensacionalista à morte do piloto brasileiro na Itália em 1994.[9]

Isso era de se esperar. O mesmo jornalista, na mesma publicação, apenas dois dias antes, ridicularizara Hamilton e terminara seu ataque afirmando que "mas como homem, como pessoa, ele é uma praga para a sociedade inteligente. Se ele simplesmente se calasse, ganharia respeito". Rosenberg estava alardeando a mesma noção que Fernando propôs em resposta aos racistas em Barcelona: apenas fique quieto. Hamilton estava se tornando um piloto a quem ninguém seria capaz de dizer "cale a boca e dirija".

Por ironia, no Grande Prêmio de Miami de 2024, outra resposta relacionada à questão da raça foi dada à imprensa, desta vez por Fernando Alonso, agora defendendo a equipe Aston Martin. O espanhol foi penalizado por sua direção, ao passo que seu eterno inimigo, Lewis, não. Na primeira curva, Alonso colidiu com seu companheiro de equipe da Aston Martin (Lance Stroll) antes de bater também em Hamilton. Fernando culpou Lewis e continuou argumentando que estava sendo penalizado por ser espanhol. As polêmicas declarações foram relatadas por Lawrence Edmondson, editor de F1 da ESPN.

> "Eu tinha que abrir a brecha, porque Hamilton estava vindo de dentro sem controle do carro, então se eu fizesse isso com certeza receberia a penalidade", disse Alonso.
>
> Mas, falando diretamente após a sprint race [corrida curta], o espanhol acrescentou que não esperava que Hamilton fosse penalizado. "Acho que eles não vão decidir nada, porque ele não é espanhol. Mas acho que ele arruinou a corrida de algumas pessoas."
>
> Horas depois, indagado sobre se realmente julgava que a nacionalidade influenciava as decisões dos comissários de prova, Alonso acrescentou: "Eu sinto que a nacionalidade importa e falarei com Mohammed [Ben Sulayem, presidente da FIA], com a FIA, seja lá o que for.

"Preciso ter certeza de que não há nada de errado com minha nacionalidade ou qualquer coisa que possa influenciar qualquer decisão, não apenas para mim, mas também para futura geração de pilotos espanhóis, eles precisam ser protegidos."[10]

Fim da linha para a insistência de Fernando de que o caminho adequado era o silêncio diante de atos de racismo, reais ou, neste caso, imaginários. Não há evidências de que Alonso estava sendo penalizado em função de sua nacionalidade, mas ele achava que merecia uma reunião com o presidente da FIA. Em seu nível mais básico, trata-se de outro maldisfarçado ataque de Fernando a Hamilton, um ataque que é, pelo menos, implicitamente racista. Nesse caso, ele está dizendo que Lewis, por ser negro, não será penalizado. Ao contrário da exigência de um pedido de desculpas pela "piada" de Lewis em Mônaco em 2011, Alonso teria se reunido de fato com a FIA, mas não há informações disponíveis sobre essa reunião. Também não há pedido de desculpas, esclarecimento ou evidência disponível. Lewis exerceu um interessante efeito na cultura da Fórmula 1. Ele criou o espaço para Alonso alegar que era vítima de intolerância, quando até então o *status quo* era exigir silêncio.

Toda essa experiência pessoal com uma gama de "ismos" e fobias não pode ser descartada quando pensamos nos esforços de Lewis por justiça social, dentro e fora da Fórmula 1. É importante observar que as preocupações de Hamilton vão além da raça, da mesma forma que ultrapassam as fronteiras da Fórmula 1. Pessoas como Nelson Piquet pai interpretam a preocupação de Lewis com os direitos LGBTQ+ (evidenciada quando Lewis faz questão de ostentar as cores do arco-íris no capacete) como prova de que ele é um membro dessa comunidade, acusação que Lewis jamais dignificou com uma resposta. Em segundo lugar, além dos direitos das minorias e LGBTQ+, Hamilton está preocupado com a igualdade de gênero e de oportunidade. Ele institucionalizou isso com sua iniciativa Mission 44.

CAPÍTULO 14

O MAIOR E MELHOR DE TODOS OS TEMPOS?

NENHUMA CONVERSA SOBRE ESPORTES avança muito sem que venha à baila a pergunta "Quem é o maior e melhor de todos os tempos?". "Afinal, quem é o GOAT?" A maioria das pessoas dirá que foi Muhammad Ali, que, em 1964, autoproclamou-se o maior e melhor de todos os tempos, cimentando para sempre essa questão nos alicerces das discussões esportivas. Ali nunca se cansou de (re)afirmar essa declaração, nos bons e maus momentos, ao longo de sua vida. Se a doença de Parkinson não o tivesse silenciado tragicamente, não há razão para acreditar que Ali teria parado de dizer isso, o que nos indica que o veredicto sobre o GOAT não é uma pergunta do tipo "o que você fez por mim nos últimos tempos?". Para figurarem em uma lista de maiores e melhores de todos os tempos em qualquer esporte, os atletas precisam estabelecer tamanha distância entre si e os demais de modo que haja bem pouca necessidade de espaço adicional no topo dessa montanha. Os fãs de esportes têm uma eterna necessidade de questionar até mesmo as carreiras de atletas excepcionais. Isso nos leva à inevitável pergunta: "Quem é o maior e melhor de todos os tempos na Fórmula 1?".

Primeiro, devemos estabelecer o significado do termo. A questão do GOAT se complica quando enfileiramos uma série de absolutos. É a diferença entre as declarações "esta é a melhor pizza que comi este ano" e "esta é a melhor pizza que *qualquer pessoa* já comeu em *qualquer lugar, em qualquer momento da história do mundo*". Os argumentos em defesa do GOAT tendem para a última, em vez da primeira. Não é apenas o melhor desempenho que você já viu na vida com quaisquer ressalvas e restrições que você possa escolher. *Desta* edição da Olimpíada. *Desta* temporada. Para alguém com *menos de 1,90 metro* etc. Declarar uma pessoa como GOAT implica afirmar que não há a mais remota possibilidade de existir outro atleta com desempenho superior, em qualquer circunstância. É a parte "de todos os tempos" que sobrecarrega o maior e melhor.

No mundo da Fórmula 1, o debate sobre o GOAT concentra-se em três candidatos: Juan Manuel Fangio, Michael Schumacher e Lewis Hamilton. Mas há várias credenciais necessárias antes que um piloto possa chegar ao topo desse Monte Rushmore. Vamos dar uma olhada em algumas delas.

———

Para ser levado a sério, um atleta deve ter vencido vários campeonatos. Não importa qual seja o nível de habilidade de um piloto, se ele não tiver vencido vários títulos, não há a mínima chance de atender aos requisitos. Além da questão do número de campeonatos que um piloto vence, há uma nuance extra quando os títulos vêm em sequência. (Como exemplo, pense nos dois tricampeonatos do Chicago Bulls na NBA.) Campeonatos espalhados por diferentes eras de competição são outro fator relevante. Na Fórmula 1, vencer campeonatos não é apenas uma questão do ambiente competitivo, mas também de como um piloto é capaz de dominar as mudanças técnicas no esporte ano a ano. Tudo isso significa longevidade, outra credencial essencial dos aspirantes a GOAT.

Determinar o GOAT da F1 seria muito mais simples se a competição fosse dividida por eras, mas, de novo, o critério "de todos os tempos" torna isso impossível. É algo difícil em todos os esportes, mas no caso da F1 as mudanças técnicas no que entendemos como um "carro" complicam a discussão. Por exemplo, Fangio não poderia ter imaginado o que um carro de corrida de roda aberta seria capaz de fazer nos tempos modernos em relação à época em que ele brilhou, bem no meio do século XX. Na prática, isso também vale para a evolução do carro de Schumacher a Hamilton. Assim, determinar quem é o maior e melhor em todas as eras requer que um atleta tenha habilidades que assegurem que ele seria capaz de ser dominante em qualquer era na qual se encontrasse. Essa lógica raramente se aplica ao reverso: a maioria das pessoas se questionaria se Fangio conseguiria manter o alto nível no século XXI, mas não se perguntaria se Lewis seria um campeão na década de 1950. Então, quais são esses intangíveis?

Em primeiro lugar, há a vontade de vencer. Atletas profissionais querem vencer. É quase certo que o atleta profissional médio tem um desejo mais intenso de vencer do que a maioria das pessoas em geral. Vencer não é se esforçar muito, fazer o melhor que pode ou ter uma "experiência significativa". Vencer significa *vencer*, sem senões ou restrições. É isso que cria a distância entre o melhor e o resto. Os que se tornam candidatos ao epíteto de GOAT não recuam quando todos são vencedores. A vontade de vencer se mostra no que pode ser descrito caridosamente como comportamento patológico: um atleta está disposto a fazer sacrifícios extremos para vencer, mesmo quando outros profissionais podem estar se perguntando por que eles não estão contentes com o número x de campeonatos. Relacionamentos pessoais, dor física, angústia mental não são barreiras para o empenho em busca da vitória. Qualquer coisa e qualquer um pode ser sacrificado no altar da vitória, e por repetidas vezes.

Uma vez feita a separação entre os grandes e os bons, a decisão sobre quem é o GOAT se torna ainda mais difícil.

Agora que apenas os "maiores e melhores" entre os grandes estão na arena, é útil voltarmos ao ponto onde começamos. Os primeiros cálculos e medidas de grandeza são um puro jogo de números. O mais vezes, o mais rápido, a maior sequência, o mais curto, o mais longo. Após esse cálculo grosseiro de vitórias e derrotas, a conversa retorna aos intangíveis. O intangível seguinte é o que um atleta realiza em condições aquém das ideais. Fatores como recuperação de lesões, má sorte, equipamento abaixo do padrão ou, infelizmente, trapaça. No fundo do livro-razão está o que poderíamos rotular como o termo genérico de "espírito esportivo". Então, o que dizer destes três – Fangio, Schumacher e Hamilton?

Juan Manuel Fangio nasceu em 24 de junho de 1911, em Balcarce, Argentina, e morreu em 1995. Ganhou cinco campeonatos mundiais de Fórmula 1: 1951, 1954, 1955, 1956 e 1957. O site oficial da F1 mantém um "hall da fama" e é bastante claro quanto à sua opinião sobre a carreira de Fangio:

> Muitos o consideram o maior e melhor piloto de todos os tempos. Em sete temporadas completas de Fórmula 1 (perdeu uma recuperando-se

de uma lesão quase fatal), Fangio foi campeão mundial cinco vezes (por quatro equipes diferentes) e vice-campeão duas vezes. Nos 51 Grandes Prêmios que disputou na carreira, começou na primeira fila 48 vezes (incluindo 29 pole positions) e registrou 23 voltas mais rápidas a caminho de 35 pódios, 24 deles vitórias. Seu histórico superlativo foi alcançado por meio de algumas das mais formidáveis demonstrações de habilidade e ousadia já vistas. Fangio fez tudo isso com estilo, graciosidade, nobreza e um senso de honra nunca visto antes ou depois.[1]

Os números falam por si. Mas então chegamos à dificuldade de precisar definir de que maneira exatamente entenderíamos a carreira de Fangio em todas as eras do esporte. As últimas frases no memorial de Fangio no site da F1 falam sobre as nuances que há além e por trás dos números. Esse é o tipo de informação que implica que Fangio foi um competidor que teria sido dominante em qualquer era.

A sugestão de que o recorde de Fangio na pista foi "alcançado por meio de algumas das mais formidáveis demonstrações de pilotagem de um carro jamais vistas" é provocativa.[2] Essa é toda a base do argumento de que Fangio teria sido capaz de fazer isso acontecer na década de 2020 exatamente como fez na década de 1950. Nesse sentido, é revelador assistir ao vídeo de Fangio durante essa época. Os carros são muito mais lentos e lembram algo que alguém poderia montar com pedaços de metal de uma lata de lixo e pneus de bicicleta. No YouTube, há um vídeo que mostra Fangio testando uma Maserati em 1957. Ficamos impressionados com a exposição física dos pilotos e a ausência de trajes de proteção. Fangio parece estar prestes a cortar a grama em vez de testar um carro de corrida, vestido com roupas informais, uma camiseta e macacão com um capacete leve e óculos protetivos. Não há nenhum equipamento de segurança no carro. Na verdade, está claro que, se há um cinto de segurança, Fangio não se preocupa em afivelá-lo antes de dar algumas voltas rápidas. Não está claro como as câmeras foram montadas no carro, mas o vídeo propicia uma ótima demonstração de uma volta rápida no que era, sem dúvida, o carro mais avançado tecnologicamente e mais veloz do mundo na época. O visual e a sensação do vídeo têm uma nítida vibração de filme de Buck Rogers da década de 1950. Apesar da enorme diferença no ritmo absoluto entre esse veículo e o que vemos hoje, a genialidade e a habilidade de Fangio são patentes, assim como o absoluto perigo. Uma pedra solta na pista seria suficiente para matá-lo. Uma colisão teria sido catastrófica. Os carros são tão básicos quanto poderíamos esperar, mas a velocidade é real, e a natureza competitiva dos pilotos elimina a necessidade de imaginar que as corridas daquela época são menos competitivas do que as de épocas posteriores.[3]

O mais intrigante é a atenção dada ao caráter de Fangio, seu "espírito esportivo". Na biografia apresentada no site da Fórmula 1, a qualidade do caráter do piloto o eleva ao status de GOAT acima e além dos números.

> Ele era um verdadeiro cavalheiro em todos os sentidos da palavra, provando a exceção à suposta regra de que pessoas gentis e altruístas acabam ficando para trás na corrida da vida. Sua generosidade de espírito, senso de jogo limpo, constante cortesia, surpreendente humildade e pura humanidade eram universalmente elogiados e apreciados, sobretudo por seus pares.[4]

Isso é um gritante contraste com o próximo piloto a ser considerado aqui, o alemão Michael Schumacher, que quebrou o recorde de Fangio de cinco campeonatos mundiais em seu caminho para o atual pico do esporte, de sete conquistas. A introdução de Schumacher no site da F1 é reveladora:

> Desde que o Campeonato Mundial de Pilotos de Fórmula 1 começou em 1950, o título foi conquistado por 32 pilotos diferentes, 15 dos quais ganharam mais de um campeonato. Dos vários campeões, o mais prolífico foi Juan Manuel Fangio, cujo recorde de cinco títulos durou cinco décadas até ser eclipsado pelo piloto de maior sucesso na história do esporte. Sete vezes campeão, Michael Schumacher também detém quase todos os recordes de pontuação, por uma margem considerável. Embora sua ética tenha sido questionada algumas vezes, assim como sua decisão de retornar após se aposentar, seu absoluto domínio quando estava no auge está além de qualquer dúvida...

Essas questões sobre o caráter de Schumacher imediatamente colocam em crise a possibilidade de o alemão ser considerado o GOAT. O jogo dos números fala por si. Sete títulos mundiais (1994, 1995, 2000,

2001, 2002, 2003 e 2004). Das 306 largadas, Schumacher obteve 91 vitórias, incríveis 155 pódios, 68 pole positions e 77 voltas mais rápidas. Mas é importante levar em conta os lapsos éticos que atrapalham sua candidatura à condição de GOAT.

Durante a temporada de 1994, Schumacher pilotava uma Benetton, e houve sérias acusações de que seu carro utilizava equipamento não autorizado. Ayrton Senna disse que a Benetton estava empregando um controle de tração irregular que dava a Schumacher uma vantagem sobre os adversários.[5] As suspeitas nunca foram provadas, mas o que acabou sendo comprovado foi a maracutaia da equipe quanto ao uso de um sistema de reabastecimento não autorizado que diminuía o crucial tempo das operações de pit stop. Deixando de lado por um momento esse registro de trapaça, também devemos considerar o histórico de Schumacher de colidir de propósito com oponentes para obter vantagem competitiva. O título de Schumacher em 1994, seu primeiro, foi decidido na última corrida da temporada, na Austrália. Damon Hill e Schumacher entraram na corrida separados por um único ponto, o alemão à frente do britânico com um total de 92 pontos.

Na volta 35, Schumacher roçou o muro e danificou seu carro de leve, o que daria a Hill a oportunidade de ultrapassá-lo e arrebatar o campeonato. Percebendo a aproximação do britânico, Schumi agressivamente jogou o carro para cima dele e provocou a batida; como ambos abandonaram a corrida, Hill deu adeus ao título, que ficou com Schumacher. Esse episódio não foi um caso isolado.

Em 1997, Schumacher havia deixado a Benetton e estava em sua segunda temporada com a Ferrari. Durante o Grande Prêmio da Europa, Schumacher colidiu com Jacques Villeneuve, prejudicando ainda mais sua reputação (além dos carros). Em sua edição de 26 de outubro de 2020, a revista *Motor Sport* revisitou o incidente em uma matéria assinada por Jake Williams-Smith intitulada "Momento de loucura de Michael Schumacher em Jerez, 1997". Apesar de ter um carro abaixo do padrão, Schumacher chegou à corrida na Espanha liderando o campeonato e, contanto que terminasse à frente de Villeneuve, seria campeão mundial. Na volta 48, Villeneuve viu uma oportunidade de ultrapassar Schumacher. Quando o canadense deu o bote na curva para tomar o primeiro lugar, o alemão percebeu que levaria a pior, fechou a porta e provocou o choque na lateral do rival, que danificou parte dos componentes eletrônicos da Williams, mas Villeneuve conseguiu prosseguir na pista. Schumacher não teve tanta sorte, foi direto com sua Ferrari para a caixa de brita, ficou atolado e precisou abandonar a prova. A investigação da FIA após a corrida não favoreceu Schumacher, cujo tiro saiu pela culatra: o alemão perdeu todos os seus pontos no campeonato como punição por sua ostensiva tentativa de tirar o rival da prova.* De novo.

Por ironia, o terceiro golpe contra o caráter de Schumacher envolve seu colega trapaceiro Fernando Alonso. Durante a última sessão de classificação em Mônaco em 2006, Schumacher parou seu carro na curva Rascasse após travar os pneus, forçando a bandeira amarela para impedir que Alonso, que vinha atrás, assumisse a pole position. Por essa manobra, que Schumacher implausivelmente insistiu ter sido um erro do adversário, foi rebaixado para o final do grid na corrida de sábado, promovendo Alonso à pole. O espanhol venceu a corrida e o campeonato de pilotos de 2006. Esse é apenas mais um exemplo de como Schumacher empregou suas habilidades em uma estratégia de "vencer a todo custo" que, na minha opinião, o coloca atrás de Fangio.

E então temos Lewis.

A primeira temporada de Hamilton o estabeleceu como um piloto extraordinário. Vamos lidar com os números antes de entrar nos decisivos intangíveis. Até o momento em que este livro foi escrito, Hamilton ganhou sete títulos mundiais. De 339 largadas, ele tem 103 vitórias, 197 pódios, 104 pole positions e 65 voltas mais rápidas.

O que o mundo aprendeu com a primeira temporada de Lewis foi que ele era um piloto que sabia como vencer. A perda do título por apenas um ponto em 2007 foi redimida por uma conquista de título por apenas um ponto em 2008. Assim como no ano anterior, a temporada de 2008 foi decidida na corrida final e, neste caso, na última curva do Grande Prêmio do Brasil. No momento da escrita deste livro, o campeonato está sob escrutínio.

Felipe Massa entrou com uma ação judicial sem qualquer relação com alguma conduta de Hamilton. Durante o Grande Prêmio

---

* Villeneuve foi ultrapassado pela McLaren de Mika Hakkinen e David Coulthard. Mesmo em terceiro, ele levou o título mundial para o Canadá. (N. T.)

de Cingapura de 2008, Nelson Piquet Jr. (Nelsinho), filho do infame racista, aparentemente bateu de propósito, seguindo ordens dos chefes da equipe, para permitir que seu companheiro na Renault, Fernando Alonso, vencesse a corrida. Alonso esperava que Lewis lhe fornecesse esse mesmo tipo de apoio quando ambos correram pela McLaren. Depois que Piquet Jr. foi dispensado da Renault em 2009, o brasileiro admitiu os termos do que veio a ser conhecido como *Crashgate*. Felipe Massa, o segundo colocado atrás de Hamilton no campeonato de pilotos em 2008, moveu uma ação judicial em 2023 para anular o resultado daquela corrida e ser reconhecido como campeão do mundial de pilotos. Lewis manteve relativo silêncio sobre esse caso, mas, depois de ganhar seu primeiro título, outras seis temporadas se passaram até ele conquistar um segundo título.

Agora vamos nos voltar para os aspectos intangíveis. Assim como Fangio, Hamilton não possui em seu histórico qualquer mácula que sugira falta de princípios ou espírito esportivo. Na verdade, a resposta do piloto australiano Daniel Ricciardo à demonstração de racismo em 2008 demonstra o quanto Lewis é visto como um líder e modelo para um grande número de seus concorrentes. "Estou com ele e farei o que puder para segui-lo e apoiá-lo."

Quando, em 2008, Hamilton provou que os pessimistas – os céticos que afirmavam que ele "amarelaria" nos momentos finais necessários para garantir um campeonato – estavam redondamente enganados, a questão mudou para: "*Quantos* títulos ele ganhará?". Foi o início da chamada "Era Hamilton".

A revista *F1 Racing* colocou o piloto na capa de sua edição de janeiro de 2008 com uma manchete que prometia revelar "Lewis: a verdade completa". A pergunta que o entrevistador Stuart Codling quer responder é "até que ponto [Lewis] está pronto para comandar o desenvolvimento do novo carro e, então, dominar a temporada de 2008?". Esses são os primeiros indícios do debate em torno do GOAT, porque o autor não quer saber se o piloto, em seu segundo ano na F1, conseguirá reverter um déficit de um ponto, mas sim se ele será capaz de "dominar".[6]

A matéria gasta muito pouco tempo nos aspectos técnicos e na análise da capacidade de Lewis de se tornar o piloto número 1 e fornecer o feedback essencial para o desenvolvimento de um carro vencedor. Lewis, por sua vez, faz questão de que os leitores saibam que ele está pronto, afirmando que já mostrou isso.

> "Acho que posso acrescentar muito à equipe (…) na competição de 2007, embora eu fosse o segundo piloto, inexperiente em comparação com alguns outros, acredito que tive um grande impacto."[7]

Não haveria desculpas, e erros como aqueles que lhe custaram o título de 2007 não seriam atribuídos à inexperiência. A questão era se Lewis conseguiria lidar com a pressão antes da temporada de 2008 e, depois de ganhar um campeonato, de que forma atenderia às suas próprias expectativas e às dos outros. Nesse sentido, o texto de Codling dedica a maior parte de sua cobertura examinando o que poderíamos definir como efeito cultural de Hamilton, o que o autor chama de "Lewismania", calamidade que acometeu e despertou uma nova ou adormecida base de fãs.

> Mais interessante ainda era o perfil demográfico. Havia tantas famílias: homens na faixa dos 30 que não iam a um GP havia dez anos, trazendo junto esposas e filhos. Na maioria dos casos, eram essas mesmas esposas e filhos que insistiam em ir, porque também queriam ver Lewis correr. Então lá estava um público de F1 havia muito adormecido, e agora de novo entusiasmado, ao lado de um público novo – e ambos para ver o mesmo homem em ação.[8]

O que é curioso na análise de Codling sobre o impacto cultural de Hamilton é a completa ausência do fator racial – seja como vantagem ou obstáculo –, exceto por uma referência indireta à cultura negra no título do artigo: "Destiny's Child".* No entanto, na revista há nada menos que nove fotografias de Hamilton. Essa ausência de uma discussão sobre a negritude de Lewis é, sem dúvida, um dos intangíveis da competição do GOAT. Há referências a isso em muitos artigos e reportagens sobre o efeito que o piloto britânico exerceu no esporte nessa época. Tal elemento intangível é o que o desempenho e a identidade de um atleta fazem para

---

* Destiny's Child (filho do destino) é o nome do grupo norte-americano de cantoras negras de R&B e pop da década de 1990, cuja formação final e mais conhecida incluía as cantoras Beyoncé, Kelly Rowland e Michelle Williams. (N. T.)

ampliar o atrativo de um esporte para pessoas que em geral não davam a mínima. Lewis, desde os primeiros momentos de sua carreira na F1, é, ao mesmo tempo, inspirador e ambicioso. No artigo da *F1 Racing*, Lewis faz uma referência igualmente indireta.

> Quero, pelo menos, fazer a diferença. Seja para um homem de 80 anos ou, melhor ainda, para um jovem garoto – empolgá-los e fazer com se empenhem um pouco mais, ou que tenham um objetivo na vida. Porque se você não tem um objetivo, é aí que você se perde – e, mesmo que não o alcance, pelo menos tendo um objetivo você pode se orientar, orientar sua vida de uma certa maneira.[9]

Este é o jovem Lewis demonstrando compreender sua posição como um modelo de vida exemplar além da Fórmula 1, uma posição mais evoluída do que sua resposta a uma pergunta semelhante durante sua primeira temporada, quando ele disse que não tinha mais ídolos e modelos, exceto seu irmão. Lewis, tal qual Fangio, manteve um louvável nível de generosidade para com seus rivais, ainda que competisse com vigor e honestidade. Esse atributo, a meu juízo, coloca Lewis e Fangio muito acima dos incríveis números da carreira de Schumacher. Isso me leva a concluir que Hamilton – apesar da natureza fechada da Fórmula 1 *até* sua chegada – debilita a competição em outras eras porque simplesmente não havia a possibilidade de que cada um dos pilotos, de qualquer lugar, tivessem uma oportunidade de competir. É a excelência de Hamilton e seu comportamento tanto nos bons quanto nos maus momentos que o separa de outros pilotos com histórico semelhante de vitórias/derrotas.

Isso não é diminuir as conquistas de Schumacher. Contudo, chamar alguém de "o maior e melhor de todos os tempos" – e, em grande parte, homenagear a figura colossal que cunhou o termo – deve ir além de um mero cálculo de vitórias, derrotas ou mesmo recordes. O que perdura através de diferentes eras e pode transformar um esporte a ponto de torná-lo irreconhecível são os impactos que o atleta deixa na cultura, dentro e fora do esporte. Chamar alguém de GOAT talvez tenha mais a ver com o que o atleta faz quando as coisas não estão indo do seu jeito, como ele se levanta quando cai, ou, até mesmo no caso de Simone Biles, quando sai de cena embora todos digam que você deve ficar. A decisão de desistir de disputar as finais da ginástica nos Jogos Olímpicos de Tóquio de 2020, que Biles chamou de sua "maior vitória".[10] Biles, tal qual Ali, transcendeu o esporte ao mostrar ao mundo que havia coisas mais importantes do que competição. Simone disse ao mundo que não há problema em não estar bem e aceitar isso como uma vitória.

No caso de Lewis Hamilton, ele suportaria a falta de sucesso antes de se tornar mais do que um grande piloto e, ao mesmo tempo, concentraria sua atenção longe das pistas para desejar que o mundo seja um lugar melhor para todos.

As duas primeiras temporadas da carreira de Hamilton foram nada menos que milagrosas. Mas duas temporadas não fazem um GOAT. Ao estabelecer o que significa ser um candidato a essa honraria, a trajetória da carreira de Lewis após seu primeiro título pode ser analisada sob essa perspectiva, mas, antes, ele ainda precisaria passar por uma fase difícil.

CAPÍTULO 15

TEMPOS DE VACAS MAGRAS

GRANDE PRÊMIO DO BRASIL DE FÓRMULA I 2008
AUTÓDROMO JOSÉ CARLOS PACE (INTERLAGOS)
SÃO PAULO, BRASIL
2 DE NOVEMBRO DE 2008

A TEMPORADA DE 2008 TERMINOU COM A CONQUISTA DO TÍTULO, mas não sem drama. A corrida no Brasil foi a última etapa de uma temporada árdua. Lewis liderava o campeonato sobre o ferrarista Felipe Massa por 7 pontos, 94 a 87. Se Massa vencesse, Lewis, para assegurar o título, não poderia terminar abaixo do sexto lugar. Hamilton entrou na corrida ainda marcado pelo desempenho desastroso no Japão, onde perdeu pontos preciosos com um péssimo 12º lugar. A imprensa britânica e outros o criticaram por conta do que consideraram uma pilotagem desnecessariamente agressiva e, de maneira geral, Lewis assumiu seus erros. Muitos temiam que, como em 2007, a pressão para enfim agarrar o campeonato fosse grande demais e Hamilton, mais uma vez, deixaria a desejar e fracassaria. A diferença entre Hamilton e Massa era de cinco pontos após o Grande Prêmio do Japão; com uma vitória na China na penúltima corrida, agora Lewis estava com sete pontos a mais que seu rival mais próximo. Tudo seria resolvido no Brasil.

Felipe demonstrou que não estava disposto a facilitar as coisas para Lewis ao se classificar na pole, deixando Hamilton em um distante quarto lugar. Assim, o britânico precisaria se alinhar ao lado do companheiro de equipe de Felipe na Ferrari, Räikkönen, que estava em posição perfeita para ajudá-lo. O clima se recusou a cooperar. A largada foi adiada por causa das fortes chuvas. Quando o GP começou, reinou o caos habitual, com abandonos e colisões.

A pista secou logo, mas não se manteve assim. Nas oito voltas restantes, Hamilton travou uma batalha com Sebastian Vettel pelo quarto lugar. Com cinco voltas restantes, quando ambos colocaram pneus intermediários, parecia que Lewis seria capaz de manter a posição e vencer o campeonato. Nos dois últimos giros, as nuvens se abriram de novo, e Lewis perdeu a linha de corrida em uma curva e caiu para o quinto lugar atrás de Vettel, que tirou proveito dos problemas de Hamilton. Felipe recebeu a bandeira quadriculada, e uma comemoração irrompeu na garagem da Ferrari. A equipe ferrarista presumiu que Felipe seria o vitorioso, enquanto Lewis pelejava na pista. Porém, na curva final do grande prêmio, Lewis garantiu o quinto lugar e seu primeiro título mundial, tornando-se o mais jovem campeão do esporte. Lewis estava em êxtase, e Felipe, de forma louvável, foi gracioso na derrota. O ex-campeão mundial britânico Damon Hill declarou Lewis "um dos maiores pilotos que tivemos neste país".[1] A Era Lewis estava em vigor. Mais ou menos.

Grandes pilotos precisam de grandes carros para colocá-los em posição de disputar campeonatos mundiais. De 2009 a 2012, a McLaren simplesmente não estava à altura da competição do ponto de vista tecnológico. A superioridade das Red Bulls e Ferraris era avassaladora. Durante esse período, Lewis continuou a ganhar Grandes Prêmios e frequentar o pódio, mas, verdade seja dita, nunca esteve em posição de ganhar um campeonato. O mais perto a que ele chegou foi em 2010, quando na corrida final em Abu Dhabi estava entre os quatro pilotos matematicamente na disputa. Hamilton, Fernando Alonso, Mark Webber e Sebastian Vettel tinham esperança. No fim das contas, Vettel ganhou seu primeiro título mundial, desbancando Hamilton como o campeão mais jovem do esporte por uma diferença de 166 dias,* no primeiro de quatro títulos consecutivos para o piloto alemão: 2010, 2011, 2012 e 2013. Se houve uma era que veio depois do campeonato de Lewis em 2008, foi a de Vettel e da Red Bull. Da perspectiva de Hamilton, conforme os anos de seca se acumulavam, ele sabia que algo tinha que mudar.

---

* Lewis foi campeão mundial em 2008 com 23 anos, 9 meses e 26 dias; correndo pela equipe Red Bull Racing, o alemão Sebastian Vettel conquistou o campeonato de 2010 com 23 anos, 4 meses e 11 dias. (N. T.)

Anthony Hamilton continuou sendo a figura mais importante na vida pessoal e profissional de seu filho. A dificuldade para Anthony e Lewis sempre foi a falta de uma clara separação entre os papéis de pai e empresário. Desde seus primeiros passos no automobilismo, Lewis mencionou que queria seu pai e que dele precisava nesse papel.[2] Ele poderia encontrar outro empresário. A tatuagem de Lewis com o pai apenas sendo seu pai ilustrava o que ele queria. Em 2010, ele demitiu seu empresário e, ao mesmo tempo, no mínimo suspendeu seu pai. Durante a maior parte da vida de Lewis, as corridas foram o espaço que pai e filho ocuparam juntos. Uma vez que Lewis permaneceu nas corridas enquanto empurrava Anthony para fora delas, a tarefa de restabelecer o relacionamento não seria óbvia. Anos depois do fato, Lewis revelou os detalhes da demissão, em 2010, de seu empresário, que na realidade nunca foi formalmente contratado no sentido tradicional de entrevistar uma lista de profissionais qualificados a fim de selecionar o melhor para a função. Ele e o pai participavam juntos do mundo do automobilismo, então cuidar do filho nos eventos de corrida era também gerir sua carreira. Além disso, Lewis sempre foi sensível e grato pelos sacrifícios que sua família e em particular seu pai fizeram para apoiar sua carreira de piloto, portanto dizer: "Obrigado por tudo, mas seu papel já foi cumprido" deve ter sido uma decisão muito difícil para todos os envolvidos e trágica em sua inevitabilidade. Lewis precisava traçar seu próprio rumo.

Na serenidade quase hipnótica da entrevista que deu a Jay Shetty no podcast *On Purpose*, Lewis aborda o relacionamento com o pai. Como de costume, primeiro Hamilton faz questão de dizer que continua muito agradecido a seus familiares – em especial ao pai –, por tudo que fizeram por ele. Ele aponta o pai como seu mentor e modelo de vida exemplar. O piloto deixa claro que, diante da dor e da humilhação dos insultos raciais, era seu pai quem compreendia de verdade aquele sentimento. Ele recebia amor da mãe após essas situações trágicas, mas o pai era a rocha à qual se aferrava em busca de esteio.

Por causa da complexidade do relacionamento deles, para Anthony era difícil simplesmente dar-lhe um abraço e romper o vínculo profissional. Com base no que o piloto disse a Jay Shetty, parte da divergência também era puramente profissional. Anthony trabalhou feito um condenado para levar o filho à Fórmula 1, mas, na realidade, não sabia quase nada sobre as responsabilidades fora das pistas do empresário de um superastro mundial. E como poderia saber? Uma coisa é gerenciar um piloto de primeira linha e o que é necessário para interagir com a equipe de modo que ele esteja em condições de vencer. No grid há muitos pilotos qualificados, e eles contam com uma gestão profissional e competente. É preciso reconhecer que nenhum piloto na história do esporte esteve em uma posição semelhante à de Lewis, tanto em termos profissionais como culturais.[3]

Anthony fez o melhor que pôde. A tensão entre os relacionamentos atleta e empresário *versus* filho e pai era a sobreposição entre o que acontecia nas pistas e o que acontecia no mundo externo. O incidente racista durante os testes em Barcelona ressalta os limites do *éthos* de gestão de Anthony: seja o melhor piloto que você puder ser. Mas Lewis também desejava ser *o melhor cidadão do mundo* que ele pudesse ser. A última aspiração exigia mais dele do que vencer corridas. O atletismo como plataforma para o ativismo não estava no DNA do sr. Hamilton. Tampouco estava no conhecimento corporativo do esporte.

Agora que seu filho havia se tornado "o primeiro piloto negro na história da Fórmula 1", os esforços de relações públicas tinham que enfrentar o desafio de um atleta como ativista social mundial e, ao mesmo tempo, dominar o esporte. Lewis expôs a tensão na entrevista a Shetty:

> Acho que, para mim e meu pai, em certo momento nós estávamos batendo cabeça. É como se realmente quisesse que ele fosse meu pai para que pudéssemos... vamos lá, vamos nos divertir e vamos dar umas risadas. Mas não tínhamos isso havia muito tempo, e, então, no fim decidi me separar do meu pai e começar a tomar algumas decisões por mim mesmo e cometer alguns dos erros que precisaria cometer, e claro que houve um período em que nos falamos menos... Mas nós dois trabalhamos muito para voltar a ficar juntos e temos um relacionamento maravilhoso. Sabe, ele é a primeira pessoa para quem quero ligar quando termino uma corrida...[4]

Foi um período muito traumático para o jovem piloto, que buscava uma forma de avançar diante de seus singulares desafios e possibilidades. A noção perfeitamente razoável de Anthony de que Lewis deveria expressar-se apenas nas pistas, evitando qualquer controvérsia, teria moldado uma carreira muito diferente para seu filho. Não há razão para acreditarmos que Lewis teria sido um piloto inferior, mas há todas as razões para acreditarmos que ele seria menos relevante como ícone cultural e ativista. Para Lewis, continuar a abraçar o estilo de gestão de carreira do pai seria seguir o caminho de menor resistência. Mas o atleta e o empresário, pai e filho, tinham ideias válidas, embora incompatíveis, sobre maneiras de ser Lewis Hamilton.

A expulsão do pai de Lewis de seu círculo íntimo aconteceu ao mesmo tempo em que o piloto viveu o que poderíamos chamar de seu primeiro relacionamento maduro. Lewis já havia se envolvido com pessoas antes, especificamente seu namoro na faculdade com Jodia Ma. Mas este era um mundo diferente para ele, agora que carregava o peso da fama mundial. Em algum momento de 2007, Lewis engatou um relacionamento com a estrela pop Nicole Scherzinger, do grupo musical Pussycat Dolls, que ele conheceu em uma premiação da MTV. O relacionamento de oito anos do casal, um tanto intermitente em meio a altos e baixos, parece ter sido o primeiro e o último romance sério de Lewis, pelo menos até onde se sabe. Scherzinger tornou-se uma presença constante no paddock e estava lá para comemorar com Lewis, sua equipe e família. Quando os anos difíceis chegaram, e enfim ocorreu a demissão de Anthony de seu trabalho de gestão, alguns culparam a Pussycat Doll pela ruptura entre pai e filho.

Essa teoria foi desmascarada de cabo a rabo. O tropo de Lady Macbeth é cansativo e sexista, e Lewis assumiu total responsabilidade por suas ações. No entanto, como afirmou o próprio piloto, isso não significava que ele estava assumindo o controle de sua vida pessoal e profissional. Para ele, a questão central era definir qual papel Nicole, ou qualquer pessoa, ocuparia dentro de seus objetivos dentro e fora das pistas.

Anos depois, Lewis refletiu sobre as dificuldades do período, dizendo à revista *Vanity Fair* que, como na maioria das fases complicadas da vida, ele também aprendeu muito.

> Aprendi da maneira mais penosa (...) Realmente queria passar por um processo de crescimento para chegar ao ponto em que estou feliz sozinho, à vontade no meu espaço. Para que, se eu conhecer alguém, seja um acréscimo, em vez de precisar de alguém na minha vida.[5]

Parte do que o piloto aprendeu é que ele prefere manter privada sua vida privada. É notoriamente difícil identificar com quem o piloto se envolveu depois de seu namoro com Nicole Scherzinger. Em termos gerais, Lewis é amiúde visto "na companhia" de pessoas, como a cantora Shakira, que foi flagrada no paddock e em eventos com o piloto. Lewis, como de praxe, ou se recusa a confirmar um relacionamento, ou afirma que a pessoa em questão é "apenas uma amiga".

Seja qual for o caso, Lewis desfrutou da companhia de mulheres famosas e quase famosas como Gigi Hadid, Kendall Jenner, Rihanna, Rita Ora, Barbara Palvin, Winnie Harlow, Sofia Richie, Nicki Minaj e Camila Kendra, de acordo com um artigo da revista *People* de fevereiro de 2024.[6]

Vale a pena especular que a natureza fugaz dos relacionamentos de Hamilton talvez tenha algo a ver com o fato de que seu relacionamento público e aparentemente exclusivo com Nicole Scherzinger coincidiu com um período profissional bastante improdutivo. A jornalista Jenni McKnight, da revista *Hello!*, citou uma declaração atribuída a Lewis: "Em geral, para os atletas, ter a mentalidade certa e tentar encontrar o equilíbrio certo de seu nível de dedicação, em vez de só relaxar e curtir, é diferente para cada um".[7]

Terminar com Nicole nessa época foi uma coisa; com seu pai, outra. Mas a ruptura profissional mais drástica talvez tenha sido o fim de seu relacionamento profissional de longo prazo com a McLaren.

Houve alguma instabilidade relacionada à questão dos proprietários da equipe, com vários interesses corporativos em jogo, bem como o fundo soberano do Bahrein fazendo investimentos que levaram Ron Dennis a deixar o cargo de CEO em 2009. Ao mesmo tempo, o carro simplesmente não era competitivo.

Como se pode imaginar, mudar de equipe na Fórmula 1 não é café-pequeno, em especial no mais alto nível do esporte. Na prática, é exagero supor que existam mais de quatro equipes com o pacote completo (carro, piloto e equipe) em condições de disputar um título mundial. Isso significa que há oito assentos verdadeiramente competitivos, e qualquer piloto que ocupe um deles vai se agarrar à vaga com unhas e dentes. Claro, tudo depende do contexto: a dinâmica entre pilotos companheiros de equipe pode ir de positiva até o desastre que foi a McLaren em 2007.

Após a saída de Alonso ao fim da temporada de 2007, Ron Dennis e a equipe McLaren correram um grande risco com o apoio de longo prazo que deram a Lewis como piloto. Valeu a pena para ambos, mas ao longo dos anos de vacas magras ficou claro que alguém tinha que ceder, e Hamilton decidiu que era hora de se arriscar e deixar a equipe que o trouxera para o jogo. Em certo sentido, Lewis era uma mercadoria valiosíssima. Campeões mundiais não custam um centavo a dúzia. Mas as equipes que poderiam fornecer o tipo de estrutura de apoio de que Lewis precisava estavam bem guarnecidas em matéria de pilotos. Além disso, em geral as equipes de Fórmula 1 se dividem em vários conjuntos. Existem as equipes que são associadas a fabricantes de automóveis: Ferrari, Renault, McLaren etc. Depois há equipes que fazem parte de áreas de atividade totalmente diferentes que, por quaisquer razões de marketing e afinidade dos executivos, querem estar no esporte. A empresa de roupas Benetton vem de imediato à mente, assim como a bem-sucedida equipe Red Bull, que Lewis difamou como uma empresa de bebidas energéticas que não realizaria grande coisa na F1.

A McLaren tinha um relacionamento com a Mercedes-Benz, então, quando Lewis começou a procurar uma equipe, a fabricante de automóveis alemã era uma escolha óbvia. Michael Schumacher havia saído da aposentadoria para se juntar à Mercedes, que retornava à Fórmula 1 após um hiato de cinquenta e cinco anos, uma vez que deixara o esporte em 1955. A lenda Schumacher não fez muito durante seus anos na Mercedes, e, para a maioria das pessoas, ficou claro que era hora de ele pendurar as chuteiras (ou melhor, o capacete). Isso abriu as portas para Lewis, que, em setembro de 2012, assinou um contrato de três anos para se juntar à Mercedes, tendo como companheiro de equipe seu amigo de infância dos tempos de kart Nico Rosberg. O pensamento de Lewis foi sintetizado no comunicado oficial da equipe, repercutido em um artigo do redator-chefe de Fórmula 1 da BBC, Andrew Benson:

> "Agora é hora de assumir um novo desafio, e estou muito animado para começar um novo capítulo", disse o campeão mundial de 2008 Hamilton, que será parceiro de Nico Rosberg na Mercedes. "A Mercedes-Benz tem um incrível legado no automobilismo, junto com uma paixão por vencer da qual compartilho. Juntos, podemos crescer e enfrentar este novo desafio. Acredito que posso ajudar a levar

as Flechas de Prata ao topo e atingir nossa ambição em comum de conquistar campeonatos mundiais."[8]

A Mercedes passara as três temporadas anteriores tentando entender o esporte, e Lewis parecia convencido de que essa era uma mudança para cima e não para o lado, e que logo daria resultados. No entanto, de início as coisas não correram às mil maravilhas para o piloto. Para começo de conversa, parecia que o diretor da equipe, Ross Brawn, aprendera a não recriar o caos da dupla Alonso/Hamilton, cuja relação degringolou por causa da falta de clareza sobre como funcionaria o relacionamento competitivo entre os dois pilotos. Logo de cara, Brawn esclareceu que não haveria hierarquia entre Lewis e Nico. Isso não era uma coisa ruim, mas, se Lewis alimentava a expectativa de chegar à Mercedes como campeão mundial cuja equipe teria como foco exclusivo sua próxima corrida às custas de seu companheiro de equipe, oficialmente não seria assim.

Depois de algumas dificuldades iniciais nos testes de pré-temporada, em que Lewis bateu o carro e Nico teve problemas de confiabilidade, na primeira prova da temporada (o GP da Austrália), Hamilton terminou em quinto. Lógico, não foi um resultado tão bom quanto sua primeira corrida com a McLaren, mas o piloto permaneceu otimista mesmo quando ficou claro que Rosberg tinha toda a intenção de se tornar o número 1 de fato na Mercedes, derrotando seu rival na pista, e não nas negociações de contrato.

Lewis passou os primeiros meses da temporada frustrado com seu próprio desempenho e sendo superado por seu companheiro de equipe, que conquistou uma grande vitória em Mônaco antes de impor a Hamilton uma vitória em primeiro lugar em Silverstone, enquanto Lewis, diante de sua exigente torcida local, terminou em um humilhante quarto lugar. Foi somente em julho, na Hungria, que Hamilton conquistou o que seria sua única vitória naquela temporada. Sebastian Vettel deu continuidade a seu domínio e conquistou seu quarto campeonato de pilotos consecutivo, ao passo que Lewis terminou em um distante quarto lugar na classificação geral, mas dezoito pontos à frente de seu companheiro de equipe.

Lewis continuou trabalhando para se firmar na nova equipe. Ele iniciou a temporada de 2014 com otimismo renovado. Porém, durante esse campeonato, Vettel e Rosberg apresentariam a Lewis tremendos desafios. As batalhas de Hamilton estavam longe de acabar.

CAPÍTULO 16

SEB, NICO E LEWIS

GRANDES COMPETIDORES EXIGEM GRANDES RIVAIS, e a carreira de Lewis Hamilton e o argumento para o status de GOAT não poderiam ser avaliados com justiça sem uma análise minuciosa dos pilotos que o desafiaram ao longo de sua carreira. Fernando Alonso e Felipe Massa se encaixam nessa categoria por razões muito diferentes durante no início da trajetória de Hamilton na F1, mas três outros nomes moldaram a fase posterior: Sebastian Vettel, Nico Rosberg e Max Verstappen. Este último, porém, está em uma categoria diferente dos dois primeiros e será analisado em separado.

Sebastian Vettel é um piloto extremamente competitivo e habilidoso, com origens humildes na Alemanha. Seu primeiro título tirou de Lewis o recorde de campeão mundial mais jovem da história. Os números de Seb o colocaram, sem sombra de dúvida, no panteão de grandes pilotos do esporte. No entanto, por razões que serão óbvias, Vettel raramente é incluído nas discussões sérias sobre o status de GOAT.

Em 299 largadas, Vettel conquistou 53 vitórias, 122 pódios, 57 poles e 38 voltas mais rápidas em sua trajetória para um impressionante tetracampeonato mundial – são dele os títulos mundiais consecutivos em 2010, 2011, 2012 e 2013. Lewis começou cedo sua carreira no kart, mas Vettel fez isso antes. Ele aprendeu rápido aos 3 anos e se juntou ao Red Bull Junior Team aos 11 anos. Começar a carreira tão cedo e provar ser um piloto extremamente qualificado, apesar da pouca idade, é o que levou Vettel a conquistar dois recordes: o de pole position mais jovem e o de campeão mundial mais jovem na história do esporte. Seb foi contratado pela equipe BMW Sauber e, na sua estreia como piloto no Grande

Prêmio da Hungria em 2006, estabeleceu o recorde de piloto mais jovem a participar de um Grande Prêmio – marca quebrada por Verstappen.*

Em 2007, Vettel retornou à equipe Red Bull – que o havia contratado aos 11 anos – para correr pela Scuderia Torro Rosso, de propriedade da empresa de bebidas energéticas. Observe que o nome em italiano "*Scuderia*" (escuderia) se deve ao fato de que à época os motores eram fornecidos pela Ferrari. A série de incidentes irregulares e talvez até imprudentes de Vettel foi ofuscada pela temporada de estreia de Hamilton. Mas, na temporada de 2008, após um início irregular, Seb venceu seu primeiro Grande Prêmio na Itália, tornando-se o mais jovem piloto a conseguir esse feito até então. Nesse ponto, as inevitáveis comparações com Michael Schumacher começaram a ficar mais sérias. O apelido "Baby Schumi" começou a aparecer em vários lugares, e, em 2009, ele se transferiu para a Red Bull Racing e conquistou a primeira vitória da equipe da temporada no Grande Prêmio da China, superando seu companheiro de equipe muito mais experiente, Mark Webber, que chegou em segundo, por quase onze segundos.

Esse foi apenas o começo de uma sequência de vitórias parecida com a de Baby Schumi em Silverstone, no Japão e na primeira corrida noturna em Abu Dhabi. O alemão terminou a temporada de 2009 em segundo lugar, nove pontos atrás do campeão Jenson Button (Brawn GP). Isso o preparou para levar a coroa em 2010, tornando-se novamente o mais jovem a alcançar essa marca. Foi o começo de incríveis quatro títulos consecutivos, feito igualado apenas por Fangio e Schumacher. Então, o que aconteceu? Por que o piloto alemão não é o quarto membro do debate sobre o GOAT?

Está claro que durante esse período de drásticas mudanças nos regulamentos da FIA em relação à construção de carros, a Red Bull acertou em cheio. Essa é uma questão importante a ser considerada. Não há evidências de que tenha existido um carro tão dominante que um piloto abaixo do padrão pudesse ganhar um título de Fórmula 1 nele. Grandes pilotos merecem grandes carros, e o esporte é melhor por isso. De tempos

---

* Vettel fez sua primeira corrida em 2006 aos 19 anos e 53 dias de vida; em 2015, na Austrália, Max Verstappen tornou-se o piloto mais jovem a participar de uma corrida de F1, aos 17 anos e 166 dias, no volante de uma Toro Rosso. (N. T.)

em tempos, um piloto e uma equipe se tornarão tão dominantes a ponto de uma temporada parecer pouco competitiva. Durante a temporada de 2013, quando Vettel e a Red Bull eram intocáveis, Seb venceu treze Grandes Prêmios dos dezenove disputados, nove deles consecutivos, algo sem precedentes. Houve mais do que algumas ocasiões em que ele foi vaiado pelos fãs, situação que Vettel disse, à época, que o incomodava. "É muito difícil para mim receber vaias, em especial quando não fiz nada de errado."[1]

É razoável supor que, entre os que vaiaram, estavam os que defendiam carros idênticos na Fórmula 1 para ver o que aconteceria. Em teoria, isso igualaria o campo técnico e proporcionaria uma corrida justa para avaliar o piloto sem uma quantidade substancial de mediação técnica. Contudo, para muitos fãs do esporte, essa ideia é terrível. A Fórmula 1 é um laboratório de inovação automotiva em todos os aspectos de um carro. Sebastian foi um grande piloto e tinha um grande carro, e tirou o máximo proveito disso.

Então não é porque se beneficiou de uma vantagem técnica injusta que ele não é cogitado nas discussões sobre o maior e melhor de todos os tempos. O "problema", se você estiver inclinado a ver dessa forma, é o que aconteceu depois que ele deixou a Red Bull em 2014.

A temporada de 2014 foi frustrante para Seb, e a vantagem técnica da Red Bull se esfarelou. Ao longo da temporada, Vettel teve dificuldades com o manuseio do carro e sofreu com problemas de confiabilidade. Depois que Vettel se tornou apenas o segundo campeão mundial na história a não vencer uma única corrida na temporada seguinte, a Red Bull Racing anunciou que a incrível jornada de Vettel com a equipe e a empresa havia acabado. Ele se transferiria para a Ferrari. Todas as coisas boas devem chegar ao fim, e Vettel parecia pronto para uma mudança de cenário que revitalizaria sua carreira e cumpriria o que ele anunciou à imprensa e foi relatado no jornal britânico *The Mirror* como um sonho de infância: pilotar pela montadora italiana.

> A próxima etapa da minha carreira na Fórmula 1 será com a Scuderia Ferrari, e para mim isso significa que o sonho de uma vida se tornou realidade. Quando eu era criança, Michael Schumacher no carro vermelho era meu maior ídolo, e agora é uma incrível honra

enfim ter a chance de guiar uma Ferrari. Já tive um gostinho do que significa o espírito da Ferrari quando conquistei minha primeira vitória em Monza, em 2008, com um motor do cavalo rampante construído em Maranello. A Scuderia tem uma grande tradição neste esporte, e estou extremamente motivado para ajudar a equipe a voltar ao topo. Vou me empenhar de coração e alma para fazer isso acontecer.[2]

Não foi o que aconteceu. É impossível imaginar a Fórmula 1 sem a Ferrari. Talvez seja mais difícil ainda engolir o fato de que, durante o período Vettel de 2015 a 2020, a equipe italiana perdeu a mão e se mostrou incapaz de desenvolver um carro competitivo para disputar o título.

Que fique bem claro: durante as temporadas de Vettel com a Ferrari, houve lampejos de brilhantismo tanto para o piloto quanto para o fabricante/equipe, mas foram insuficientes para a tarefa de ganhar um campeonato de piloto ou construtores. Vettel chegou em terceiro lugar na abertura da temporada de 2015 (na Austrália) e, em seguida, na Malásia, obteve a primeira vitória em dois anos para a Scuderia. No meio da temporada, o rejuvenescido Hamilton liderava a série do campeonato sobre Vettel por 42 pontos. O que Vettel chamou de "uma temporada milagrosa" terminou com o piloto alemão em terceiro lugar, atrás do vice-campeão Nico Rosberg, companheiro de equipe de Lewis Hamilton, que repetiu o título de 2014 e agora se sagrava tricampeão mundial.

De certa forma, os percalços de Seb podem ser atribuídos ao vaivém da sorte e do domínio técnico das várias equipes. Era evidente que o bastão passara da Red Bull para a Mercedes, de Seb para Lewis, mas a frustração do contexto competitivo não fez brotar as melhores qualidades de Vettel.

Durante a temporada de 2016, Vettel não venceu nenhuma corrida e teve vários episódios do que poderíamos descrever como explosões de raiva na pista. Um exemplo é o célebre discurso carregado de palavrões que ele fez pelo rádio com ofensas ao estimado diretor de prova Charlie Whiting e a um jovem Max Verstappen. O comunicado à imprensa da FIA dizia:

> No recente Grande Prêmio do México, o piloto da Ferrari Sebastian Vettel fez comentários com sua equipe pelo rádio usando repetidas palavras de baixo calão dirigidas tanto ao diretor de corrida da FIA,

Charlie Whiting, quanto a um colega competidor, termos chulos que foram retransmitidos durante a transmissão ao vivo do evento.

Logo após o incidente, de forma espontânea, Sebastian Vettel procurou Charlie Whiting para expressar seu arrependimento por seu comportamento. Em seguida, mais uma vez por iniciativa própria, enviou cartas ao presidente da FIA, Jean Todt, e a Charlie Whiting, nas quais se desculpou profusamente por suas ações. E indicou que também entraria em contato com Max Verstappen e prometeu que incidentes dessa natureza nunca mais ocorrerão.

À luz deste sincero pedido de desculpas e forte comprometimento, o presidente da FIA decidiu, em caráter excepcional, não tomar medidas disciplinares contra o sr. Vettel, assim evitando levar a questão ao Tribunal Internacional da FIA.[3]

Cada episódio era a promessa de outros muito piores pela frente. Durante a temporada de 2017, Vettel retornou a elementos de sua boa forma, terminando em segundo lugar no campeonato de pilotos (Lewis sagrou-se campeão), mas seus esforços incluíram casos mais francamente bizarros de lapsos de julgamento. O mais evidente deles se deu na confusão em que Vettel se meteu com Hamilton no Azerbaijão.

Por volta da volta 19, Lewis veio ao rádio repetidamente reclamando sobre o ritmo lento do safety car que fora necessário por causa de uma Torro Rosso parada no percurso. Hamilton liderava a prova com sua Mercedes, seguido de perto por Vettel. Andando devagar atrás do carro de segurança, Hamilton ditava o ritmo do pelotão, logo à frente de seu rival. No entanto, ao fazerem uma curva fechada, do nada, Vettel bateu na traseira de Hamilton, alegando que Lewis "pisou demais nos freios com a intenção de me atrapalhar". Irritado, ainda com o safety car na pista, Seb ergueu as mãos em protesto e partiu para cima: emparelhou com o rival e virou o volante de propósito em direção à Mercedes, causando o contato lateral. O "chega para lá" resultou em alguns danos superficiais a ambos os carros. Uma investigação dos comissários de prova dos dados de telemetria do carro de Lewis não encontrou indícios de frenagem proposital do britânico da Mercedes, ao contrário da alegação de Vettel de que Lewis freou com força de caso pensado para fazer com que o alemão batesse em sua traseira. Em um artigo de Alan Baldwin, a Reuters relatou o incidente sob a embaraçosa manchete "Vettel escapa de mais uma sanção por 'fúria na pista' em Baku":

Durante a prova, o alemão, quatro vezes campeão mundial, sofreu uma penalidade de dez segundos de *drive-through* [o piloto deve entrar na área dos boxes respeitando o limite de velocidade e voltar à corrida sem parar] por bater furiosamente nas rodas de seu rival da Mercedes enquanto estavam atrás do safety car. Depois que a Federação Internacional de Automobilismo decidiu na semana passada revisar as causas do incidente, Vettel corria o risco de receber uma multa pesada, desclassificação dos resultados de Baku ou até mesmo a exclusão das corridas.

Vettel, que na segunda-feira completa 30 anos, compareceu a uma reunião na sede da FIA em Paris com o chefe da equipe Ferrari, Maurizio Arrivabene. O piloto admitiu total responsabilidade, prometeu fazer um pedido público de desculpas e também "se comprometeu a dedicar tempo pessoal nos próximos doze meses a atividades educacionais em uma variedade de campeonatos e eventos da FIA".[4]

Lewis não achou graça e chamou Seb de "uma vergonha". Uma matéria de Andrew Benson publicada no site da BBC transcreveu uma citação de Hamilton aumentando a aposta:

É óbvio que ele estava dormindo; colar do meu lado e jogar o carro para cima de mim de maneira deliberada, e ainda sair praticamente ileso (...) Acho isso uma vergonha. Acho que ele não foi honrado hoje, para ser honesto. Se ele quer provar que é homem, acho que deveríamos fazer isso fora do carro, cara a cara. Qualquer forma de pilotagem perigosa pode colocar outros pilotos em risco. Por sorte estávamos devagar, porque se estivéssemos em alta velocidade poderia ser pior. Mas pense nas crianças que estavam assistindo à corrida de Fórmula 1 hoje e viram essa reação de um piloto quatro vezes campeão do mundo. Acho que isso diz tudo.[5]

Apesar de ter liderado o campeonato durante a temporada de 2017, Vettel perdeu para Hamilton, estabelecendo o cenário para a campanha de 2018, que apresentou a primeira ocasião de dois tetracampeões competindo entre si por um quinto título. Vettel foi à luta. Somente na oitava etapa, na França, o alemão perdeu a liderança para Hamilton, que enfim conquistou seu quinto campeonato mundial de pilotos. Hamilton venceu por 88 pontos de diferença em relação ao vice, Vettel, cujo decepcionante segundo lugar foi exacerbado por fãs alegando que uma série de gafes na pista – incluindo um erro não forçado quando liderava com folga o GP em sua casa e que o fez terminar na caixa de brita de uma curva – custara-lhe o título.

A temporada de 2019 foi outra grande decepção para Seb, principalmente porque a pré-temporada garantiu aos fãs que o carro da Ferrari era o único a ser batido e que Vettel enfim conquistaria seu quinto campeonato. Ledo engano: Vettel terminou em um distante quinto lugar enquanto Hamilton garantiu seu sexto título mundial e Seb se viu superado por seu companheiro de equipe, o jovem e habilidoso monegasco Charles Leclerc, que terminou em quarto lugar. Mas a temporada não passou sem outro bizarro episódio entre Hamilton e Vettel. Durante o Grande Prêmio do Canadá, Vettel errou, perdeu o controle, saiu da pista, passou pela grama e voltou para a pista metros à frente de Hamilton, forçando-o a sair da pista. Por conta dessa manobra, que os comissários consideraram um ato de direção perigosa, Vettel recebeu uma penalidade de acréscimo no tempo final que assegurou a vitória para Lewis. A partir daí, Vettel azedou de vez. Em outro momento de fúria, depois da bandeirada, ele nem sequer levou o carro até o local especificado para os três primeiros colocados. Em vez disso, estacionou na entrada do pit lane, caminhou até as placas que indicavam a posição final de cada piloto e trocou a sinalização de primeiro lugar de Hamilton pela de segundo, que ficou diante de sua vaga vazia. A Ferrari anunciou que 2020 seria o último ano do frustrado alemão na equipe. A temporada de 2020, marcada pela covid-19 e pelo sétimo título mundial de Lewis, resultou no pior e mais amargo desempenho da escuderia Ferrari em quarenta anos, e apenas 33 pontos totais para Vettel, o degrau mais baixo de sua carreira. Vettel foi contratado pela Aston Martin e passou dois anos difíceis lá antes de anunciar sua aposentadoria no meio da temporada de 2022, com sua primeira postagem nas redes sociais. É um comunicado longo, mas vale a pena ler na íntegra a transcrição do vídeo de Vettel no Instagram para assinalar a evolução de seu caráter:

> Estou aqui para anunciar minha aposentadoria da Fórmula 1 no final da temporada de 2022. Provavelmente deveria começar com

uma longa lista de pessoas a quem agradecer, mas sinto que é mais importante explicar as razões por trás da minha decisão. Amo esse esporte, ele tem sido central na minha vida até onde minha memória alcança. Contudo, assim como há vida nas pistas, há a minha vida fora das pistas também. Ser um piloto de corrida nunca foi minha única identidade. Acredito fortemente que a identidade está em quem somos e como tratamos os outros, em vez do que fazemos.

Quem sou eu? Sou Sebastian, pai de três filhos e marido de uma mulher maravilhosa. Sou curioso e fascinado por pessoas apaixonadas ou habilidosas. Sou obcecado pela perfeição.

Sou tolerante e sinto que todos temos os mesmos direitos de viver, não importa nossa aparência, de onde viemos e quem amamos.

Adoro estar ao ar livre e amo a natureza e suas maravilhas. Sou teimoso e impaciente. Posso ser muito irritante.

Gosto de fazer as pessoas rirem, gosto de chocolate e do cheiro de pão fresco. Minha cor favorita é azul. Acredito na mudança e no progresso, e que cada pedacinho faz a diferença. Sou otimista e acredito que as pessoas são boas.

Além das corridas, criei uma família da qual adoro estar perto. Cultivei outros interesses fora da Fórmula 1. Minha paixão por corridas e Fórmula 1 exige passar muito tempo longe deles e consome muita energia.

O comprometimento com minha paixão do jeito que eu fazia e do jeito que acho que é certo já não está em harmonia com meu desejo de ser um excelente pai e marido. A energia necessária para me tornar um só com o carro e a equipe, para perseguir a perfeição, exige foco e comprometimento. Meus objetivos mudaram de vencer corridas e brigar por títulos de campeonatos para ver meus filhos crescerem, transmitir a eles meus valores, ajudá-los a se levantar quando caírem, ouvi-los quando precisarem de mim, não ter que ficar me despedindo e, mais importante, ser capaz de aprender com eles e permitir que me inspirem.

As crianças são o nosso futuro; além disso, sinto que há muito mais a aprender e explorar sobre a vida e sobre mim mesmo.

Falando do futuro, sinto que vivemos em tempos muito decisivos, e nosso jeito de nos moldarmos a esses próximos anos determinará nossa vida. Minha paixão vem com certos aspectos que aprendi a desgostar. Talvez sejam resolvidos no futuro, mas a vontade de aplicar essa mudança tem que crescer e ficar muito mais forte e tem que levar à ação hoje. Falar não é suficiente, e não podemos nos dar ao luxo de esperar. Não há alternativa, a corrida já está valendo.

Minha melhor corrida? Ainda está por vir; acredito em seguir em frente, progredir e fazer algo novo. O tempo é uma via de mão única, e quero seguir adiante com o tempo. Olhar para trás é puro atraso de vida. Estou ansioso para correr por pistas desconhecidas e encontrar novos desafios. As marcas que deixei na pista permanecerão até que o tempo e a chuva as levem embora. Novas serão estabelecidas. O amanhã pertence àqueles que o estão moldando hoje.

A próxima curva está em boas mãos, pois a nova geração já surgiu para dar a guinada. Acredito que ainda há uma corrida a vencer.

Adeus, e obrigado por me deixarem compartilhar com vocês a pista; adorei cada pedacinho.[6]

O mais interessante é o explícito comprometimento com a justiça social, sobre o qual a narrativa do Hall da Fama diz: "Inspirado pela cruzada de Lewis Hamilton, Seb escolheu fazer uso de sua fama e visibilidade para promover mudanças positivas em justiça social, questões políticas e ambientais".[7] Depois das mútuas hostilidades nas pistas, Lewis e Seb encontraram um ponto em comum e uma amizade real no ativismo, apoiando um ao outro durante os momentos mais complicados de 2020, quando Hamilton trabalhava para mitigar suas várias preocupações descritas na narrativa do Hall da Fama de Vettel. Os dois se tornaram tão amigos que o jantar de despedida de Seb foi oferecido e organizado por Lewis. Mas, e quanto ao outro grande competidor, Nico Rosberg? Lewis e Nico desfrutariam de uma amizade semelhante na aposentadoria?

GRANDE PRÊMIO DOS ESTADOS UNIDOS
(2015 FORMULA 1 UNITED STATES GRAND PRIX)
CIRCUITO DAS AMÉRICAS
AUSTIN, TEXAS
25 DE OUTUBRO DE 2015

Terminada a corrida, os três finalistas do pódio são obrigados a se pesar para garantir que nada esteja errado com a exigência de que os pilotos e todos os seus equipamentos de segurança pessoal pesem pelo menos oitenta quilos. Depois disso, os três primeiros colocados vão para uma "sala de resfriamento", onde se preparam para a cerimônia da vitória. Em geral, conversam sobre a corrida e trocam informações que ainda desconheciam sobre como cada um deles foi parar no pódio, totalmente cientes de que tudo o que fazem e dizem está sendo filmado.

Lewis foi vitorioso no Grande Prêmio dos Estados Unidos em 2015, Nico Rosberg ficou em um decepcionante segundo lugar e Seb em terceiro. A vitória assegurou a Hamilton o terceiro campeonato mundial, empatando com o número de títulos de seu ídolo Ayrton Senna. Lewis estava naturalmente em êxtase; Nico, furioso. Na abertura da prova, Lewis, que largou em segundo, fez uma manobra agressiva e na primeira curva tomou a ponta de Rosberg, que no dia anterior havia garantido a pole position. Na sala de resfriamento, um Hamilton efervescente cumprimentou Paddy Lowe, o diretor técnico da Mercedes, enquanto Rosberg estava sentado em uma cadeira no canto, com cara de poucos amigos, feito um paciente esperando na antessala do consultório de um dentista para iniciar o tratamento de canal. Na época, o patrocinador de pneus Pirelli forneceu bonés para a cerimônia do pódio, com seu logotipo e o número de chegada de cada piloto estampado na lateral. Lewis jogou o boné do segundo lugar para Rosberg, que segundos depois arremessou o boné de volta contra seu companheiro de equipe, sob o olhar incrédulo de Lowe. Hamilton o ignorou e saiu para comemorar sua vitória. O incidente, conhecido como *Capgate*, é uma lenda. Alguns argumentam que foi um ponto de virada para um novo nível de competitividade de Rosberg e o início de uma genuína animosidade entre os companheiros de equipe. Nico, quando indagado a respeito, minimizou a cena e disse que os dois brincavam assim desde crianças.

De fato, os dois faziam esse tipo de brincadeira desde que eram crianças, tendo crescido juntos no kart, e em 2000 chegaram inclusive a correr pela mesma equipe na série de kart Fórmula A. Lewis em geral ganhava, mas as coisas nunca descambaram para a hostilidade. Os dois eram conhecidos por esse tipo de gracinha, apesar de origens muito diferentes.

Nico é filho do ex-campeão mundial de F1 Keke Rosberg e cresceu em Mônaco, com a carreira gerenciada por seu pai experiente e rico. Nico e Lewis acabaram juntos no topo do mundo do automobilismo quando Michael Schumacher se aposentou em definitivo da Mercedes e Lewis assumiu seu lugar. Em 206 largadas, Nico conquistou 23 vitórias, 57 pódios, 30 pole positions e um campeonato mundial (2016), que é onde concentraremos nossa atenção. Nico correu com Lewis na Mercedes de 2013 a 2016 e foi vice-campeão por duas vezes, em 2014 e 2015, anos que Hamilton se sagrou campeão.

Rosberg decidiu que 2016 seria uma história diferente e embarcou em um processo de preparação mental, física e filosófica a fim de ganhar um campeonato. Você deve se lembrar de que, quando um entrevistador perguntou a Hamilton de qual corrida ele alteraria os resultados se pudesse, Lewis citou três; uma delas foi o Grande Prêmio da Malásia de 2016.

Quando a temporada de 2016 chegou à Malásia, Rosberg e Hamilton se revezavam no topo da tabela de classificação. Em uma ação provocativa, às vésperas do início da temporada, o chefe da equipe Mercedes, Toto Wolff, trocou os mecânicos principais de Lewis e Nico. Wolff insistiu que a atitude levava em conta os interesses maiores da equipe, porque os dois lados dos boxes estavam se dividindo em facções improdutivas. Rosberg concordou e, de acordo com um artigo no site *Autosport*, foi favorável à troca.

> Estamos brigando há três anos, estamos lutando por vitórias e campeonatos, é bastante natural que aconteça uma pequena separação entre os dois lados dos boxes. Para o desempenho geral da equipe, isso não é uma coisa boa. Você quer um ótimo espírito de equipe, todos lutando por uma mesma direção e trabalhando juntos. E é por isso que a decisão foi tomada, para que haja um pouco de rotatividade.[8]

Incomodado com a decisão, Lewis insinuou que havia alguma outra coisa por trás da decisão e, durante uma coletiva de imprensa conjunta, ele disse a Nico: "Quero ouvir o motivo que deram a você. Daqui a dez anos, você vai ter de comprar meu livro para descobrir exatamente o que aconteceu, vai ser uma leitura interessante".[9] No momento em que escrevo, temos mais um ano para esperar, e fontes próximas a Hamilton não têm informações adicionais para contribuir com este livro sobre o assunto. O consenso tácito é que havia o desejo de dar a Rosberg uma chance melhor de vencer seu companheiro de equipe, e o lado mecânico dos boxes era um fator nesse esforço. Todos nós teremos que esperar Lewis contar essa história.

Com essas mudanças, Rosberg abriu a temporada com quatro vitórias consecutivas: Austrália, Bahrein, China e Rússia. Hamilton venceu sua primeira corrida da temporada em Mônaco e a etapa seguinte no Canadá. Rosberg interrompeu a boa onda de Hamilton com uma vitória no Grande Prêmio da Europa antes de Lewis ter sua própria série de quatro vitórias consecutivas: Áustria, Silverstone, Hungria e Alemanha. Em seguida, Rosberg venceu as três corridas anteriores ao Grande Prêmio da Malásia, levando a bandeira quadriculada em Spa, Itália e Cingapura.

Antes da prova em Cingapura, Lewis chegou a abrir uma vantagem de oito pontos sobre Rosberg. Hamilton teve uma corrida difícil, com problemas mecânicos e erros na pista que resultaram em um terceiro lugar atrás de Daniel Ricciardo e Rosberg. Com a vitória, o alemão chegou a 273 pontos contra 265 do britânico, revertendo uma desvantagem de dois pontos para uma vantagem de oito, tornando-se líder do mundial de pilotos.

Na Malásia, Lewis se classificou na pole, à frente de Rosberg em segundo e da Red Bull de Max Verstappen em terceiro. Na largada, Sebastian Vettel, que partiu da 5ª posição, tentou um inusitado mergulho por dentro de Verstappen na primeira curva, freou tarde demais e acabou batendo em Nico Rosberg, que rodou, ficou na contramão e voltou à corrida em último lugar. Na volta 41, de um total de 56, o motor de Lewis abriu o bico, forçando-o a abandonar a corrida. Daniel Ricciardo recebeu a bandeira quadriculada, Verstappen ocupou o segundo degrau do pódio e Nico fez uma corrida de recuperação para ficar com o terceiro lugar, agora liderando o campeonato sobre Hamilton por 23 pontos.

O campeonato seguiu para o Japão, onde Rosberg venceu e Hamilton se contentou com o terceiro lugar. Isso colocou Rosberg a devastadores 33 pontos à frente de Lewis, com apenas quatro corridas restantes. Lewis venceu as três corridas seguintes nos EUA, México e Brasil e foi para Abu Dhabi atrás de Rosberg por doze pontos. Havia quatro cenários possíveis que garantiriam a Hamilton um quarto campeonato consecutivo, e cinco possibilidades que levariam o título para Rosberg. Lewis se classificou na pole e, na largada, deixou para trás um Rosberg conservador, que sob nenhuma circunstância podia se dar ao luxo de um acidente que o tirasse da corrida. Lewis segurou a ponta e, com cerca de quinze voltas restantes na corrida, em um último esforço para ganhar o título começou a diminuir a velocidade. Recebeu sucessivas ordens para acelerar e visivelmente ignorou a equipe. Lewis estava tentando forçar Rosberg a cair nas garras de seus perseguidores e ser ultrapassado. O primeiro cenário para a conquista do título por parte de Hamilton era uma vitória do britânico naquela corrida combinada com um quarto lugar ou pior para Nico. Segurar o pelotão não funcionou, e Rosberg ficou em segundo, conquistando seu primeiro e único título por uma margem mínima de cinco pontos (385 a 380).

Alguns criticaram as táticas de Hamilton, mas outros conseguiram entender a estratégia. A coletiva de imprensa pós-corrida foi reveladora.

PERGUNTA: Lewis, sua 53ª vitória na Fórmula 1, mas desconfio que esta seja uma sensação um pouco diferente de algumas das outras, não?

LEWIS HAMILTON: Sinceramente, me sinto ótimo. Em primeiro lugar, quero agradecer muito a todos que vieram nos apoiar. Tenho tantos fãs britânicos aqui neste fim de semana. Muito obrigado, amo vocês. Obrigado a toda a minha família por todo o apoio e em especial à equipe por fazer um ótimo trabalho. Foi um verdadeiro privilégio fazer parte desta equipe e alcançar o sucesso que tivemos este ano. Quando entrei para esta equipe, nunca pensei que teria tantas vitórias. Acho que são 32 vitórias com esse grupo, então um grande obrigado a todos aqui e na fábrica. E meus parabéns ao Nico, é claro, seu primeiro campeonato mundial. Bom trabalho, cara.

PERGUNTA: Deixe-me sair do caminho enquanto vocês se cumprimentam. Muito bem, [Nico], você está bem molhado. Não quero forçar a situação, mas talvez vocês possam repetir o aperto de mão. Aí está, aí está o amor. Nico, apenas mais um dia de trabalho normal?

NICO ROSBERG: Claro que não! Esta com certeza não foi a corrida mais agradável que já fiz. Com o Max no começo e depois com aqueles caras chegando no final, aquelas últimas voltas não foram mesmo muito agradáveis. Estou muito, muito feliz que acabou e incrivelmente extasiado. Quero oferecer a vitória à minha esposa, é para você [Vivian], incrível, obrigado por todo o apoio, e para nossa filha Alaïa...

PERGUNTA: Não vá chorar, Nico!

NICO ROSBERG: Ah, vou agradecer a todos os outros depois... surreal.[10]

Nico não apenas choraria depois; cinco dias após conquistar o título, ele abandonaria a Fórmula 1. A temporada o deixara esgotado, e o esforço para vencer Hamilton não era um objetivo que ele pretendia perseguir todos os dias. Seu vídeo de aposentadoria disse isso explicitamente:

> Essa temporada, digo a vocês, foi muito complicada. Dei o meu máximo em cada pequeno detalhe depois das frustrações dos últimos dois anos; esses momentos serviram de combustível para aumentar minha motivação a níveis que jamais havia sentido. E é claro que isso acabou impactando aqueles a quem eu amo. Foi um sacrifício familiar deixar tudo para trás em nome de um único objetivo. Não consigo achar palavras suficientes para agradecer minha esposa, Vivian; ela tem sido incrível. Ela entendeu que este era "o grande ano", nossa oportunidade concreta, e criou um ambiente para que me recuperasse após cada corrida, cuidando da nossa filha todas as noites e assumindo as rédeas de tudo quando a situação apertava, colocando nosso título de campeão em primeiro plano.[11]

O relacionamento de Nico e Lewis tinha ficado tenso a ponto de explodir, mas o que Rosberg sabia, talvez melhor do que qualquer outra pessoa, era que Hamilton jamais ficaria satisfeito. Nico não estava preparado para continuar subindo seu nível de desempenho, tampouco disposto a continuar fazendo os sacrifícios necessários para competir. Então ele foi embora, juntando-se ao pai como campeão mundial* e optando por concentrar sua atenção em sua família e seus muitos outros interesses. Nico deixou para pessoas como Lewis a escalada em busca de mais e mais campeonatos, a despeito dos sacrifícios.

---

* O finlandês Keke Rosberg foi campeão em 1982 pela Williams. (N. T.)

Nos anos seguintes, Lewis e Nico consertaram seu relacionamento, e Hamilton, de acordo com Nico, envia uma grande caixa de presentes para sua filha todo Natal. A decisão perfeitamente razoável de Nico Rosberg de se aposentar é um claro indicador de que há grandes pilotos que não estão dispostos a fazer o que é necessário para ser o melhor. Lewis *não* é um deles. As rivalidades da Fórmula 1 são diferentes de quaisquer outras nos esportes. Não é como o Philadelphia Eagles e o Dallas Cowboys na NFL, que se enfrentam uma vez por ano na temporada regular e talvez de novo nos *playoffs* se as coisas derem certo. Os pilotos de Fórmula 1 competem contra seus rivais em todos os eventos da temporada. A extrema familiaridade gera uma mistura complexa de desprezo e admiração.

Na Fórmula 1, vitórias e derrotas são sempre medidas pela qualidade do carro e, ainda mais, pela qualidade dos pilotos. A longevidade da carreira de Hamilton é ainda mais extraordinária por seu histórico competitivo contra excelentes competidores como Vettel e Rosberg.

CAPÍTULO 17

OS ANOS DE LEWIS HAMILTON MULTICAMPEÃO

2014, 2015, 2017, 2018, 2019, 2020

NA ÉPOCA, A MUDANÇA DE HAMILTON PARA A MERCEDES gerou controvérsia. Ao mesmo tempo em que a Fórmula 1 fez a transição em direção a novos regulamentos técnicos para os motores, a gigante automotiva Daimler-Benz estava em posição privilegiada para não desperdiçar o momento e entregar o carro de que Lewis precisava. A empresa possuía histórico na Fórmula 1 desde a década de 1950. Antes da atual versão da marca, a Mercedes forneceu os motores que levaram Lewis a vencer o campeonato pela McLaren. O sucesso na Fórmula 1 gira em torno de duas virtudes vez por outra concorrentes: continuidade e inovação. Ross Brawn serviu como ponte entre o sucesso do motor da Mercedes e a montagem de uma equipe capaz de ganhar títulos.

Brawn foi o cérebro por trás dos títulos de Michael Schumacher na Benetton e na Ferrari, e a perspectiva de ganhar títulos com a gigante alemã Mercedes atraiu Schumacher para sair da aposentadoria e pilotar ao lado de Nico Rosberg em 2013. Schumacher teve desempenhos pífios, anti-GOAT, e sua aposentadoria em definitivo abriu espaço para Lewis sair da estagnação na McLaren. Nessa época, Torger "Toto" Wolff, ex-piloto de várias outras categorias, ganhou muito dinheiro com seus empreendimentos de capital e adquiriu 30% de participação no que se tornou a Mercedes-AMG PETRONAS Formula One Team. A parceria com Hamilton foi extremamente bem-sucedida, e a equipe venceu um recorde de sete campeonatos mundiais duplos consecutivos (piloto e construtores) de 2014 a 2020. Toto e a esposa, Susie Wolff, deram um incrível apoio a Lewis como piloto e a seus esforços por justiça social, sobretudo no campo da diversidade de gênero no automobilismo. Susie Wolff era piloto profissional e agora é diretora administrativa da F1 Academy, categoria criada pela Fórmula 1 para o desenvolvimento de mulheres no automobilismo. A F1 Academy tem importância fundamental para o projeto de diversificação do automobilismo, especialmente a série principal.

Sair da McLaren para esse ambiente fértil colocou Lewis em posição ideal para atingir o ápice de sua eficácia com uma empresa detentora do conhecimento de engenharia necessário para liderar o esporte. A temporada de 2014, a primeira dos motores turbo-híbridos, foi definida pela parceria entre Hamilton e Mercedes.

A temporada começou na Austrália, mas não foi o início estelar que Lewis esperava alcançar. Ele conquistou a pole em uma chuvosa sessão de treino classificatório, em que seu companheiro de equipe Rosberg ficou em terceiro, atrás da Red Bull de Daniel Ricciardo. Lewis estourou um cilindro logo no início e acabou abandonando a corrida após quatro voltas. Rosberg recebeu a bandeira quadriculada, e logo de cara Lewis se viu diante de um decepcionante déficit de 25 pontos de diferença para seu ambicioso companheiro de equipe. Mas Hamilton mudou o jogo de forma espetacular, começando com o Grande Prêmio da Malásia – a primeira de quatro vitórias consecutivas que incluíram Bahrein, China e Espanha. Essas vitórias lhe deram apenas três pontos de vantagem (100 a 97) sobre o persistente Nico Rosberg. O GP de Mônaco foi uma prova boa para Rosberg, que arrebatou a vitória e uma vantagem de quatro pontos em relação a Lewis na tabela (122 a 118). O domínio da equipe Mercedes tornou a competição emocionante entre seus dois pilotos, mas a essa altura, após apenas seis etapas na temporada, a Mercedes liderava a corrida de construtores por impressionantes 141 pontos, 240 contra 99 pontos da Red Bull.

O circo da F1 rumou para o Canadá. Lewis andou na contramão do êxito, abandonando a corrida devido a problemas nos freios, enquanto Nico terminou em segundo, atrás da Red Bull de Ricciardo. Agora Nico liderava a pontuação, 140 contra 118 pontos de Lewis. Na Áustria, Nico largou na segunda fila e venceu magicamente a corrida; Hamilton saiu da

9ª posição do grid e, abrindo caminho na marra, terminou em 2º lugar e deixou Zeltweg 29 pontos atrás de Rosberg.

Hamilton venceu na Inglaterra; Rosberg venceu na Alemanha; Ricciardo foi vitorioso nos dois Grandes Prêmios seguintes, na Hungria e Bélgica; em Hungaroring, Lewis chegou em terceiro, Nico em quarto; em Spa-Francorchamps, Lewis teve de abandonar a prova por causa de uma colisão com Nico, que permaneceu na corrida para chegar em segundo; assim, o alemão foi para Monza ainda com 29 pontos de vantagem na briga pelo título. Lá, Lewis conquistou a pole com Nico alinhado a seu lado em segundo. Lewis teve um ajuste eletrônico ruim para a largada e caiu para quarto. Durante essa corrida maluca, Lewis ignorou as ordens do pit para manter uma lacuna atrás de Nico e, por fim, ultrapassou o alemão, assumiu a ponta, vencendo a corrida e tirando sete pontos da liderança de seu companheiro de equipe – agora a diferença caíra para 22 pontos (238 a 216).

O êxito em Monza foi a primeira de cinco vitórias consecutivas para Hamilton, que incluíram Cingapura, Japão, Rússia e EUA. Com a vitória no GP de Cingapura, Lewis recuperou a liderança do campeonato e a ampliou para dez pontos com uma vitória no Japão, corrida marcada pelo terrível acidente e subsequente morte do francês Jules Bianchi, o muito amado piloto da Marussia-Ferrari. Essa trágica perda, a primeira morte na Fórmula 1 desde Ayrton Senna, resultou na investigação da FIA que acelerou a decisão de equipar os carros com o dispositivo Halo para proteger o cockpit.

Chegou a vez do Grande Prêmio inaugural da Rússia, em uma pista nova em folha no Circuito de Sochi. Lewis venceu, Rosberg chegou de novo em segundo, e agora estava dezessete pontos atrás. Restando apenas três corridas na temporada, Hamilton, Rosberg e Ricciardo eram os únicos que ainda tinham possibilidades matemáticas de ganhar o título. Na prova seguinte, o GP dos EUA no Circuito das Américas, Rosberg superou Lewis nos treinos de classificação, largou na pole e se manteve na ponta até a 24ª volta, quando Lewis lançou mão de uma manobra agressiva para ultrapassá-lo e assumir a liderança. Nico mais uma vez terminou em segundo, e agora estava 24 pontos atrás de Lewis, restando apenas duas corridas para o fim da temporada e apenas os dois pilotos da Mercedes em condições de ganhar o título. Em São Paulo, Rosberg reverteu sua sequência quase interminável de derrotas para Hamilton e venceu a prova, com Lewis em segundo, reduzindo a diferença para dezessete pontos; a decisão ficou para a derradeira corrida em Abu Dhabi.

A FIA havia bizarramente decidido que a corrida final da temporada daria pontos em dobro. Com o sistema de pontuação dobrada, em vez de o primeiro lugar receber 25 pontos, havia cinquenta em jogo, o que exigia de Lewis terminar em primeiro ou segundo para ganhar o título. Sob o sistema padrão, um humilde sexto lugar teria dado conta do recado. A bonança de pontos dava a Nico seis maneiras de conquistar o título se Lewis não terminasse em primeiro ou segundo. Nico enviou um assustador recado aos fãs de Hamilton ao superar seu companheiro de equipe nos treinos de classificação e conquistar a pole. Mas Lewis tratou de acabar com a festa do companheiro de equipe logo na largada. Em segundo lugar no grid, ele largou melhor e engoliu o alemão, assumindo a liderança. Rosberg teve uma falha crítica em seu sistema de recuperação do motor (ERS), e havia temores de que o carro de Lewis sofresse destino semelhante. Isso não aconteceu, e ele venceu a corrida; com os problemas de perda de potência de motor, Rosberg foi despencando no pelotão e terminou em um corajoso 14º lugar, embora fosse perfeitamente razoável ter retirado o carro da pista. No pós-corrida, ambos os pilotos foram gentis, e a coletiva de imprensa permitiu a Hamilton refletir sobre o resultado positivo de sua mudança para a Mercedes.

ENTREVISTADOR: Lewis, parabéns, muitos parabéns. Você teve um tempinho para organizar seus pensamentos após o turbilhão da corrida e do pódio. Foi uma temporada longa e difícil, mas você conquistou este título com estilo: aquela largada sensacional e uma vitória. Até que ponto esse desempenho foi importante para você hoje, e qual foi o ponto de virada deste ano?

LEWIS HAMILTON: É muito difícil absorver tudo isso. Quando você está na corrida, quando você vem aqui neste fim de semana, há tanta pressão ao seu redor, você apenas tenta ignorar, tenta manter seu olho na bola. Quando cheguei aqui hoje (...) O Niki tem razão, não dormi ontem à noite. Fui para cama por volta de uma da manhã e acordei por volta das cinco, e fui correr hoje cedo e fazer uma massagem e tudo mais, e achei que com certeza estaria cansado na hora da corrida, mas de alguma forma me senti revigorado e minha família veio e me surpreendeu no café da manhã, o que foi realmente ótimo. Queria que eles estivessem aqui, mas este seria um fim de semana dos mais intensos e não sabia se teria tempo para dar atenção a eles. Não queria terminar o dia ou o fim de semana dizendo "Queria ter feito isto" ou "Queria ter feito aquilo". Foi um ano incrível. Simplesmente não consigo acreditar no quanto tudo tem sido incrível. Chegar a essa equipe ano passado, a decisão de vir para cá, quando muitas pessoas disseram que era a escolha errada. Os passos que demos ano passado, e depois quando entramos neste ano, foi tudo inacreditável e, de novo, como já disse, o apoio dos fãs tem sido fenomenal. Nunca, nem em um milhão de anos, pensei que teria esse tipo de apoio, então, como disse antes, este é o melhor momento da minha vida. É muito difícil... parece muito surreal. A sensação é de uma experiência extracorpórea. Sinto como se estivesse aqui assistindo a tudo acontecer, como se não estivesse mesmo acontecendo. Então, faço questão de ser grato por todas as coisas boas.

As perguntas permitiram a Lewis refletir sobre como foi retornar a Abu Dhabi com um campeonato em jogo e não vivenciar o tipo de fracasso que arruinou sua disputa pelo título em 2007.

SAHER SOUKAR (*Saneou Al Hadath*): Lewis, você nos disse ontem que sentiu que entrava nesta corrida muito mais sábio, em comparação a 2008. Como as emoções se comparam – e por que este é o melhor momento da sua vida ou carreira?

LEWIS HAMILTON: Bem, 2007 foi uma experiência muito ruim; obviamente, por ter jogado o campeonato pela janela, caí em um desânimo que não consegui controlar, e aí veio 2008, lutei pelo campeonato, o Felipe venceu a corrida e, por um segundo, venceu o campeonato e então, claro, o que aconteceu na última curva, recuperei o título, e achei que tinha perdido, ganhei, perdi e, embora tenha sido uma ótima experiência, meu emocional estava destruído. Não sei, naquele ano, eu era imaturo. Não tinha o conhecimento que tenho agora. Não lidava com as corridas como lido hoje. Hoje entrei... em geral você fica com frio na barriga, um pouco nervoso, mas hoje ao entrar na corrida pensei, "Estou me sentindo extremamente calmo", o que é muito estranho. Isso é uma coisa boa ou ruim? Óbvio que foi uma coisa muito boa. Ontem à noite, eu estava sentado lá pensando, "Caramba, amanhã é o dia". Poderíamos entrar na corrida, algo poderia acontecer com o carro, e o campeonato escaparia. Pensei em todos os cenários negativos possíveis, sabe? Mas trabalhei muito duro para trazer à tona os pontos positivos. E hoje eu trouxe. Acho que essa combinação de conhecimento e experiência me permitiu chegar até o fim da corrida hoje – cuidando do carro, lutando até consolidar uma posição segura para o título. Claro, ajudou que o carro do Nico não estivesse funcionando direito, então, quando ele caiu fora da pontuação, eu sabia que conseguiria brigar com Felipe e... sim... essa foi a experiência mais gratificante da minha carreira.[1]

Com essa vitória, a questão passou a ser se Hamilton conseguiria fazer isso mais uma vez, sem passar de novo pelo período de seca que se seguiu ao seu título de 2008.

GRANDE PRÊMIO DA AUSTRÁLIA
(FORMULA 1 ROLEX AUSTRALIAN GRAND PRIX)
CIRCUITO DE ALBERT PARK
MELBOURNE, AUSTRÁLIA
15 DE MARÇO DE 2015

Após seu primeiro título com a Mercedes e o segundo na carreira, Lewis tinha perguntas a responder. A mais óbvia era se o sucesso na pista e as coisas que vinham com o sucesso fora das pistas seriam suficientes para Lewis. Não há nada de errado em passar o resto da vida em meio ao lazer e ao luxo como um bicampeão mundial. Ele aproveitou um período de pausa, que incluiu viagens pelo mundo e namoros públicos enquanto seu relacionamento com Nicole Scherzinger minguava. Seu uso das mídias sociais, assumindo um novo estilo de celebridade que, ao mesmo tempo, é inalcançável e muito acessível, levaram os fãs a questionarem seu foco. As mídias sociais ofereciam aos fãs um acesso íntimo a experiências que, ironicamente, estavam fora do alcance de seus admiradores. Essa contradição se tornou especialmente cinética quando Hamilton precisou abandonar as baterias de testes de pré-temporada por causa de uma doença que os críticos atribuíram ao seu estilo de vida *jet-set*. Quando a temporada começou na Austrália, Lewis abordou suas expectativas para o ano na coletiva de imprensa da pré-temporada.

ENTREVISTADOR: Vamos começar com o atual campeão. Lewis, se você conseguir defender seu título com sucesso este ano, será um tricampeão mundial. Esse sempre foi seu objetivo de carreira? É possível afirmar isso?

LEWIS HAMILTON: Diria que sempre quis fazer o que o Ayrton fez. O Ayrton era meu piloto favorito e acho que, quando criança, sempre quis imitá-lo.

ENTREVISTADOR: Você venceu aqui na Austrália em 2008, ano em que ganhou seu primeiro título, mas, desde então, não venceu mais a corrida, apesar de ter largado na pole algumas vezes. Você pode falar sobre o quanto é importante para você começar na frente este ano, ao contrário do ano passado, quando você passou um bocado da primeira parte da temporada atrás dos outros?

LEWIS HAMILTON: É a mesma coisa. Não vejo uma importância exagerada [em comparação com] qualquer outro momento. Claro que a gente chega aqui e gostaria de começar com o pé direito, como eu queria no ano passado, mas há um longo, longo caminho a percorrer, então não é o começo mais importante do ano.[2]

Com certeza, Hamilton começou com o pé direito ao se classificar na pole à frente de seu companheiro de equipe, Nico Rosberg. E venceu a corrida, seguido por Rosberg. A dobradinha da Mercedes teve um desempenho tão dominante, com dois carros mais de trinta segundos à frente da Ferrari de Sebastian Vettel em terceiro lugar, que pilotos e fãs expressaram preocupação sobre se a temporada seria de fato competitiva. Lewis estava focado e não queria dormir sobre os louros de seus dois títulos mundiais, recusando-se a colocar o tradicional número 1 em seu carro e optando, daquele momento em diante, por ficar com o número 44 para simbolizar cada temporada independente. Durante grande parte de sua carreira no kart, Lewis usou o número 44 em homenagem a seu pai, Anthony, cujo carro, na infância de Lewis, tinha a placa F44. O sr. Hamilton podia ter deixado a gestão da carreira do filho, mas permanecia nos pensamentos dele.

Lewis talvez não encarasse a temporada de 2015 como uma continuação dos êxitos anteriores, mas Nico Rosberg deixou que as frustrações acumuladas nas últimas temporadas alimentassem uma animosidade genuína em relação ao seu companheiro de equipe e amigo agora distanciado. Em 2021, quando o diretor da equipe Toto Wolff participou do podcast *High Performance*, George Dagless, repórter do site GiveMeSport.com, citou as preocupadas reflexões de Toto sobre o conflito e o potencial da rusga para conturbar a equipe.

> Nos eventos de 2014, senti que houve algum comportamento egoísta. Eu disse: "Da próxima vez que você se aproximar do outro carro, pense na marca Mercedes, pense nos indivíduos que trabalham na equipe, pense no CEO. Isso vai mudar sua maneira de agir. Você não vai empurrar seu companheiro de equipe para o muro". E sempre deixei claro que, se isso acontecesse com regularidade, não hesitaria em afastar alguém das corridas. Então, talvez, esse período tenha sido muito importante para a equipe, porque é uma experiência pela qual você não quer passar de novo.[3]

Gerenciar a natureza competitiva dos pilotos que poderiam ser os principais competidores em qualquer equipe do grid fica ainda mais difícil quando, como é o caso aqui, poucas equipes têm carros capazes de vencer um campeonato. Fernando Alonso e Lewis viviam às turras na McLaren, e a animosidade competitiva entre Lewis e seu "amigo" Nico na Mercedes levara o diretor da equipe a ameaçá-los com suspensão. Toto os avisou de que a equipe de F1 era uma parte muito pequena de um grande negócio internacional. As desavenças entre os dois poderiam ter consequências para a marca Mercedes, que, eles precisavam entender, existia antes da chegada deles e continuaria existindo muito depois de eles partirem. E, verdade seja dita, a maioria das pessoas que dirigem um Mercedes-Benz não conhece a Fórmula 1 tampouco se importa com o esporte, muito menos com os pilotos. Mas, para aqueles que se importam, a superioridade técnica do carro de Fórmula 1 da Mercedes naquele ano foi algo positivo. Já o comportamento antidesportivo dos pilotos, não.

Como examinamos no último capítulo, foi a pressão da temporada de 2015 que levou ao incidente do boné (*Capgate*) e também mexeu com todos os brios de Nico a ponto de convencê-lo a implementar as mudanças em sua vida e sua mentalidade para vencer Lewis no mesmo carro. Foi esse esforço que o levou a ter plena certeza de que nunca mais faria isso.

Parte desse fenômeno, que às vezes resulta em comportamento contraproducente na pista ou em declarações autodestrutivas em coletivas de imprensa, é que, uma vez que a máquina é retirada da comparação entre os pilotos, esses indivíduos hipercompetitivos têm de lidar com a noção de que *naquela* curva, ou *naquele* stint, durante *aquele* Grande Prêmio, ou durante *aquela* temporada, eles simplesmente não foram tão bons quanto o outro piloto. Quando a equipe não interfere diretamente e insinua ou afirma que um piloto merece proteção em detrimento a outro ("ordens de equipe"), quando não há transparência nas escolhas técnicas de uma peça *versus* outra, e quando eles não conseguem se olhar no espelho e apresentar um argumento válido para o suposto favorecimento, então a questão se resume a uma percepção de insuficiência.

Fernando Alonso escolheu atacar a equipe e seu companheiro e, por fim, ir para outra equipe. Ele não imaginou que seria capaz de ir além do que, ficou provado, eram seus limites ao pilotar com e contra Lewis. Então ele trocou a McLaren por outra equipe e por um companheiro que acataria ordens de bater de propósito para ajudá-lo a vencer.

Nico, diga-se a seu favor, olhou no espelho que foi erguido para ele na temporada de 2015 e viu espaço para melhorias. Ele poderia perder um quilo, ficar mais forte, aprender a respirar de forma diferente, meditar e abdicar de suas responsabilidades familiares. E estava sujeito às manobras de Lewis quase que para levá-lo a ser ultrapassado por outros pilotos, o que faria o título de campeão evaporar na última corrida da temporada.

Mas ele apostou tudo, e deu certo. Ele venceu em 2016. E foi levado a isso pela maestria de Hamilton em 2015.

Na temporada de 2015, Hamilton venceu dez Grandes Prêmios, conquistou onze poles e oito voltas mais rápidas no caminho para um triunfo por 59 pontos de diferença em relação ao vice Rosberg, vitória que não foi distorcida por pontuação dobrada na última corrida e que ele não deixou para decidir na última volta. Nessa temporada, Nico venceu seis Grandes Prêmios, metade deles depois que o campeonato já estava decidido, e essas calorias vazias o deixaram faminto, o que resultaria na vitoriosa temporada de 2016 – a temporada que impediu o tri consecutivo de Hamilton (bicampeão em 2014 e 2015) e o que teria sido a ponte vitoriosa para sua série de quatro títulos seguidos, o tetra de 2017 a 2020.

GRANDE PRÊMIO DO MÉXICO DE 2017
(FORMULA I GRAN PREMIO DE MÉXICO 2017)
AUTÓDROMO HERMANOS RODRÍGUEZ
CIDADE DO MÉXICO, MÉXICO
29 DE OUTUBRO DE 2017

O campeão mundial de 2016 Nico Rosberg foi ficar com a família, e o show continuou sem ele em 2017. Novamente, não havia carro usando o número 1, e não foi porque um piloto estava comprometido com outros algarismos. Quem assumiu a vaga deixada por Nico Rosberg na Mercedes foi o finlandês Valtteri Bottas. Hamilton acabaria considerando-o "o melhor companheiro de equipe que já tive", e isso nada tinha a ver com o charme ou carisma de Bottas.

A temporada de 2017 é o ponto focal para examinarmos a rivalidade entre Lewis e o piloto da Ferrari Sebastian Vettel. Vettel foi à luta e chegou com tudo: venceu a abertura da temporada na Austrália, e foi somente na 12ª etapa do campeonato que cedeu a liderança para Lewis. Quando os pilotos chegaram à Cidade do México, Lewis tinha o título nas mãos, com uma vantagem de 331 pontos contra 265 de Vettel. Havia apenas alguns cenários possíveis que permitiriam ao piloto da Ferrari adiar o inevitável. Hamilton precisava apenas de um quinto lugar para ganhar o título, e Seb precisava superá-lo por dezessete pontos para chegar vivo ao Brasil. Os treinos classificatórios indicaram que haveria uma batalha: Vettel na pole, Max Verstappen ao lado dele, Lewis e Valtteri na terceira e quarta posições. Poucas curvas após a largada, Verstappen conseguiu tomar a ponta de Sebastian Vettel após leve toque do piloto da Ferrari. Lewis tentou passar o alemão, que não cedeu, e os dois se tocaram. Seb teve a asa dianteira avariada, enquanto o britânico ficou com o pneu traseiro furado. Os dois postulantes ao título foram aos boxes e despencaram para as últimas posições.

No final, Vettel abriu caminho para conquistar o quarto lugar, e Lewis venceu o campeonato chegando em nono. A coletiva de imprensa pós-corrida focou o piloto que mal havia conseguido terminar na zona de pontuação, mas havia acumulado pontos suficientes (333) para faturar o título. Lewis participou dela ao lado dos pilotos que celebraram no pódio: Verstappen, Bottas e Räikkönen.

(LENDA BRITÂNICA DAS CORRIDAS) DAVID COULTHARD: Lewis, você é quatro vezes campeão mundial!

LEWIS HAMILTON: Viva o México!

DAVID COULTHARD: Lewis, podemos ver algumas cicatrizes de batalha em seu carro, você teve que lutar muito desta vez, quase tanto quanto estou lutando para fazer você dizer algo. Lewis, não era assim que você queria ganhar o campeonato mundial, mas você ganhou. Conte-nos sobre a corrida e sobre a emoção de vencer o campeonato.

LEWIS HAMILTON: Quero só agradecer a todos que vieram nos apoiar. Espero que tenhamos dado a eles uma ótima corrida hoje. Os torcedores mexicanos são, acho, os melhores que já vi ao redor do mundo. Honestamente, você não vê isso em todos os lugares. Temos grandes fãs ao redor do mundo, mas isso é… vocês criam essa atmosfera boa, então, muito obrigado. Fiz tudo que pude. Fiz uma boa largada. Não sei o que aconteceu na curva 3, mas dei bastante espaço para ele. Me esforcei ao máximo para voltar. Apenas um grande obrigado à minha família, à minha equipe – a Mercedes tem sido incrível nos últimos cinco anos, e estou muito orgulhoso de fazer parte disso.

DAVID COULTHARD: Você teve tempo para pensar sobre este campeonato? Ele significa mais do que os três anteriores, agora que você está em um clube de elite de apenas cinco homens que alcançaram esse incrível recorde?

LEWIS HAMILTON: Para ser sincero, não parece real, cara. Óbvio que esse não é o tipo de corrida que eu quero, estar quarenta segundos atrás ou algo assim. Mas, sabe, nunca desisti, e isso é o que importa, o que está no meu coração. Continuei até o fim. Sou grato por hoje e só quero expressar isso para minha família, para Deus e, como disse, para minha equipe.

DAVID COULTHARD: Parabéns, Lewis Hamilton, nosso tetracampeão campeão mundial.[4]

GRANDE PRÊMIO DE ABU DHABI DE 2018
(2018 FORMULA I ETIHAD AIRWAYS ABU DHABI GRAND PRIX)
CIRCUITO DE YAS MARINA
ABU DHABI, EMIRADOS ÁRABES UNIDOS
25 DE NOVEMBRO DE 2018

Uma das inovações de segurança mais importantes no esporte foi introduzida na temporada de 2018, apesar da objeção de muitos pilotos, fãs e especialistas. Em julho de 2017, os repórteres do canal Sky Sports James Galloway e Matt Morlidge coletaram as várias opiniões dos pilotos. A posição de Hamilton evoluiu ao longo do tempo.

O piloto da Mercedes alega que é difícil ignorar a pesquisa do órgão regulador, mesmo que ele não seja fã da aparência nem do peso do Halo. "Falava-se disso havia algum tempo, então sabíamos que aconteceria", disse Hamilton. "É meio difícil, porque quando nos contaram no ano passado, mencionaram que haveria uma melhora de 17% em nossa segurança, e é difícil ignorar isso. Sem dúvida, não é nada bonito – já dissemos isso e sabemos disso. De minha parte, da parte dos pilotos, não parece ótimo, e também o peso do carro aumenta. O carro já está muito pesado. Temos pequenos freios tentando parar um carro que é pesado, então espero que eles façam um trabalho melhor e reduzam o peso para que, quando colocarem essa coisa, não fique mais pesado e difícil de parar."[5]

O posicionamento de Hamilton meio que sintetiza a posição geral dos pilotos, e ele e Fernando Alonso concordaram que era necessário, embora o espanhol estivesse muito mais entusiasmado. Novamente, o Sky Sports citou uma declaração de Lewis: "Esse dispositivo pode ajudar a prevenir muitos dos acidentes fatais que tivemos nos últimos dez ou quinze anos, isso foi provado pela FIA. Se pudéssemos voltar no tempo e salvar a vida de nossos colegas, ficaríamos felizes. Essa é a primeira e única coisa sobre a qual deveríamos falar". Verstappen foi contra: "Acho que, desde que introduzimos o safety car virtual, isso reduziu muito o risco quando você está acelerando sob a bandeira amarela na corrida. Além disso, os cabos de retenção das rodas são muito fortes no momento, então não acho que dá para perder uma roda tão facilmente. E, quando há peças voando do carro, isso [o Halo] não vai proteger o piloto. Não entendo por que deveríamos precisar disso".

Fãs e torcedores de F1 encamparam muitos desses pontos em relação à estética e ao desempenho, mas houve aqueles que não gostaram do dispositivo porque ele aumentou a segurança. O site Overtake.gg organizou uma conversa para os fãs de F1 sobre esse assunto na abertura da temporada de 2018. Um usuário chamado "Racer67" expressou uma opinião que merece reflexão:

> Acidentes horríveis acontecem. Às vezes, quando perseguimos feitos incríveis com paixão, há um preço a se pagar. Milhares de aviões circulam no planeta todos os dias, e aceitamos o risco de desastres em troca da possibilidade de viajar rapidamente ao redor do mundo. No entanto, aviões caem e matam pessoas, mesmo com toda a segurança e controle que temos.
>
> Eu me pergunto: essa obsessão da F1 em eliminar qualquer chance de morte ou ferimentos é mesmo realista? Com Halo ou sem Halo.[6]

A ideia de que a Fórmula 1 não é a mesma coisa sem o risco de pilotos morrerem é perturbadora, mas não exclusiva do automobilismo. O futebol americano lida com a mesma tendência de sede de sangue, com parte de torcedores argumentando que medidas para reduzir a incidência de traumatismo craniano ou fatalidades tornariam o esporte menos emocionante. Esse pensamento é um retrocesso aos dias dos gladiadores na Roma antiga e não tem mais lugar na cultura esportiva moderna. Os esportes não devem girar em torno do potencial de atletas perderem a vida para o prazer escabroso dos torcedores que estão sentados em casa a salvo do risco. Todos os esportes são aprimorados pela segurança, e os fãs e torcedores têm de aceitar isso para o bem dos atletas. Este livro começou com um incidente que teria sido fatal para Hamilton se não fosse pelo Halo; hoje em dia, após diversas preocupações, para a maioria das pessoas o dispositivo tornou-se inócuo.

Os carros podem ter mudado, mas os pilotos que estavam competindo pela conquista do campeonato permaneceram os mesmos, junto com o brilho em evolução de Max Verstappen e uma revigorada equipe Red Bull. Sebastian Vettel e a Ferrari avisaram já na Austrália que estavam dispostos a atrapalhar a busca de Lewis pelo quinto campeonato de pilotos, empatando em número de títulos com Fangio e deixando apenas Schumacher à frente. Em Melbourne, Vettel superou Hamilton na bandeira quadriculada, com Lewis em um segundo lugar decepcionante, já que havia conquistado a pole position no sábado.

O GP da Austrália de 2018 não foi marcado por controvérsias. Os pilotos abordaram os procedimentos na coletiva de imprensa pós-corrida, conduzida pelo ex-piloto australiano Mark Webber, e na qual Lewis e Vettel deram o tom para a batalha campal da temporada.

PERGUNTA: Sebastian, sua 48ª vitória, seu 100º pódio da carreira, alguns atrás de Alain Prost, então nos conte – que corrida!

SEBASTIAN VETTEL: Sim, obviamente muito boa. Tivemos um pouco de sorte com o safety car, mas sim, gostei muito do resultado. Um grande público hoje, você viu nas arquibancadas, curti bastante meu pulo do gato [Vettel aproveitou o safety car virtual para fazer seu pit-stop e voltar à frente de Hamilton]. E, quanto à corrida, quero dizer, minha largada, esperava que fosse um pouco melhor, mas não funcionou muito, então tive que me contentar com o terceiro lugar. E perto do final, daquele primeiro stint, perdi um pouco a conexão com o Lewis e o Kimi à minha frente.

Eu estava com um pouco de dificuldade com os pneus. Fiquei mais satisfeito com os pneus macios, com os pneus amarelos no final, para o segundo stint. Obviamente estava rezando por um safety e teve um carro que parou na curva 4 e fiquei tipo "não, ele não está saindo" e, então, alguém parou, acho que era uma Haas, na curva 2, e, quando percebi, estava cheio de adrenalina, mesmo que a corrida estivesse congelada, mas ainda para entrar nos boxes, tudo no limite, tentando voltar, porque eles me disseram que Lewis estava muito perto. E, quando saímos na frente, eu sabia que era difícil ultrapassar, mas ele manteve alguma pressão, especialmente no início do último stint e depois no final; durante as últimas cinco voltas, pelo menos pude aproveitar um pouco mais.

PERGUNTA: Muito bem. Lewis, meu Deus, que fim de semana você teve! Uma salva de palmas para ele! Você foi incrível neste fim de semana, absolutamente demais ontem na classificação, arrasou. Você subiu neste pódio oito vezes, mais do que qualquer outro piloto na história na Austrália. Acho que você dirigiu de maneira fenomenal neste fim de semana, cara, se deu bem com táticas no pit lane. Fale-nos sobre a corrida, como foi para você?

LEWIS HAMILTON: Foi um fim de semana incrível, sinceramente. Chegar aqui e ter o desempenho que tivemos hoje. Meus parabéns a Sebastian e à Ferrari. Hoje eles fizeram um trabalho melhor, e temos que voltar à prancheta e trabalhar nisso. Ainda temos um ótimo ritmo, nosso desempenho na classificação foi ótimo, acho que durante a corrida consegui aplicar alguma pressão no final. Este é um circuito incrível, mas é muito difícil de ultrapassar, mesmo com o DRS* extra, obviamente com os carros tão próximos quanto estavam. No final das contas, foi mesmo um caso de tentar sobreviver para lutar outro dia, salvar o motor, e vamos tentar recuperar o ponto mais tarde. Mas um grande obrigado a todos que vieram neste fim de semana.

---

* DRS, sigla para *Drag Reduction System* (conhecido como asa móvel), é um sistema de aerodinâmica ativa criado para reduzir o arrasto dos carros de Fórmula 1 nas retas, possibilitando atingir maiores velocidades máximas, aumentando assim as chances de ultrapassagens. (N. T.)

Temos tantas bandeiras britânicas, e agradeço aos australianos por nos receberem esta semana.

PERGUNTA: Sebastian, nos encontramos de novo neste pódio com (você) vitorioso. É um bom ponto de encontro em termos de vitória da Ferrari, a temporada começando com o pé direito, ano passado foi uma batalha titânica com Lewis, agora é rumar para o Bahrein em algumas semanas. Quais são as suas impressões?

SEBASTIAN VETTEL: Tivemos um pouco de sorte hoje. O Lewis voou ontem. Ele mereceu a pole position. Ele fez uma corrida muito boa; controlou no começo. Como disse, tivemos um pouco de sorte, e vamos aceitá-la. Colocamos uma bandeira em Maranello para cada vitória, e pedi a eles que fizessem isso esta manhã na Europa. Ainda não chegamos aonde queremos estar. Ainda não cheguei *exatamente* lá com o carro, sabe? Se eu não sentir o que preciso sentir, então é um pouco complicado. Acho que todos nós sabemos. Mas acho que isso nos dá um bom começo, ventos favoráveis e uma nova motivação para as próximas semanas.[7]

A temporada também seria, tal qual na caracterização de Webber para 2017, uma batalha titânica entre Hamilton e Vettel; somente na quarta etapa, no Azerbaijão, Lewis assumiu pela primeira vez a liderança, que ele devolveria a Vettel várias vezes durante uma temporada que não foi resolvida até a corrida final em Abu Dhabi.

O quinto título colocou Lewis em um grupo de elite. As perguntas sobre conquistar sete campeonatos, que pareciam tão fora de lugar quando ele entrou para a F1 em 2007, agora eram concretas. A coletiva de imprensa pós-corrida, capitaneada por David Coulthard, foi uma celebração da excelência de todos os campeões mundiais que estavam competindo naquela temporada, já que Lewis se apartou solidamente do grupo e veio o anúncio de que Alonso estava se aposentando.

PERGUNTA: Lewis, que incrível final de temporada.

LEWIS HAMILTON: Estou muito feliz agora. Muito obrigado a vocês por todo o apoio este ano.

PERGUNTA: Na verdade, Seb, fique aqui, fique aqui. Vocês tornaram esta temporada épica. Então, algumas palavras; não costumamos ouvir vocês falando juntos. O quanto significou batalhar tanto lá nas pistas, roda a roda?

LEWIS HAMILTON: Foi uma verdadeira honra e um privilégio correr contra Sebastian. Eu o conheço desde os tempos da Fórmula 3, e ele sempre foi um piloto honesto e trabalhador que corre com todo o coração. Ele fez um trabalho fantástico durante toda a temporada. Há muita pressão sobre todos nós, então nunca vejam nossas deficiências como algo menos do que estarmos dando o nosso melhor, e Sebastian fez isso. Sei que no ano que vem ele vai voltar mais forte, então tenho que dar um jeito de voltar no mesmo nível que ele, mas até aqui sou muito grato.

PERGUNTA: Seb, e para você, como é correr roda a roda com Lewis?

SEBASTIAN VETTEL: Bem, ele é o campeão e merece ser o campeão. Sim, foi um ano difícil. Tentei de tudo até a última volta, também hoje, realmente curti. Cheguei perto, bem perto, foi por pouco, mas acho que ele controlou bem o ritmo na frente. Gostaria que fosse um pouco mais roda a roda, mas, sim, um ano longo, muitas corridas. Parabéns, e como ele disse, vou tentar, vamos tentar, acho que toda a nossa equipe vai tentar voltar mais forte para garantir que vamos dar a ele uma corrida mais difícil no próximo ano. Mas a palavra final: acho que, também, parabéns ao Fernando. Acho que os últimos anos foram muito difíceis para ele, sentimos sua falta e sentiremos sua falta, então parabéns pela carreira dele.

PERGUNTA: Talvez a todos vocês três, porque entre Lewis Hamilton, Sebastian Vettel e Fernando são múltiplos títulos mundiais. Fernando, desejamos a você tudo de bom em sua aposentadoria. Mas você vai voltar para visitar a Fórmula 1?

FERNANDO ALONSO: Sim, desde que não seja para comentar, como alguns ex-pilotos de Fórmula 1! Mas sim, foi um prazer correr com estes campeões. Me sinto muito privilegiado, com vocês também, obviamente. Obrigado por tudo. Obrigado, Fórmula 1. Sempre serei fã deste evento.

PERGUNTA: OK, Fernando, você é uma verdadeira lenda, aproveite a jornada de volta para casa. Lewis, você venceu a corrida, foi uma temporada incrível, mas houve um momento um pouco constrangedor lá em que você parou na sexta volta, você pegou tráfego. Ouvimos você no rádio dizendo "Ei, pessoal, vocês sabiam que eu ia sair atrás de todo este tráfego?".

LEWIS HAMILTON: Bem, primeiro me permita… como você já falou a respeito do Fernando, ele é uma verdadeira lenda. Foi uma verdadeira honra e um privilégio correr em um período em que ele estava correndo. Antes mesmo de chegar à Fórmula 1, eu já o observava e admirava o que ele havia conquistado. O tempo todo nesse fim de semana me perguntaram: "Você vai sentir falta dele?" E, na real, nunca é como se realmente sentisse falta de outro piloto… mas o esporte vai sentir, nós vamos sentir e, com certeza, vou sentir falta de tê-lo no esporte.

Hoje, bem, meus engenheiros sempre falam sobre parar supercedo. Eles são muito tranquilos atrás do muro! E fiquei tipo, "Sim, tenho um longo caminho a percorrer e isso não parece muito bom agora". Mas durou bastante, mais uma vez eles foram calculistas e corretos, e é por isso que temos que confiar tanto nesses caras. Um grande, grande obrigado à Mercedes e a toda a equipe, a todos os parceiros esportivos. Não teríamos tido este campeonato sem eles. O campeonato não seria o mesmo sem os torcedores, esses caras que viajam pelo mundo, muito obrigado por terem vindo, sou muito grato por isso.[8]

Alonso sairia de cena, ao menos por ora, e Lewis fincou com firmeza a bandeira que sinalizava a chegada, enfim, da "Era Hamilton" na Fórmula 1. O espanhol se retirou elegantemente do palco com o que deve ter sido a percepção de que talvez não tivesse sido tão ruim, afinal, que Hamilton o tivesse levado a trapacear na primeira temporada. Lewis simplesmente era melhor, e sua sequência de títulos colocou Alonso na categoria de atletas cuja carreira é prejudicada por se deparar com um competidor que define um esporte. Michael Jordan fez isso no basquete. O número de excelentes jogadores que nunca conseguiram ganhar um campeonato durante a "Era Jordan" é impressionante – e frustrante, para aqueles que não conseguiram resolver o problema que ele representava. Lewis representou o mesmo tipo de barreira, assim como Vettel, para Alonso, mas o fato de Hamilton ter eclipsado seu companheiro de equipe na McLaren desde o primeiro dia foi dureza para o bicampeão espanhol.

Lógico, o sétimo título de Lewis não poderia vir sem antes conquistar o sexto, e Max Verstappen e a Red Bull demonstraram que estavam prontos para competir por um campeonato mundial.

GRANDE PRÊMIO DOS ESTADOS UNIDOS DE 2019
(2019 FORMULA 1 PIRELLI UNITED STATES GRAND PRIX)
CIRCUITO DAS AMÉRICAS
AUSTIN, TEXAS
3 DE NOVEMBRO DE 2019

A Mercedes dominou a temporada de 2019 desde o início. Valtteri Bottas se destacou e até ficou na frente de seu companheiro de equipe no começo da temporada, antes que Hamilton conseguisse superá-lo e garantir seu sexto campeonato em Austin. Como previsto, Max Verstappen terminou em terceiro na classificação geral do campeonato, configurando o cenário para os próximos anos, em que a F1 seria o palco de disputas entre Max e Lewis.

A temporada foi marcada por perdas importantes para o esporte. Em março, apenas três dias antes da corrida de Melbourne, Charlie Whiting, o diretor de corrida da Fórmula 1, morreu inesperadamente. Whiting teve papel decisivo na melhoria da segurança da F1 e se empenhou para manter um regime previsível e baseado em regras no esporte. A Fórmula 1 e sua justiça fundamental sofreriam com a perda de Whiting, como veremos de forma extrema na temporada de 2021. Uma coletiva de imprensa pré-corrida no dia da morte de Whiting deu o tom para o fim de semana.

PERGUNTA: Estamos reunidos em circunstâncias muito tristes, após a notícia de que Charlie Whiting, o Diretor de Fórmula 1 da

FIA, morreu nas primeiras horas desta manhã. Gostaria de começar esta coletiva de imprensa perguntando a cada um dos pilotos presentes sobre seus pensamentos e memórias de Charlie. Lewis, podemos começar com você, por favor?

LEWIS HAMILTON: Conheço Charlie desde que comecei em 2007. Fiz alguns comentários esta manhã no meu Instagram. Pode não ter funcionado, pois acho que está fora do ar, mas é óbvio que fiquei muito chocado esta manhã ao saber da triste notícia, e meus pensamentos e orações estão com ele e sua família. O que ele fez por este esporte, quero dizer, seu comprometimento... ele realmente foi um pilar, como disse o Toto, uma figura tão icônica no mundo esportivo e que contribuiu muito para nós, então que ele descanse em paz.

PERGUNTA: Sebastian?

SEBASTIAN VETTEL: Bem, quando ouvi a notícia esta manhã, acho que fiquei tão chocado quanto todos ainda estão agora, em especial porque falei com ele ontem e andei na pista nas primeiras curvas junto com ele. Difícil entender quando alguém simplesmente não está mais lá. Para complementar o que Lewis disse: eu o conheço há muito tempo e ele tem sido o nosso homem, o homem dos pilotos. Claro, há os regulamentos e tudo o mais, e há os pilotos, e ele era o intermediário. Era alguém a quem você poderia pedir qualquer coisa, a qualquer hora. Estava sempre disponível a todos a qualquer hora. Sua porta estava sempre aberta. Ele era um piloto, um cara muito legal. Estou chocado. Não acho que haja muito a acrescentar. Acho que todos os nossos pensamentos, todo o paddock, todo o circo, toda a família da Fórmula 1, todos o nosso sentimento vai para ele e em especial para sua família nessas circunstâncias difíceis.[9]

O respeito dos pilotos por Whiting e a dignidade e lucidez com que desempenhou seu trabalho, como Seb disse, servindo como juiz, por assim dizer, não encontrariam eco na atuação de seu sucessor, Michael Masi.

Apenas dois meses depois, a Fórmula 1 teve que lidar também com a morte do lendário Niki Lauda. Ele vinha atuando junto à Mercedes em uma espécie de posição de consultor e mentor, e se tornara próximo de Lewis. Lauda estava no hospital para diálise renal e faleceu pacificamente durante o sono pouco antes do Grande Prêmio de Mônaco. Equipes e pilotos relembraram a perda para o esporte. Como já observamos, poucos pilotos como Lauda definiram a coragem dos pilotos de Fórmula 1 e a necessidade de protegê-los o máximo possível.

A competitividade de Bottas era algo que Lewis não vivenciava desde a aposentadoria de Nico Rosberg. Na temporada, Valtteri conquistou quatro vitórias e era uma presença quase permanente no pódio. Lewis demonstrou uma consistência que fez até mesmo alguns dos críticos mais veementes de suas atividades fora das pistas o definirem como um dos maiores pilotos que a F1 já viu. Assim como na temporada de 2018, havia pessoas pouco versadas em automobilismo que faziam questão de afirmar que Lewis não era um competidor sério e estava usando a plataforma da Fórmula 1 para passar tempo com pessoas famosas nos EUA, frequentando desfiles de moda e falando sobre fazer música.

Lewis não mudou seu estilo de vida, e seu desempenho nas pistas foi sem paralelo. Ele venceu onze das 21 corridas e só ficou fora do pódio quatro vezes, e no total marcou 413 pontos contra 326 do seu companheiro de equipe. Na coletiva de imprensa pós-corrida, Lewis mal conseguiu desfrutar a conquista do hexacampeonato antes que chegasse a inevitável hora de pensar no número sete. O ex-piloto de F1 britânico Martin Brundle conduziu a coletiva de imprensa pós-corrida, primeiro conversando com Valtteri, que venceu o Grande Prêmio dos EUA.

PERGUNTA: Valtteri Bottas, da pole position à vitória, e você acabou de derrotar um dos maiores pilotos de todos os tempos da história da Fórmula 1. Você deve estar muito satisfeito com essa vitória, não?

VALTTERI BOTTAS: Sim, é uma boa vitória. É uma sensação boa. O carro estava ótimo desde ontem, e tivemos um ritmo forte, então conseguimos vencer. Foi a única coisa em que realmente pude me concentrar e fazer neste fim de semana em termos de campeonato, mas não foi o suficiente, e Lewis conquistou o título...

PERGUNTA: Você não teve sorte com o trânsito. Houve um momento em que pensou "Pode ser que não ganhe agora"? Você teve que voltar para perseguir Lewis, e o ritmo dele estava incrível.

VALTTERI BOTTAS: Sim, não tinha certeza de qual estratégia acabaria sendo a melhor, mas ainda bem que meu ritmo estava bom o suficiente para fazer até mesmo aquelas duas paradas acontecerem, o que não foi planejado de início. É, nós dois enfrentamos algum trânsito aqui e ali.

PERGUNTA: Você poderia dizer uma palavrinha sobre o Lewis e para o Lewis?

VALTTERI BOTTAS: Sim, claro, parabéns a ele. Falhei na minha meta este ano, mas sempre há a próxima temporada. Mas ele merece. Ele fez uma temporada e tanto.

PERGUNTA: OK, vamos falar com o hexacampeão mundial. Ele também conquistou um ótimo segundo lugar hoje. Lewis Hamilton, parabéns, seis vezes campeão mundial. Você está um título à frente do grande Fangio e um atrás de Michael Schumacher, que Deus o abençoe. Como se sente? O que está passando pela sua cabeça?

LEWIS HAMILTON: É simplesmente avassalador, para ser sincero. Foi uma corrida muito difícil hoje. Ontem foi mesmo um dia complicado para nós. O Valtteri fez um trabalho fantástico, então parabéns a ele. Hoje só queria me recuperar e fazer a dobradinha para equipe. Não achei que a parada única seria possível, mas dei o meu máximo. Estou muito emocionado. Tenho toda a minha equipe aqui, todos na fábrica. Minha mãe e meu pai estão aqui, minha madrasta e meu padrasto estão aqui, meu tio George e minha tia de Trinidad, e toda a família lá em casa, claro. É uma honra estar aqui em meio a esses grandes nomes.

PERGUNTA: Ótima largada: você ultrapassou as Ferraris, então se colocou em uma boa posição para coroar a temporada e ganhar o campeonato. Você poderia ter tirado o pé, mas você nunca desiste, não é?

LEWIS HAMILTON: Quando eu tinha 6 ou 7 anos, meu pai me disse para nunca desistir, e esse é o lema da família, então não. Me esforcei o máximo que podia. Tinha esperança de vencer hoje, mas os pneus não aguentaram, infelizmente.

PERGUNTA: Até onde você pode ir? Quantos campeonatos? Onde isso pode acabar?

LEWIS HAMILTON: Não sei sobre campeonatos, mas, como atleta, me sinto revigorado como nunca agora. Estou pronto para as próximas corridas, não vamos desistir, vamos continuar nos empenhando. Tenho que dizer um enorme muito obrigado, agradecer muito a todo o time LH ao redor do mundo, a todos que vieram aqui neste fim de semana para fazer deste evento o que ele é, e também a todos os britânicos e pessoas com as bandeiras do Reino Unido me apoiando neste fim de semana. Muito obrigado, do fundo do meu coração.[10]

A temporada de 2020 seria diferente de qualquer outra. A pandemia global e a violência policial nos Estados Unidos ameaçariam virar de cabeça para baixo o mundo tal qual o conhecíamos.

CAPÍTULO 18

O SÉTIMO TÍTULO MUNDIAL

2020

NÃO HÁ EVIDÊNCIAS DE QUE BREONNA TAYLOR já tivesse ouvido falar de Lewis Hamilton. Infelizmente, Lewis Hamilton e milhões ao redor do mundo ouviriam falar dela e da campanha "Digam o nome dela". Em 13 de março de 2020, Breonna e seu parceiro, Kenneth Walker, foram surpreendidos de madrugada em seu apartamento pela chegada de pelo menos sete policiais que cumpriam um mandado do tipo "sem bater na porta", que permite que a polícia entre em uma casa sem aviso prévio. Achando que eram invasores, o namorado da enfermeira abriu fogo, e quando a polícia atirou de volta, Taylor foi atingida por vários disparos e morreu. De acordo com uma reportagem investigativa de Theresa Waldrop, Eliot C. McLaughlin, Sonia Moghe e Hannah Rabinowitz exibida na CNN em 2022, a polícia estava à procura de Jamarcus Glover, ex-namorado de Taylor, que era acusado – e depois foi condenado – por tráfico de drogas.[1] O termo importante aqui é "ex-namorado".

Breonna Taylor não tinha nada a ver com o tráfico de drogas de Glover e não era mais a namorada dele. Durante o julgamento federal, necessário porque as autoridades em Kentucky se recusaram a processar os policiais, veio à tona que os agentes da lei haviam apresentado uma declaração falsa para autorizar o mandado na residência de Breonna Taylor, alegando que um inspetor postal tinha evidências de que pacotes contendo narcóticos ilegais haviam sido entregues lá. A polícia arrombou a porta enquanto Breonna Taylor e Kenneth Walker estavam na cama. Walker e Taylor naturalmente presumiram que estavam sendo roubados, e Kenneth atirou nos policiais com sua arma de fogo comprada legalmente. A polícia revidou atirando 36 vezes. Walker foi indiciado por tentativa de homicídio de um policial e agressão em primeiro grau, acusações retiradas mais tarde. As evidências que deveriam estar prontamente disponíveis para as autoridades e a população na forma de imagens de câmeras corporais da polícia não estavam, porque todos os policiais desligaram suas câmeras. E, durante meses, as autoridades nada fizeram.

Não há evidências de que George Floyd já tivesse ouvido falar de Lewis Hamilton, mas, na esteira da indignação mundial com o vídeo que mostra Floyd sendo assassinado por um policial que o asfixiou ao pressionar o joelho sobre seu pescoço, Lewis e milhões de outros ouviram falar dele. Enquanto a pandemia da covid-19 se alastrava e ameaçava colapsar o mundo tal qual o conhecíamos, ativistas em todos os Estados Unidos aderiram ao grito de que *Black Lives Matter* (Vidas negras importam), slogan que surgiu após o assassinato do jovem negro Michael Brown, desarmado e baleado por um policial branco em Ferguson, Missouri; e Lewis Hamilton se juntou ao clamor.

É difícil entender o impacto da violência policial sobre atletas negros sem uma séria reflexão sobre o jogador de futebol americano Colin Kaepernick, cujos silenciosos protestos – ajoelhando-se na lateral do campo e se recusando a cantar o hino nacional – capturaram a mente dos atletas ávidos por fazer suas vozes serem ouvidas, mesmo que esse som fosse o silêncio. Kaepernick fazia parte de uma longa linhagem de protestos de atletas contra a injustiça de que os negros são vítimas. Esses protestos remontam à humilhação de Jesse Owens ao conceito de supremacia branca nos Jogos Olímpicos de 1936, sob os auspícios dos nazistas em Berlim; ao protesto silencioso de Peter Norman, Tommie Smith e John Carlos nos Jogos de 1968 na Cidade do México; e praticamente a tudo o que Muhammad Ali fez ou disse. Kaepernick revitalizou o uso dos esportes como uma plataforma para manifestações contra várias formas de intolerância, reivindicações que desde a década de 1960 vinham sendo em larga medidas ineficazes no que dizia respeito a atrair as atenções, muito menos implementar mudanças substanciais. Os esforços de atletas como os armadores da NBA Mahmoud Abdul-Rauf e Craig Hodges na década de 1990 são notáveis como exemplos do contexto em que Kaepernick lançou seu protesto contra a brutalidade policial.

Abdul-Rauf, jogador do Denver Nuggets em 1996, decidiu se recusar a ficar de pé durante a execução do hino nacional e a olhar para a bandeira norte-americana antes dos jogos, porque, como ele disse ao *Mail Online* em 2023, "não se arrepende de seu protesto nem de sua condenação dos Estados Unidos como um símbolo de opressão".[2] A direção da NBA se envolveu e multou o armador em 30 mil dólares por partida, penalidade que o forçou a transigir e aceitar um meio-termo; ele aceitou ficar de pé e olhar para baixo ou manter os olhos fechados, tentando não escutar o hino. Entende-se esse protesto como o fator que encerrou sua carreira, porque em seu desempenho dentro das quadras nada havia que indicasse que deveria parar de jogar.

Craig Hodges aproveitou a visita à Casa Branca após o segundo título do Chicago Bulls para levar suas preocupações sobre a situação da comunidade negra à atenção de George Bush (pai), entregando ao secretário de imprensa uma carta que em parte dizia, conforme matéria publicada no jornal *Chicago Tribune*:

Sr. Presidente,

Os doze atletas do Chicago Bulls, dez dos quais são descendentes de escravos africanos, assumimos a responsabilidade de falar em nome daqueles que não podem ser ouvidos de onde estão.

Há um setor da nossa população que está sendo descrito como uma "espécie em extinção", ou seja, o jovem negro.

É necessário fazer a pergunta acerca dos motivos pelos quais a condição das periferias urbanas de todo o país equivale a um estado de emergência, a fim de sabermos se é por causa da violência gratuita, da falta de empregos ou das drogas.

É muito importante que os cidadãos desta grande nação determinem de que lado da história estaremos neste momento tão grave (…).

O objetivo desta carta é falar em nome dos pobres, dos nativos norte-americanos, dos sem-teto e, mais especificamente, afro-americanos que não conseguem vir a este grande edifício (…). Sendo descendente de escravos africanos, sinto que é muito importante que nossa situação seja colocada na lista de prioridades (...). Deve ficar claro (...) que a comunidade afro-americana é diferente de qualquer outra. Há uma parcela da nossa população sendo descrita como uma espécie em extinção, que é o jovem negro, e as periferias urbanas estão em situação de emergência por causa da violência que infligimos uns aos outros. Ao analisarmos essa condição, devemos olhar para a baixa autoestima, que em geral se deve à falta de empregos e à falta de compreensão de quem somos (...) Esta carta não está implorando ao governo por nada (...) mas 300 anos de trabalho livre destruíram a comunidade afro-americana. É hora de um plano abrangente para a mudança. Espero que esta carta ajude a impulsionar a unificação da juventude das periferias urbanas e que essas questões sejam priorizadas na agenda doméstica.[3]

É impossível ler esta carta como algo além de comedido e respeitoso, e a entrega ao secretário de imprensa teve o intuito de seguir o protocolo adequado e não atrapalhar os procedimentos formais. Contudo, essas respostas cautelosas a um país em crise não trouxeram resultados concretos. O episódio ocorreu após os tumultos em Los Angeles, desencadeados pela falta de responsabilização pelo brutal espancamento de Rodney King. Essa carta-protesto enterrou a carreira de Hodges. É digno de nota que Michael Jordan não compareceu a essa reunião, optando por ignorá-la, como já havia feito em 1991. A ausência de Jordan também era um posicionamento, mas não havia a menor chance de que o maior e melhor jogador da história do basquete sofresse o mesmo destino de Abdul-Rauf ou Hodges. (Michael Jordan jamais adotaria uma postura semelhante, mas essa é outra história.) O que sabemos, sem sombra de dúvida, é que o ponto em comum aqui – de Owens deixando que seu desempenho desse o recado aos nazistas, até a visita à Casa Branca após a absolvição dos policiais que espancaram agressivamente Rodney King em Los Angeles – é a violência apoiada e cometida pelo Estado contra pessoas negras.

Em 2015, a carreira de Colin Kaepernick estava em declínio desde seu pico em 2012, quando ele levou o San Francisco 49ers ao Super Bowl. Ele perdeu a condição de *quarterback* titular e foi prejudicado por uma série de cirurgias, e, quando a temporada de 2016 começou, foi para o banco de reservas. No verão antes dessa temporada, Kaepernick começou a demonstrar preocupação com uma série de incidentes violentos pela polícia de uma ponta à outra dos Estados Unidos. No mês de julho, Alton Sterling, Philando Castile e Charles Kinsey foram mortos a tiros pela polícia. Na esteira dessa sequência de assassinatos de cidadãos negros por abusos de força policial, Kaepernick foi indagado por jornalistas, após o terceiro jogo da pré-temporada, sobre o motivo de se manter sentado durante a execução do hino nacional; o atleta não mediu palavras e, conforme a reportagem de Steve Wyche, afirmou: "Não vou me levantar para mostrar orgulho de uma bandeira de um país que oprime negros e pessoas de cor. Para mim, isso é maior que futebol americano, e seria egoísmo da minha parte olhar para o outro lado. Há cadáveres nas ruas, e pessoas recebendo licença remunerada e escapando impunes de assassinatos".[4]

Se ainda havia gás no tanque de Kaepernick para jogar na National Football League, nunca saberemos. Sua equipe rescindiu seu contrato, e nenhum outro time lhe deu emprego. A liga minou o atleta e lhe fechou portas. Ele processou a NFL, acusando a entidade de persegui-lo e impedi-lo de arranjar emprego. Em fevereiro de 2019, ambos chegaram a um acordo.

Nenhum desses atletas chegou a convulsionar os esportes que estavam lá para praticar, mas os torcedores e as pessoas que administram as respectivas organizações com certeza agiram como se eles tivessem feito isso. Lewis acompanhava os eventos nos Estados Unidos e vinha lutando para encontrar sua voz ativista. Ele não se sentia à vontade em ficar de fora de braços cruzados. Diferentemente de Abdul-Rauf, Hodges e Kaepernick, Hamilton estava no topo do seu esporte, com uma plataforma global que observava, de uma posição de distância empática, a loucura nos Estados Unidos. Ele era um atleta e um superastro, mas também havia vivenciado os mesmos tipos de intolerância e se importava em dar uma basta a isso.

O ano de 2020 foi assolado por uma pandemia e pelo problema aparentemente insolúvel de intolerância que acaba com pessoas sendo assassinadas pela polícia. Lewis iniciaria, em meio às condições mais bizarras, sua campanha por um sétimo título mundial. A temporada estava prevista para começar em março e consistiria em 22 corridas, mas, como o restante do mundo, mergulhou na incerteza por conta da pandemia da covid-19 e começou apenas em julho, com uma campanha de dezoito corridas. As primeiras oito provas da temporada foram realizadas em uma bolha de locais vazios, o único som sendo o rugido ensurdecedor dos carros.

GRANDE PRÊMIO DA ÁUSTRIA DE 2020
(FORMULA 1 ROLEX GROSSER PREIS VON ÖSTERREICH 2020)
RED BULL RING
SPIELBERG, ESTÍRIA, ÁUSTRIA
5 DE JULHO DE 2020

Valtteri Bottas venceu a corrida, e Lewis ficou em quarto depois de ter perdido o segundo lugar por causa de uma penalidade de cinco segundos. Charles Leclerc ficou em segundo pela Ferrari, e Lando Norris subiu ao pódio em terceiro pela McLaren.

Na segunda-feira após a corrida, o jornalista Matias Grez publicou uma matéria no site *CNN Sports* com o título "Pilotos de Fórmula 1 divididos, pois vários optam por não se ajoelhar em apoio ao movimento *Black Lives Matter*". Antes de assumir a noção de que havia algum tipo de racha entre os pilotos, Lewis representava uma importante ligação com a evolução do protesto negro abordado aqui. Grez escreve:

> Após a corrida, Hamilton disse aos repórteres que já havia tentado se posicionar em público contra o racismo após ser inspirado pelos protestos do ex-astro da NFL Colin Kaepernick, que se ajoelhava em campo.
>
> No entanto, Lewis, de 35 anos, disse que foi dissuadido, embora não tenha dito especificamente por quem. "Achei que foi uma declaração de princípios muito poderosa", disse Hamilton. "Então ele perdeu o emprego, e era um tremendo atleta. Falei com ele alguns anos atrás, logo depois disso, por ocasião do Grande Prêmio dos EUA [de 2017].
>
> "Mandei fazer um capacete vermelho com o número dele, mas naquela época fui meio que silenciado. Disseram-me para recuar e 'não apoiar isso', o que lamento. Então é importante para mim que durante esse tempo eu tenha feito a minha parte."
>
> Após os treinos de classificação no sábado, Hamilton disse que estava desapontado que alguns pilotos não usaram suas plataformas

para se manifestar contra o racismo. No entanto, o britânico disse que não pediu a nenhum piloto que se ajoelhasse ao lado dele na linha de largada.

"Eu disse: 'Eu vou fazer isso, mas vocês façam o que acharem certo'", declarou Lewis aos repórteres. "Sou muito grato por aqueles que se ajoelharam comigo. Acho que é uma mensagem poderosa, mas não mudará o mundo.

"É um problema muito, muito maior em todo o mundo; todos tiveram o direito de fazer sua própria escolha, e para mim parecia a coisa certa a fazer. Tudo o que nós estamos fazendo não é suficiente; todos nós precisamos fazer mais. Nas últimas semanas tem havido conscientização, e a última coisa de que precisamos é que ela morra em silêncio e desapareça."[5]

O caos de 2020 quebrou os limites que Lewis havia estabelecido em torno de seu ativismo. O título da matéria fala de divisão, mas não tenho certeza se é exatamente o termo correto. Seria difícil imaginar que Lewis, após sua própria decisão de moderar seu ativismo, se ressentiria de outros indivíduos por terem o mesmo tempo e espaço para decidir qual seria a melhor maneira de reagir. A decepção de Lewis era com a F1 e a FIA. A organização tinha acabado de lançar sua iniciativa "We Race as One" (Nós corremos como um só), que o site da F1 descreve nos seguintes termos:

> Em 2020, lançamos a iniciativa #WeRaceAsOne, plataforma que visa a abordar os maiores problemas enfrentados por nosso esporte e comunidades globais, sustentando a estratégia da Fórmula 1 para fazer uma diferença tangível no mundo em que disputamos corridas. Em 2020, a campanha foi centrada em duas questões principais: a pandemia da covid-19 e a desigualdade. E agora, com a #WeRaceAsOne sendo adotada como a plataforma oficial de boas práticas ambientais, sociais e governança corporativa (ESG) para a Fórmula 1, o foco mudará para os três novos pilares principais: sustentabilidade, diversidade e inclusão, e comunidade.[6]

Lewis se importa profundamente com todas essas coisas, mas faltava nessa declaração a especificidade da violência policial contra pessoas negras, e foi essa ausência que forçou Hamilton a ir mais longe. O que ele não sabia na época é que a manifestação (ajoelhar-se) – "protesto" não é o termo certo aqui – foi mostrada apenas por um instante na transmissão do GP da Áustria, e logo cortaram a cena para mostrar uma exibição comemorativa de paraquedistas. Lembre-se de que não havia público presencial nesse evento, portanto a única maneira de os espectadores ficarem cientes do que os pilotos estavam fazendo e das escolhas que estavam sendo feitas em tempo real era por meio da transmissão, e essa oportunidade foi perdida. Nada disso impediu o *establishment* da Fórmula 1 de expressar opiniões. A Fox Sports conversou com o ex-campeão mundial Jenson Button, que se juntou ao chamado de Lewis para a ação:

> Acho que nós, da Fórmula 1, temos que ser proativos para avançar e acabar com o racismo e corrermos como um só. O tema não pode passar em silêncio, precisamos mencioná-lo em todas as corridas, precisamos não apenas mencioná-lo, precisamos ser proativos para implementar mudanças. Ainda não sei como faremos isso para ajudar também a fomentar a diversidade em nosso esporte. É algo que todos nós precisamos discutir, e fazer mudanças.[7]

Verdade seja dita, o que a Fórmula 1 pode fazer quanto à brutalidade policial é quase nada. Isso não significa que tais manifestações não sejam um componente fundamental para acabar com esse flagelo. O que a F1 *pode* fazer está no terreno da diversidade. Antes disso, Lewis anunciou a formação da Comissão Hamilton, concebida para abordar a diversidade no automobilismo. Alguns, como Button, abraçaram o conceito, mas outros ou não estavam interessados, ou não se importavam. Um dos comentários mais decepcionantes (mas bem previsível) veio do ex-chefão da F1 Bernie Ecclestone, que, você deve se lembrar, supostamente estava envolvido no encobrimento do acidente de Piquet Jr. para fraudar uma corrida em 2008.

Além de acobertar uma conspiração para mudar o resultado de eventos esportivos, em 2009 Ecclestone elogiou em público a capacidade de Hitler de "comandar muitas pessoas [e] fazer as coisas acontecerem". Em outubro de 2023, além de várias outras acusações de fraude e suborno, Ecclestone foi condenado por sonegação e obrigado a pagar 653 milhões de libras à guisa de compensação por dezoito anos de impostos e taxas atrasados, e sentenciado a uma pena de prisão de dezessete meses – entretanto, por conta de sua idade avançada, ele não foi detido, e a pena em regime fechado foi suspensa.

Em resposta à criação da comissão encabeçada por Hamilton para fomentar a diversidade, Ecclestone declarou, segundo reportagem da CNN:

> Eu acho que não vai fazer bem ou mal para a F1.
> Só vai fazer as pessoas pensarem sobre o que é mais importante.
> Acho que isso vale para todos. As pessoas deveriam pensar um pouco e pensar: "Olha só que coisa. Alguém não é igual aos brancos, e os negros deveriam pensar o mesmo sobre os brancos".
> Em muitos casos, os negros são mais racistas que os brancos.

Em sua página do Instagram, Lewis detonou Ecclestone:

> Droga, simplesmente não sei nem por onde começar.
> Bernie está fora do esporte e é de uma geração diferente, mas é exatamente isto que está errado – comentários ignorantes e incultos que nos mostram o longo caminho que nós, como sociedade, precisamos percorrer antes que a igualdade real possa acontecer.
> Agora faz todo o sentido para mim que nada tenha sido dito ou feito para tornar nosso esporte mais diverso ou para abordar o abuso racial que sofri ao longo da minha carreira.
> Se alguém que comanda o esporte há décadas tem tanta falta de compreensão acerca das questões profundas com as quais nós, negros, lidamos todos os dias, como podemos esperar que todas as pessoas que trabalham com ele entendam? A coisa começa no topo.
> Agora chegou a hora da mudança. Não vou parar de lutar no sentido de criar um futuro inclusivo para o nosso esporte, com oportunidades iguais para todos. Para criar um mundo que ofereça oportunidades iguais para as minorias. Continuarei a usar minha voz para representar aqueles que não têm uma, e falar por aqueles que são sub-representados, para lhes fornecer uma oportunidade de ter uma chance em nosso esporte.[8]

A Fórmula 1 ficou tão indignada quanto Lewis e divulgou um comunicado à imprensa declarando: "Em um momento no qual a união é necessária para enfrentar o racismo e a desigualdade, discordamos completamente dos comentários de Bernie Ecclestone, que não têm lugar na Fórmula 1 nem na sociedade".

Lewis se recusou a ver a falta de equidade nos esportes ou em qualquer outro lugar como uma preocupação distinta da violência policial. Enquanto administrava seu ativismo em torno da violência policial e lidava com as demandas de uma pandemia global ao mesmo tempo em que viajava mundo afora, Hamilton tinha um sétimo título de campeão mundial para vencer, e nesse momento ainda não tinha ouvido falar de Breonna Taylor.

GRANDE PRÊMIO DA TOSCANA DE 2020
(FORMULA 1 GRAN PREMIO DELLA TOSCANA FERRARI 1000)
AUTÓDROMO INTERNACIONAL DE MUGELLO
SCARPERIA E SAN PIERO, TOSCANA, ITÁLIA
13 DE SETEMBRO DE 2020

Lewis chegou ao Grande Prêmio da Toscana com 164 pontos no campeonato, 47 pontos à frente de seu companheiro de equipe, depois que oito das dezessete corridas da temporada já tinham sido realizadas. Breonna Taylor estava morta desde março, e nada havia sido feito a respeito. Os policiais envolvidos no assassinato não foram indiciados, e a notícia de que não havia movimento para levá-los à justiça finalmente viajou pelo Atlântico e chegou ao conhecimento de Hamilton. Três dias antes dessa corrida, Li Cohen publicou um artigo para o site da *CBS News* com o preocupante título: "A polícia dos EUA matou 164 negros nos primeiros 8 meses de 2020. Estes são seus nomes".[9] Breonna Taylor é um nome entre muitos que não cabem todos em uma camiseta, e muito menos são lembrados. Ela é maior do que ela mesma.

Demorou até o final de maio para que a investigação do assassinato fosse entregue ao FBI e ao procurador-geral do estado do Kentucky, Daniel Cameron, que é negro e filiado ao Partido Republicano. Quando todas as acusações contra Kenneth Walker foram retiradas dois dias após o encaminhamento às autoridades estaduais e federais, ficou evidente que havia algo de errado com a operação policial. Em 28 de maio de 2020 teve início uma onda de protestos contra a modo de Cameron lidar com o caso e contra a falta de responsabilização dos policiais envolvidos na morte de Taylor. Em 14 de julho, dois dias após a primeira vitória de Lewis na temporada, no Grande Prêmio da Estíria, 87 pessoas foram presas após uma manifestação no gramado em frente à residência de Cameron, que parecia determinado a eximir a polícia da responsabilidade pela morte de Breonna Taylor.

Em maio de 2023, John Nichols escreveu sobre o papel que Cameron desempenhou na indignação internacional em relação à falta de responsabilização por parte desses policiais; o artigo para a revista *The Nation* intitulava-se "O homem que disse que o assassinato de Breonna Taylor foi 'justificado' pode ser o próximo governador do Kentucky":

> No Kentucky, o procurador-geral Republicano conservador Daniel Cameron estava no controle do inquérito. No outono de 2020, Cameron concluiu que o uso da força pelos policiais do Departamento de Polícia Metropolitana de Louisville, que resultou na morte de Taylor, foi "justificado" sob a lei do Kentucky. Nenhuma acusação seria feita contra o policial cujos tiros, a perícia determinou, tiraram a vida de Taylor. De fato, as únicas acusações que Cameron recomenda que sejam levadas a um grande júri foram contra um policial acusado de colocar em perigo *os vizinhos* de Taylor.[10]

Enquanto as autoridades no Kentucky finalmente começavam a perceber que teriam de submeter o caso a um grande júri, Lewis ponteou os treinos de classificação na Toscana, ficando na P1 com Bottas ao seu lado, e com as Red Bulls de Verstappen e Alex Albon em terceiro e quarto. A corrida foi marcada por uma série de acidentes que causaram duas bandeiras vermelhas (paralisação total da corrida), o que significou que houve três largadas paradas na corrida. Lewis venceu a competição intermitente, com Valtteri em segundo e Albon em terceiro. Hamilton ampliou sua liderança sobre Bottas, agora liderando a competição por 190-135.

Lewis apareceu no pódio com uma camiseta preta estampada com o slogan "Prendam os policiais que mataram Breonna Taylor", mensagem que ele enfatizou com uma postagem em suas redes sociais: "Já se passaram 6 meses desde que Breonna Taylor foi assassinada por policiais em sua própria casa. Ainda não houve justiça. Não ficaremos em silêncio".[11] Quem ficou em silêncio foram os promotores estaduais. Eles não estavam interessados em fazer justiça para Breonna Taylor. Lewis Hamilton deu o devido crédito a Naomi Osaka, fenômeno do tênis, por alertá-lo sobre essa catástrofe. De acordo com o site *CNN Sports*: "Antes da partida de abertura do US Open na segunda-feira, Osaka entrou na quadra usando uma máscara com o nome de Breonna Taylor".[12] Na entrevista pós-corrida, em resposta a uma pergunta sobre a camiseta, Lewis explicou seu pensamento.

ALAN BALDWIN (*Reuters*): Pergunta para Lewis. Parabéns pela vitória. Sobre a camiseta que você usou no início e no final, a camiseta Breonna Taylor. Isso é uma mudança na campanha antirracismo? Sempre foi *Black Lives Matter* até agora. Isso é uma mudança individual – mais ou menos como as máscaras de Naomi Osaka no US Open?

LEWIS HAMILTON: Não é uma grande mudança, ainda é uma luta contra a mesma coisa. É que… demorou muito para conseguir essa camiseta, e estava querendo usá-la e conscientizar sobre o fato de que há pessoas que foram assassinadas na rua e há alguém que teve a vida tirada em sua própria casa, e esses caras foram à casa errada, e eles ainda estão andando livres por aí, e não podemos descansar, não podemos… Temos que continuar a conscientizar as pessoas sobre isso, e a Naomi tem se saído muito bem, então parabéns a ela. Ela é uma inspiração incrível por ter usado sua plataforma. Acho que nós apenas temos que continuar a fazer pressão em relação a esse assunto.[13]

Dez dias depois, o procurador-geral Cameron anunciou que o assassinato era justificado. O site do Fundo de Defesa Jurídica (LDF) da Associação Nacional pelo Progresso das Pessoas de Cor (NAACP) analisou o fato de que, apesar de toda a pressão internacional, Cameron não se preocupou em apresentar nenhuma possibilidade de denunciar os policiais pelos crimes. Foi somente em 2022 que o Departamento de Justiça dos EUA entrou na brecha na busca por justiça, brecha criada pelos esforços de Cameron para proteger os policiais de acusações. De acordo com um comunicado à imprensa do Departamento de Justiça, o governo federal havia "acusado quatro policiais atuais e antigos de Louisville de violações de direitos civis federais, incluindo mentir para obter um mandado de busca para a invasão do apartamento de Taylor".[14]

Enquanto a Fórmula 1 rumava para a Rússia para o Grande Prêmio no Autódromo de Sochi, as notícias da obstrução de justiça de Cameron se espalharam, e atletas de todo o mundo uniram forças para expressar indignação. O site da *BBC Sport* publicou uma matéria intitulada "Breonna Taylor: estrelas do esporte reagem à decisão de não acusar a polícia pela morte de uma mulher negra". A matéria começa assim: "Estrelas do esporte, incluindo LeBron James, Lewis Hamilton, Megan Rapinoe e Colin Kaepernick, expressaram sua decepção com a decisão de não acusar nenhum policial pelo assassinato de Breonna Taylor". Uma postagem de Lewis no Instagram foi citada no artigo:

> Estou muito triste, mas não surpreso com esse resultado. A polícia continua se safando impune de assassinatos todos os dias, e isso precisa parar! Ela era inocente e não merecia ser baleada e morta. Onde está a justiça? Claramente não está nessa decisão.
>
> É doloroso saber que alguém foi assassinado e ninguém foi responsabilizado. Imagine se fosse sua mãe, seu irmão, irmã ou amigo; a vida dela importava, mas o sistema que deveria protegê-la falhou com ela por causa da cor de sua pele. Que loucura.[15]

A retórica de Lewis e outras celebridades é extraordinária porque não se preocupa em suavizar o golpe com predicados como "a polícia tem um trabalho difícil a fazer" ou "há maçãs podres em todas as profissões" e o onipresente "ainda não ouvimos os dois lados". Lewis é inequívoco em sua crítica à polícia: "A polícia continua se safando impune de assassinatos todos os dias, e isso precisa parar!".

O que não podia ser parado era a busca de Lewis por seu sétimo título de campeão mundial, que empataria o recorde de todos os tempos. Depois de um terceiro lugar na Rússia, Lewis conquistou vitórias consecutivas na Alemanha (Grande Prêmio de Eifel), em Portugal, de volta à Itália no Grande Prêmio da Emilia-Romagna, e enfim garantiu sua décima vitória no ano e o heptacampeonato mundial na Turquia, onde, em uma frase icônica, pediu que as crianças seguissem seus sonhos aonde quer que eles as levassem. Na coletiva de imprensa pós-corrida, Lewis estava feliz da vida, como era de se esperar.

PERGUNTA: Lewis, a marca de um grande campeão nos esportes é vencer nos dias em que você talvez não seja o mais rápido, ou o mais forte, ou não tenha o melhor equipamento. Você se separou do bando hoje para se tornar um heptacampeão mundial com a verdadeira garra de um campeão.

LEWIS HAMILTON: Obrigado, estou um pouco sem palavras. Tenho que começar agradecendo imensamente a todos os caras aqui e a todos os caras da fábrica – nossas duas fábricas – e a todos os nossos parceiros, por nos possibilitarem esta oportunidade. Não seria capaz de fazer isso se não tivesse me juntado a esta equipe, e a jornada que temos percorrido tem sido monumental. Estou muito orgulhoso deles. Quero também expressar um agradecimento ao time LH por ficar comigo todos estes anos e há… e à minha família. Nós sonhávamos com isso quando éramos jovens, quando eu era jovem, quando assistíamos aos Grandes Prêmios, e isto está muito, muito além dos nossos sonhos. É muito importante que as crianças vejam isso e saibam que… não deem ouvidos a ninguém que lhes diga que vocês não podem alcançar algo. Sonhem o impossível e façam com que se torne realidade. Vocês têm que trabalhar para isso. Vocês têm que correr atrás de seus sonhos e nunca desistir, nunca duvidar de si mesmas.

PERGUNTA: Você igualou o formidável Michael Schumacher com sete títulos mundiais. Essa foi uma corrida da qual Michael Schumacher ou qualquer um dos grandes pilotos dos nossos setenta anos de história teria se orgulhado.

LEWIS HAMILTON: Obrigado. Sabíamos que seria um fim de semana muito difícil desde o início. Não ficamos muito decepcionados com nossa posição na classificação. Sabíamos que estávamos meio que em desvantagem e demos o nosso melhor. Mas aprendemos muito. É isso o que fazemos como equipe. Não caímos no jogo de troca de acusações. Nós discutimos, sim. Tem bate-boca, sim. Continuamos tentando melhorar nossa comunicação para evoluir. Nem sempre fazemos tudo perfeito. Tivemos aquele pequeno momento no início da corrida com os pneus novos, e então não consegui ultrapassar o Seb por um tempo. Naquele momento, pude ver o Albon se afastando e pensei, "Meu Deus, esta corrida está escorrendo entre meus dedos". Mas mantive o foco e continuei acreditando que mais cedo ou mais tarde encontraria o ritmo. E foi o que aconteceu.

PERGUNTA: Algumas voltas depois, você estava em um pit stop atrás dos líderes, você não estava em lugar nenhum. Em que ponto você pensou: "Acho que dá para ganhar hoje"?

LEWIS HAMILTON: Teve um momento em que o Seb estava se afastando de mim e na hora não entendi o porquê. Estava verificando minhas temperaturas. Não sabia se era porque os pneus estavam superaquecendo ou frios demais. Eles passaram por um trecho mais seco. Enfrentei a fase bem difícil da granulação nos pneus, e então a aderência começou a voltar. A pista secava em algumas áreas, eu ajustava as minhas linhas de direção durante toda a corrida e comecei a ganhar ritmo. E então o Seb parou, e sabia que não era a escolha certa, mas decidi me manter na pista. Com os pneus ficando mais e mais lisos, era exatamente o que eu precisava. Ainda bem que esse pneu intermediário mantém a temperatura. Se tivesse saído com pneus novos, não teria conseguido.

PERGUNTA: Seus pneus estão completamente na lona, carecas. Você desobedeceu à equipe no final, não quis entrar em um pit lane melecado de água. Você achou que conseguiria chegar até o fim.

LEWIS HAMILTON: Bem, vocês se lembram que perdi o campeonato mundial no pit lane e aprendi minha lição em 2007, isso é certo. Senti que realmente tinha tudo sob controle, a aderência estava boa e lidaria com a chuva se ela caísse... Uau![16]

Uau, de fato. Treze anos haviam se passado daquela entrevista no final de sua carreira na GP2, quando Lewis ficou impressionado com os sete títulos mundiais de Michael Schumacher e ousou se perguntar se um dia conseguiria ganhar um. Agora ele estava ao lado do lendário Schumacher como o maior e melhor campeão do esporte e talvez o maior e melhor de todos os tempos, e a Grã-Bretanha percebeu. Ele também assumiu um grande risco comercial. Assumir uma posição contra a injustiça social pode afugentar patrocinadores, mas nenhuma dessas preocupações pareceu perturbar o desejo de Lewis de fazer sua voz ser ouvida.

Em um mundo perfeito, no dia em que o mundo celebrava o sétimo título de Lewis, Breonna Taylor teria ouvido falar a respeito dele. Ela estaria se preparando para sair de seu apartamento em Louisville para mais uma semana de trabalho como paramédica, finalmente sentindo que sua carreira e vida pessoal estavam em equilíbrio, e cuidando de sua rotina. A melhor parte de tudo isso: o heptacampeão mundial Lewis Hamilton nunca teria dito o nome dela.

CAPÍTULO 19

NÃO SOU UM HOMEM DE NEGÓCIOS, SOU UM NEGÓCIO

A FÓRMULA 1 É, NO FINAL DAS CONTAS, um negócio, e Lewis Hamilton, em especial depois de igualar o recorde de Schumacher, é o rosto do esporte, e isso traz a reboque recompensas monetárias impressionantes. Com isso em mente, é importante colocar em contexto financeiro o risco que o ativismo de Lewis representa. Podemos lembrar que Muhammad Ali, por conta de seus protestos contra a Guerra do Vietnã, sacrificou os melhores anos de sua carreira e um bocado de dinheiro. Por outro lado, atletas como Michael Jordan relutam em assumir posições políticas por medo de prejudicar sua renda. A rejeição que Colin Kaepernick sofreu por parte dos donos da NFL prova como vencer nem sempre supera outros elementos da percepção pública. Lewis, que em muitos aspectos é diferente de qualquer outro atleta, descobriu como aproveitar o sucesso financeiro e fazer com que sua voz seja ouvida.

Jay-Z se junta a Kanye West no remix da canção "Diamonds from Sierra Leone", que Kanye lançou em 2005, e o rapper rima: "Mano, eu não sou um homem de negócios, eu sou um negócio, qual é? / Agora me deixa cuidar dos meus negócios, mané!". Isso também poderia ser dito de Lewis Hamilton, que não é exatamente um homem de negócios, ele é um piloto de Fórmula 1, mas é um negócio, sim, senhor. De acordo com o site Spotrac.com,[1] o primeiro contrato de Hamilton em 2007 foi de (na época) alucinantes 4 milhões de dólares por um ano. Após sua bem-sucedida campanha de estreia, o Spotrac informa que o novato assinou outro contrato para seu segundo ano, desta vez por 5 milhões de dólares, e anunciou que se mudaria para a Suíça a fim de fugir dos *paparazzi* e das ainda mais vorazes autoridades fiscais britânicas. Esse foi o último dos contratos de sete dígitos de Hamilton. Lewis não é apenas dinheiro. Ele é a plataforma que seu talento, sorte e tenacidade lhe trouxeram, e a quantidade de dinheiro que a acompanha é uma maneira entre muitas de nossa cultura conseguir ficar de olhos nos resultados.

Em 2009, Lewis recebeu 18 milhões de dólares. Em 2010, esse valor aumentou para 21 milhões e, em 2013, Lewis assinou um contrato de três anos e 82,8 milhões com a Mercedes-Benz após sua saída da McLaren; toda essa bolada foi para seus bolsos abarrotados, porque anos antes ele trocou a Suíça pelo paraíso fiscal de Monte Carlo, cuja vida noturna é muito mais agitada. Em 2019, após faturar seu sexto título de campeão mundial, Lewis assinou uma extensão de dois anos com a Mercedes no valor de 133 milhões de dólares. Em 2024, enquanto Lewis se preparava para deixar a Mercedes e assinar com a Ferrari no que provavelmente será a última fase de sua carreira, seus ganhos totais na pista ultrapassavam 550 milhões de dólares, mas há muito mais.

Lewis é um ícone cultural, e empresas em todo o mundo se associaram a ele para representar seus produtos. De acordo com a Sportskeeda, os patrocínios de Hamilton incluem – mas não se limitam a – fabricante de relógios de luxo IWC, um acordo de design com Tommy Hilfiger, Bose, Electronic Arts, Mercedes-Benz, INEOS (empresa de petróleo e gás), Puma, óculos Police e bebidas Monster Energy.[2] Condizente com seu estilo de vida global, Lewis também é o embaixador da marca do fabricante de malas premium Rimowa e mata sua sede, sobriamente, com sua própria marca de destilado não alcoólico de agave azul, Almave.

A maré alta levanta todos os barcos, e a ascensão da Fórmula 1 e de Lewis não são eventos dissociados. A Fórmula 1 sempre foi popular na Europa, mas, quando Lewis Hamilton tornou-se uma estrela para o público norte-americano, o valor do esporte e tudo ao seu redor disparou. Parte desse frenesi se deve à série documental *Dirigir para viver*, que estreou na Netflix em março de 2019. O que é interessante sobre o impacto cultural das três primeiras temporadas (2019, 2020 e 2021) é que cobrem as temporadas de Fórmula 1 de 2018, 2019 e 2020. Lewis Hamilton se recusou a participar dessas temporadas do documentário.

Então, nos anos em que ele venceu o campeonato, a série prossegue como se ele não estivesse lá.

Seria o equivalente a um documentário sobre os grandes times do Chicago Bulls campeões da NBA sem que Michael Jordan desse as caras. Isso faz com que um segmento do público estadunidense que é apresentado ao esporte por meio da série veja Lewis Hamilton como uma espécie de força ausente que precisa primeiro ser localizada e depois derrotada. As sinopses dos episódios da primeira temporada, a de 2018, em que pela primeira vez dois tetracampeões mundiais estão competindo um contra o outro, devem relegar a batalha entre Lewis e Seb à condição de uma vítima de acordos por direitos legais.

O episódio 1 da primeira temporada é intitulado "Adrenalina e paixão" e, de acordo com a sinopse da própria Netflix, permite que os espectadores vejam "o piloto Daniel Ricciardo tentar se destacar na pista enquanto as equipes se preparam para a primeira corrida da temporada, o Grande Prêmio da Austrália". A história principal desse fim de semana foi que Vettel terminou em primeiro com Lewis em segundo. Essa toada se mantém durante toda a temporada. No mundo real, Lewis conquista seu quinto título e se iguala ao pentacampeão Juan Manuel Fangio no Grande Prêmio do México; no mundo da Netflix, essa corrida nem sequer merece um episódio. A Red Bull se junta à galeria de multicampeões (Verstappen seria campeão em 2021, 2022, 2023 e 2024) e, enquanto Lewis ganha seu sétimo título em 2020 e está competindo pelo oitavo, a animosidade do chefe da bebida energética, Christian Horner, se transforma em uma narrativa do tipo "nós contra eles".

A temporada de 2021 e a busca de Lewis para superar Schumacher foram complicadas pela ausência do grande piloto alemão. Por uma tragédia, Schumacher saiu de cena depois que um acidente de esqui nos Alpes Franceses o deixou gravemente incapacitado, ausente da vista do público e em silêncio. O silêncio de Michael Schumacher cria vários espaços vazios que devem ser preenchidos. Em geral, quando um recorde está prestes a ser quebrado e o atual recordista está vivo, há a graciosa declaração de que "recordes são feitos para serem quebrados" que autoriza o esporte a seguir em frente. Se o recordista estiver morto, então era o esporte que estava procurando por um novo porta-estandarte e encontrou um. Nesse caso, Schumacher ainda está vivo, mas infelizmente incapaz de participar, e alguns consideraram uma afronta que Lewis pudesse superá-lo. É notório o episódio em que o controverso ex-CEO da F1 Bernie Ecclestone declarou estar "surpreso" que Lewis Hamilton não tenha se aposentado em respeito ao recorde de títulos mundiais de Fórmula 1 de Michael Schumacher",[3] o que é uma improvisação do ditado que diz algo como "alguns recordes não devem ser quebrados por algumas pessoas".

A expansão da audiência em um mercado como os Estados Unidos e o drama que acompanhou a ascensão de Verstappen ao topo para lutar com Lewis elevaram o valor do esporte a níveis surpreendentes. Em novembro de 2023, o canal CNBC exibiu o documentário *The Business of Formula One* [O negócio da Fórmula 1], que detalha o cenário atual.

Em 7 de setembro de 2016, a Liberty Media Corporation confirmou a aquisição da F1. Em ligas esportivas do mundo inteiro, são frequentes as vendas de equipes, e polpudos contratos de patrocínio e acordos de mídia acontecem o tempo todo. O que não acontece com frequência é que um esporte de grande envergadura seja comprado integralmente e reformulado. Bernie Ecclestone foi o dono da categoria principal do automobilismo mundial pela maior parte de quatro décadas até que a Liberty Media, gigantesco conglomerado de mídia e esportes nos Estados Unidos, foi até o caixa. Uma aquisição desse tamanho é uma transação complicada com componentes de dinheiro, ações e dívidas que precisam ser resolvidos entre as partes. Basta dizer que, quando a tinta secou e todas as peças e engrenagens estavam prontas para ir ao mercado, o valor empresarial da Fórmula 1 era de cerca de 8,8 bilhões de dólares. O presidente e CEO anunciou a transação no site da empresa:

> Greg Maffei, presidente e diretor executivo da Liberty Media, disse: "Estamos animados em fazer parte da Fórmula 1. Acreditamos que nossa perspectiva de longo prazo e experiência com ativos de mídia e esportes nos permitirão ser bons administradores da Fórmula 1 e beneficiar fãs, equipes e nossos acionistas. Estamos ansiosos para trabalhar em estreita colaboração com Chase Carey e Bernie Ecclestone para apoiar a próxima fase de crescimento deste esporte global extremamente popular".[4]

Sara Eisen, repórter financeira do programa *Squawk on the Street* do canal CNBC, produziu o documentário *The Business of Formula One* e teve a oportunidade de se sentar com Maffei para entender a estratégia que a Liberty Media traçou para o que ele descreveu como uma aquisição "com pagamento do preço total" do esporte. Primeiro, Maffei disse a Eisen que a intenção desde o início era o foco no desenvolvimento do mercado dos EUA. E de fato ele fez isso. Na verdade, em uma entrevista sobre a produção do documentário, Eisen disse que a inspiração para o projeto veio de seus filhos, que têm 5 e 7 anos e são fanáticos por Fórmula 1. A empolgação que tomou conta dos filhos da jornalista era um produto do foco de mídia da Liberty que pretendia, de acordo com Maffei, "dar personalidades aos pilotos". Isso não quer dizer que antes não houvesse personagens interessantes no esporte, mas sim que a revolução na distribuição de mídia – streaming, mídias sociais etc. – não fazia parte de uma estratégia coesa da F1, e eles mudaram isso de forma impactante. Maffei disse a Eisen que, antes da aquisição da F1 pela Liberty, Lewis quase nunca "tuitava", mas, no momento das filmagens do documentário, tinha três vezes mais seguidores que o *quarterback* da NFL Tom Brady.

Este é o contexto da série da Netflix, direcionada ao público norte--americano, que conta a história por trás da corrida: as provações e tribulações dos pilotos no meio e até no final do pelotão que trabalham para manter sua vaga e talvez ganhar pontos enquanto as principais equipes e pilotos lutam por campeonatos mundiais. Durante a primeira temporada, até certo ponto a ausência dos principais pilotos criou curiosidade sobre o que realmente estava acontecendo. Os EUA amam um azarão, mas amam ainda mais um vencedor.

Dirigir para viver foi um tremendo sucesso. Quando a covid-19 trancou o mundo dentro de casa, maratonar episódios sobre os bastidores da Fórmula 1 tornou-se uma fuga para novos fãs, que desenvolveram sua própria noção de heróis, vilões e lealdade às marcas. Quando Lewis ganhou seu sétimo título mundial no inverno de 2020, o mundo, incluindo uma nova base de fãs norte-americanos, estava pronto para acompanhar a temporada de 2021 se desenrolar em tempo real e depois ter a oportunidade de rever as histórias assim que a Netflix pusesse no ar a nova temporada.

A representação de produtos por Lewis, devido ao seu prestígio na Fórmula 1, serve como porta de entrada para o pleno envolvimento no negócio dos esportes. O passo seguinte – e que poucos atletas dão, muito menos imaginam – é a propriedade. Ao longo do caminho, Hamilton adquiriu os bens que acompanham sua condição de pessoa rica e investidor experiente: um luxuoso portfólio imobiliário e uma coleção de carros que já é lendária. As ações e decisões para tornar-se um proprietário no ecossistema global são um empreendimento complicado, e Lewis encontrou uma mentora na empresária Mellody Hobson.

Lewis conheceu Mellody e seu marido, George Lucas, em 2007 no Grande Prêmio de Mônaco, quando Lucas disse à esposa que "um piloto negro novato acaba de chegar ao topo pela primeira vez nos setenta anos de história do esporte".[5] Mellody e Lewis desenvolveram um relacionamento próximo, que foi caracterizado no site *Jedi News* desta forma: "Hamilton considera Hobson uma irmã mais velha, uma mentora e, em linhas gerais, 'uma das mulheres mais inspiradoras que já conheci na minha vida'. Parte do que os dois compartilham é a experiência do que ele descreve como ser 'a primeira e única' a alcançar o que eles alcançaram".[6]

Em 2020, Mellody figurou na lista das "100 mulheres mais poderosas do mundo"; ela participou do conselho da Starbucks International por mais de vinte anos, além de atuar como presidente e co-CEO da Ariel Investments. Em 2017, Hobson recebeu o Prêmio Horatio Alger; o anúncio da premiação citou uma frase dela: "É importante que os jovens aprendam a ser corajosos e a correr riscos",[7] *éthos* de que ela e Lewis comungam e que os levou a alcançar o que parecia impossível. O texto do Prêmio Horatio Alger de Mellody descreve a criação e formação de Hobson.

> Mellody Hobson, a mais nova de seis filhos por nove anos de diferença, nasceu em 1969, em Chicago, Illinois. Foi criada por uma mãe solo, que reformava apartamentos e condomínios em prédios antigos e, às vezes, abandonados. "Minha mãe acreditava que tudo era possível", diz Hobson. "Ela era tímida, quieta, religiosa e 100% sonhadora. Tinha uma tremenda fé no futuro e a capacidade de ver o que um lugar abandonado poderia ser com um pouco de trabalho. Infelizmente, sua visão e seus sonhos nunca resultaram em sucesso financeiro." Amiúde, devido à segregação racial, a mãe de Hobson tinha empréstimos

bancários negados, o que a impedia de reformar alguns prédios. Isso forçou a família a se mudar para o lado sul de Chicago, mais violento. "Nós nos mudávamos com frequência", diz Hobson. "Sempre houve muito drama em torno da nossa situação de vida."

"Às vezes, minha mãe não conseguia pagar as contas, e nossa eletricidade era cortada, e tínhamos que esquentar água para tomar banho. De vez em quando cortavam nosso telefone também. Fomos até despejados algumas vezes, e o banco apreendeu nosso carro. Mas nossa situação não era tão ruim quanto a de outras pessoas, então tentava não dar muita importância. Eu tinha uma família amorosa e, embora minha mãe muitas vezes ficasse sem dinheiro, ela fez o melhor que pôde."

A situação doméstica de Hobson lhe dava uma sensação de insegurança, e ela ficava tão envergonhada por causa das muitas mudanças de casa que nunca convidava seus amigos para visitá-la. "Eu é que sempre ia à casa dos meus amigos", diz ela. "E se durante uma dessas visitas o telefone fosse cortado, no dia seguinte eu alegava que a companhia telefônica havia cometido um erro. Na faculdade, finalmente parei de esconder a verdade e contei aos meus amigos a minha verdadeira situação. Eles ficaram chocados."

No primeiro ano de escola, Hobson teve dificuldades de aprendizagem e foi colocada em uma aula de reforço. Vendo a educação como o grande equalizador, ela criou uma visão de como queria que sua vida fosse. "Decidi imediatamente que não queria ser a criança incapaz de acompanhar a classe", diz ela. "Foi quando fiquei obcecada com minhas notas e autoaperfeiçoamento. Descobri na biblioteca livros infantis que eram biografias de pessoas famosas e jurei ler todos eles até o final do sexto ano. Sabia os nomes de todas as universidades de elite e comecei a dizer à minha mãe que estudaria em Yale. No espelho do meu quarto coloquei uma plaquinha que dizia 'Nota 10'. Olhando em retrospecto, percebo como a escola me proporcionou estrutura e segurança. Era o único lugar na minha vida sem caos."[8]

No final da temporada de 2020, Hobson postou a seguinte mensagem em seu feed do Instagram: "Parabéns ao meu irmão caçula, @lewishamilton, por seu 7º campeonato de @f1! Você é uma maravilha. Em momentos de hesitação, penso em seu foco, perseverança e força". Lewis é explícito acerca da importância do relacionamento com Mellody e seu marido George Lucas, famoso por *Star Wars*, dizendo em entrevista ao site SilverArrows.Net em 2022, que "toda vez que está junto do casal Mellody Hobson e George Lucas, 'simplesmente fica esperando George dizer alguma coisa, porque ele é o pai do Yoda'".[9] O relacionamento mútuo de mentor/pupilo entre Lewis e Hobson levou à empolgante oportunidade de Lewis tornar-se um proprietário no mundo dos esportes. Hobson havia organizado um grupo de investidores de peso para fazer uma oferta de compra de uma franquia da NFL, o Denver Broncos, e levou o irmãozinho Hamilton junto na empreitada. O SilverArrows.Net deu a notícia:

> Lewis Hamilton juntou-se ao grupo de proprietários do time da NFL Denver Broncos e diz que está animado para "se tornar parte da história dos Broncos".
> O Grupo Walton-Penner Family Ownership arrematou o Denver Broncos no início deste ano em um acordo estimado em 4,65 bilhões de dólares, o maior da história envolvendo um time esportivo.
> Agora, veio o anúncio nas redes sociais de que Lewis Hamilton juntou-se ao grupo. "Estamos muito satisfeitos em receber em nosso grupo de proprietários o sete vezes campeão mundial de Fórmula 1 Sir Lewis Hamilton", declarou Rob Walton.[10]

Nesse reino, a transição de atleta para proprietário é raríssima; Lewis passou a fazer parte de um seleto grupo de alguns poucos que fizeram o mesmo, entre eles, provavelmente com o maior êxito, Magic Johnson e Michael Jordan – que teve sucesso financeiro, se não competitivo, com o Charlotte Hornets na NBA, mas ampliou seus esforços no automobilismo com a 23XI, equipe de corridas na NASCAR.

Para Lewis, isso significa que ele é tanto um homem de negócios quanto um negócio em si mesmo. Tendo isso em mente, é importante enfatizar dois pontos: Lewis não permite que seus interesses e ambições comerciais atenuem a intensidade de seu ativismo. Ele também usa o poder e o acesso que a riqueza lhe concede para continuar sua missão filantrópica, que é baseada na busca por diversidade, acesso e oportunidades.

Sucesso comercial é uma coisa, e Hamilton não tem escassez de dinheiro ou oportunidades para fazer mais. O que o diferencia de muitos outros é seu maior comprometimento com justiça social, como vimos por seu apoio ao *Black Lives Matter*. Mas é sua Mission 44 que serve como veículo para seus esforços em diversidade, equidade e inclusão. Esse esforço não pode ser separado de sua Comissão Hamilton e do relatório de 94 páginas que ela elaborou. Governos e empresas estão sempre formando "comissões", em geral concebidas com a intenção de reunir especialistas para analisar um problema e apresentar recomendações para resolvê-lo. O sumário executivo da Comissão Hamilton estabelece os riscos da iniciativa:

> A Comissão Hamilton foi lançada como resultado das preocupações de Sir Lewis Hamilton acerca da falta de diversidade étnica na Fórmula 1 especificamente, e em toda a indústria do automobilismo em geral. O principal objetivo da Comissão era desenvolver um conjunto de recomendações visando a melhorar a representatividade de negros no automobilismo do Reino Unido. Para atingir essa aspiração, um conjunto mais amplo de causas subjacentes, muitas de natureza sistêmica, teve de ser levada em consideração. Há dez recomendações, todas baseadas em evidências, que, a Comissão acredita, terão um impacto duradouro e positivo na representatividade de negros na Fórmula 1 e no setor de automobilismo em geral e respaldarão o desenvolvimento de culturas mais inclusivas com o potencial de beneficiar todas as pessoas que trabalham no setor.[11]

As dez recomendações são divididas em três categorias amplas: Apoio e Empoderamento, Responsabilidade e Medição, e Inspiração e Engajamento. A primeira categoria, Apoio e Empoderamento, tinha cinco recomendações substanciais:

> 1. Recomendamos que as equipes de Fórmula 1 e outras empresas de automobilismo ampliem o acesso aos esportes a motor expandindo a oferta de aprendizagem para incluir estágios de nível superior e estágios de graduação como um caminho alternativo para o setor, bem como a disponibilidade para arranjos de experiência de trabalho remunerado.

2. Recomendamos o estabelecimento de um novo fundo de inovação para jovens negros sem acesso a oportunidades na área da ciência e da tecnologia, por meio do desenvolvimento de programas que abordem os fatores que contribuem para a elevada proporção de alunos de origens negras excluídos das escolas.

3. Apoiamos novas abordagens com o intuito de aumentar o número de professores negros em disciplinas das áreas de ciências e tecnologia que levam a carreiras em engenharia, ou seja, matemática, física, design e tecnologia e computação.

4. Recomendamos a criação de programas de apoio direcionados a alunos negros na educação pós-16 anos, de modo a permitir maior progressão para cursos de ensino superior e oportunidades de treinamento de formação prática vinculadas ao setor de automobilismo.

5. Apoiamos a criação de programas de bolsas de estudo para permitir que graduados negros em engenharia e disciplinas afins progridam para atuar em funções especializadas em automobilismo.

Sem nenhum constrangimento, Lewis está mostrando sua preocupação com o que precisa ser feito para ajudar os negros. A maneira franca com que ele coletou evidências para explicar os danos e as barreiras que tentaram limitar suas perspectivas é impressionante, até mesmo inovadora. Lewis sobreviveu e prosperou em um sistema projetado para subjugá-lo. Ele o derrotou, ou melhor, o confundiu e o manipulou a seu favor, mas não se contenta com isso. Lewis não é daqueles que dizem "Eu me dei bem por meu próprio esforço, sem qualquer ajuda, então por que você não pode fazer o mesmo?". Ele está fazendo duas perguntas importantes. Em primeiro lugar: por que tenho de me virar sozinho, sem contar com a ajuda de ninguém? Em segundo lugar: o que posso fazer para garantir que ninguém mais passe por isso?

A categoria seguinte de recomendações envolve Responsabilidade e Medição. De extrema importância, o que essas recomendações não permitem é que as instituições contratem um punhado de pessoas de cor, mulheres e outros grupos sub-representados e parem por aí, enquanto essas contratações definham em posições com pouca ou nenhuma autoridade e nenhuma possibilidade de crescimento. O intuito das recomendações é reordenar e reformar todo um sistema que exclui certas pessoas desde o ensino fundamental.

1. Pedimos que as equipes de Fórmula 1 (e outras organizações de esportes a motor) assumam a liderança na implementação de uma "Carta de diversidade e inclusão" para o automobilismo, a fim de assegurar que o setor se empenhe com o intuito de aumentar a diversidade e a inclusão em todas as organizações.
2. Apoiamos o fomento à "Carta antirracismo do Sindicato Nacional de Educação" para escolas e convocamos os sindicatos de professores e outros órgãos de liderança na educação para trabalhar conosco no sentido de garantir a ampla adoção da Carta.
3. Solicitamos ao Departamento de Educação e outros órgãos que detêm dados educacionais que permitam acesso público mais fácil a dados desagregados sobre características de alunos e funcionários em nível de disciplinas.

Lewis está interessado em resultados. O *éthos* subjacente aqui é que o esporte – dos pilotos aos funcionários que executam tarefas básicas – se torna objetivamente melhor quando há mais diversidade por toda parte. Melhor não só no sentido de que os resultados na pista serão comprovadamente superiores, mas melhor no sentido de que é um escândalo moral excluir pessoas de oportunidades por serem quem são ou, nesse caso, por não serem quem os outros esperam. Uma premissa fundamental daqueles que se opõem à diversidade e à inclusão é a de que pessoas negras não qualificadas tomarão empregos de pessoas brancas qualificadas. O argumento de Lewis é que, não fossem os esforços hercúleos de seu pai e o apoio da McLaren, um piloto branco menos qualificado teria conseguido seu lugar. Lewis, heptacampeão mundial, não tirou o emprego de uma pessoa mais qualificada. Ele acredita que, com um sistema de educação e desenvolvimento de talentos adequado, o esporte se diversificará e, ao mesmo tempo, entregará um produto melhor. O fato de que o automobilismo atrairá um número maior de fãs permitirá também que crianças de todas as origens sonhem.

Por fim, Lewis não sentiria que o processo estava completo sem fazer um balanço de Inspiração e Engajamento.

1. Recomendamos o desenvolvimento de orientação de melhores práticas para inspiração e atividades de extensão em disciplinas das áreas de ciência, tecnologia, engenharia e matemática de modo a

permitir o engajamento inclusivo com alunos negros nas escolas e com aqueles que os influenciam.

2. Recomendamos o fornecimento de apoio adicional de atividades em disciplinas das áreas de ciência, tecnologia, engenharia e matemática a escolas de educação suplementar encabeçadas por grupos comunitários negros em todo o Reino Unido.

A Comissão Hamilton coloca de lado qualquer argumento de que o apoio de Lewis ao movimento *Black Lives Matter* foi monolítico ou uma exibição de suposta sinalização de virtude. A falta de diversidade no automobilismo é algo em que Lewis pode intervir, e para tanto ele identificou parceiros e meticulosamente traçou um caminho a seguir. É importante notar que Lewis não hesita em demonstrar a ligação entre o *Black Lives Matter* e essa iniciativa, algo contra o qual muitos teriam trabalhado com afinco para construir uma muralha. O Relatório da Comissão Hamilton tem uma seção intitulada "O movimento *Black Lives Matter* e o efeito Lewis Hamilton" que trata disso diretamente:

> Exemplos de racismo são evidentes no automobilismo desde o início da carreira de Lewis Hamilton, sobretudo durante um incidente contra sua família no Grande Prêmio da Espanha de 2008 em Barcelona. Em resposta, a FIA ameaçou retirar os dois Grandes Prêmios da autoridade espanhola de automobilismo e lançou a "Corrida Contra o Racismo", campanha para "acentuar a mensagem de que o racismo não será tolerado em nenhum nível do esporte". Lewis Hamilton continua sendo o único piloto negro na Fórmula 1.
>
> Em 2020, Lewis Hamilton tem sido cada vez mais franco quanto à necessidade de combater o racismo e a falta de diversidade no automobilismo. No ano de 2020, ajoelhar-se antes das corridas de Fórmula 1 tornou-se um gesto comum, e vários pilotos, incluindo Daniel Ricciardo e Sebastian Vettel, expressaram publicamente seu apoio a essa prática.[12]

O relatório da comissão de Lewis quer que os leitores entendam que o racismo é o fio condutor entre a falta de diversidade no automobilismo e a violência policial. Em outras palavras, o relatório quer que os leitores reajam e examinem as estruturas, sistemas e mentalidades que causam essas devastadoras disparidades.

Lewis não se contentou em ver as mais de noventa páginas do relatório ocupando espaço nas prateleiras e esperando de braços cruzados as instituições agirem. Em 2019, "após analisar a fotografia do fim da temporada"[13], Hamilton criou a Comissão Hamilton com o intuito de investigar a falta de diversidade na Fórmula 1, compreender as causas e propor soluções. A Mission 44 é a instituição operacional que surgiu das recomendações de 2021 da Comissão Hamilton publicadas no Relatório Hamilton no mesmo ano. A instituição "é uma fundação beneficente que visa construir um futuro mais justo e inclusivo para jovens em todo o mundo. Investimos em soluções que capacitam os jovens a superar a injustiça social e alcançar o sucesso", de acordo com o site e com Victoria McEvoy, uma associada sênior. O foco em justiça social prioriza "alcançar pessoas com menos de 24 anos que enfrentam desvantagens ou discriminação, incluindo, mas não se limitando a jovens de baixa renda, jovens de comunidades ciganas/romani e viajantes, e jovens negros".[14] Esse trabalho está sendo feito no Reino Unido, no Brasil e nos Estados Unidos, enfatizando novamente o alcance global da marca Lewis Hamilton. Como financiadora, a Mission 44 dedica-se ao financiamento "para descobrir, apoiar e ampliar soluções que melhorem os resultados para jovens com menos de 24 anos, incluindo, mas não se limitando, a jovens de cor e aqueles de baixa renda. Estamos aqui para dar apoio a soluções com o potencial de mudar o sistema. Nossas decisões de concessão de recursos são embasadas por pesquisas, e nosso Conselho Consultivo Juvenil está envolvido em cada etapa".[15] Essa iniciativa rompe a barreira para o investimento de capital em *startups* de tecnologia ao fornecer subsídios que propiciam a esses inovadores acesso ao mercado mais amplo. O relatório anual de 2023 destaca algumas das realizações daquele ano:

- arrecadação de 11 milhões de libras em doações;
- encomenda de 5 projetos de pesquisa;
- recrutamento de 15 novos conselheiros juvenis e membros do conselho;
- concessão de 3,5 milhões de libras em subsídios;

- 15 funcionários e 7 curadores;
- 33% dos parceiros são pessoas negras;
- 120 partes interessadas participaram do evento "Reimaginando o Futuro"; e
- estabelecimento de 18 novas parcerias.[16]

A Mission 44 se dedica a fornecer a crianças com poucos recursos tudo de que elas precisam para ter sucesso, e Lewis está fazendo tudo isso enquanto mantém firmemente o foco na busca de seu oitavo título mundial.

CAPÍTULO 20

A TEMPORADA DE 2021

O ANO DE 2020 AMEAÇOU VIRAR DE PERNAS PARA O AR o mundo tal qual o conhecemos. À medida que lentamente saímos das profundezas da pandemia e da desordem associada aos protestos em massa contra a violência e brutalidade policial, 2021 estava prestes a ser um ano de transição. Para Lewis Hamilton e a Fórmula 1, foi um período inebriante. A temporada apresentou a um piloto no auge a chance de conquistar um inédito oitavo título mundial, que seria também seu quinto consecutivo. Lewis e a Mercedes estavam preparados para o desafio. Era evidente que o principal rival de Hamilton seria o holandês Max Verstappen, terceiro colocado em 2020.

Verstappen era um adversário impossível de ignorar. Estreou na F1 como o piloto mais jovem da história do esporte na época, com ambições de tirar de Sebastien Vettel o recorde de campeão mundial mais jovem de todos os tempos. Verstappen, de ascendência holandesa e belga, começou sua jornada no automobilismo muito cedo. Seu pai, Jos Verstappen, correu na Fórmula 1 entre 1994 e 2003 com 106 largadas, nenhuma vitória, 2 pódios e um total de 17 pontos no campeonato mundial. Jos se separou da esposa, Sophie Kumpen, uma corredora de kart, quando Max ainda era muito jovem. O menino foi morar com o pai, enquanto sua irmã ficou com a mãe.

À luz do escrutínio que acompanha o relacionamento de Anthony Hamilton com seu filho e o minucioso exame de sua vida pessoal e finanças, é importante observar que Jos Verstappen é uma figura bastante controversa.

Jos e seu pai, Frans, foram condenados em 1998 por agredir uma pessoa em uma pista de kart. A vítima teve traumatismo craniano, e os dois

Verstappen receberam sentenças de cinco anos, mas se livraram de cumprir a pena porque chegaram a um acordo extrajudicial com a vítima. Nossa época leva a sério a violência contra as mulheres, e Jos Verstappen se viu obrigado a se defender contra várias acusações dessa natureza em pelo menos três ocasiões. Durante sua separação de Sophie, a mãe de Max, Jos foi acusado e considerado inocente de agredi-la, mas culpado por intimidá-la e ameaçá-la via mensagens eletrônicas e por violar uma medida cautelar que o impedia de entrar em contato com ela. Isso resultou em mais uma pena de prisão suspensa. Três anos depois, o jornal *The Telegraph* noticiou que ele havia batido em sua então ex-namorada. Nenhuma acusação foi registrada. Um ano depois, Jos foi preso por tentativa de homicídio, supostamente por ter jogado o carro da namorada para fora da estrada. Ele passou cerca de uma semana na prisão, mas ganhou a liberdade depois que as acusações foram retiradas. Esse padrão em torno de Jos Verstappen nunca é mencionado; o pai de Max é uma presença constante nos fins de semana de Grande Prêmio.

Apesar dessa turbulência, Max chegou à Fórmula 1 correndo pela Toro Rosso, tão jovem que nem sequer tinha idade suficiente para tirar uma carteira de habilitação regular, mas era extremamente talentoso, incrivelmente rápido e imprudente o bastante para ganhar o apelido de "Bate-stappen" por causa de suas táticas que por vezes ultrapassavam os limites e um estilo de pilotagem de quem nunca tira o pé. Max amadureceu a ponto de estar pronto para competir pelo título. O frenesi de atenção em torno da possibilidade do oitavo campeonato mundial de Hamilton, bem como a popularidade da série da Netflix, criaram um ambiente elétrico.

A 72ª edição do Campeonato Mundial de Fórmula 1 da FIA estava programada para 22 etapas completas, com o retorno dos espectadores. A já citada morte inesperada de Charlie Whiting, diretor de provas de longa data, teria implicações catastróficas para a temporada. Seu sucessor foi Michael Masi, homem que deveria ter sido demitido durante a temporada de 2020. Masi criou uma situação perigosíssima ao autorizar o início dos treinos de classificação para o Grande Prêmio da Turquia quando ainda havia um veículo-guindaste na pista.[1] Esse imprudente desrespeito aos procedimentos e às regras, e também a decisão de permitir que os diretores de equipe o chamassem durante a corrida para fazer lobby por sua própria interpretação das regras, criou um ambiente sem lei e com decisões controversas ou erradas nos GPs do Azerbaijão, Bélgica, Arábia Saudita e

Abu Dhabi. Pode-se argumentar que a temporada, embora emocionante, teve seu resultado profundamente influenciado pela incompetência do diretor de provas, Michael Masi.

Uma das decisões que mais causaram problemas foi Masi permitir que os diretores de equipe tivessem acesso direto a ele durante a corrida. Isso levou a uma forma bizarra de lobby por resultados que volta e meia descambava em acaloradas discussões no rádio, com frequência transmitidas pela televisão. Em meio a tudo isso, a temporada de 2021 foi uma competição fascinante entre Lewis e Max, que ficaram em primeiro ou segundo em quatorze das 22 provas. A temporada se definiu em seis corridas decisivas: Azerbaijão, Silverstone, Spa, Monza, São Paulo e Abu Dhabi. Duas delas foram mencionadas na Introdução deste livro, ambas apresentando duelos entre os dois antagonistas que acirraram a competição de maneiras negativas – o acidente em Silverstone que jogou o carro de Max contra a barreira de pneus e a confusão na Itália que colocou o carro do holandês sobre a cabeça de Lewis. Após o contato do carro de Lewis com o carro de Verstappen na curva em Silverstone que causou a batida do holandês, Lewis foi vítima de uma enxurrada de ataques racistas que até levaram o Facebook a remover de sua plataforma uma grande quantidade de comentários.

A revista *Week UK* meteu o dedo na ferida com um artigo de Mike Starling intitulado "Grande Prêmio da Grã-Bretanha de F1: Racismo ofusca as corridas":

> Embora as manchetes de hoje devessem ter sido todas sobre a corrida, o foco saiu da pista depois que veio à tona a notícia de que Hamilton sofreu ofensas raciais online após sua vitória.
>
> Houve mensagens racistas, incluindo "emojis de macaco" e outras ofensas nas respostas a uma postagem da Mercedes no Instagram comemorando a vitória de Hamilton em Silverstone, relata a Sky Sports.
>
> A Fórmula 1, a FIA, órgão regulador do esporte, e a equipe Mercedes emitiram uma declaração conjunta condenando o abuso racista online. "Essas pessoas não têm lugar em nosso esporte e pedimos que os responsáveis sejam responsabilizados por suas ações", lê-se na declaração. "A Fórmula 1, a FIA, os pilotos e as equipes estão trabalhando para construir um esporte mais diverso e inclusivo, e inaceitáveis abusos online dessa espécie devem ser identificados e eliminados."[2]

Embora isso tudo seja muito bom e bonito, nenhuma medida da FIA ou protesto das equipes seria suficiente para combater efetivamente o racismo proveniente do público. O acidente em Silverstone aumentou a virulência em torno da competição entre Lewis e Max e foi o contexto negativo para o perigoso acidente em Monza que encerrou a corrida para ambos os pilotos. Mas as outras quatro corridas são interessantes por diferentes razões naquilo que revelam sobre os pilotos, as autoridades da F1, os torcedores e, por fim, nossa sociedade. Silverstone e Monza mostraram que nenhum dos pilotos estava disposto a ceder terreno. Verstappen deixou claro para o heptacampeão mundial que não se deixaria intimidar. Hamilton enviou a mensagem de que também não estava disposto a se contentar com seus sete títulos. Ele almejava o oitavo tanto quanto quis o primeiro. Deixando isso de lado, é a duradoura imagem de Verstappen saindo de seu cockpit e se afastando a pé da cena instantes depois que seu carro passou roçando a cabeça de Hamilton, sem nem sequer perguntar se o rival estava vivo ou morto, que diz muito sobre a diferença de caráter ou talvez de maturidade entre os dois. Após o espetáculo da colisão de Max em Silverstone, Lewis se preocupou em perguntar sobre sua saúde, e fontes próximas a Hamilton dizem também que ele fez um baita esforço para conseguir falar com o holandês no hospital. O caráter importa, e Lewis precisaria disso e muito mais antes do fim da temporada de 2021.

Lembre-se de que, em 2024, Hamilton foi indagado sobre de qual corrida ele gostaria de alterar os resultados, e, das três que ele mencionou, o GP de Abu Dhabi da temporada de 2021 é uma delas. Abu Dhabi foi um GP decisivo, mas o que aconteceu na sexta etapa, no Azerbaijão, foi o que definiu a temporada.

GRANDE PRÊMIO DE FÓRMULA 1 DO AZERBAIJÃO 2021 (FORMULA 1 AZERBAIJAN GRAND PRIX 2021) CIRCUITO DA CIDADE DE BAKU BAKU, AZERBAIJÃO 6 DE JUNHO DE 2021

Lewis venceu as etapas 1 (Bahrein), 3 (Portugal) e 4 (Espanha), terminando em um inútil sétimo lugar em Mônaco, onde Max conquistou a vitória. Max venceu as etapas 2 (Emilia-Romagna) e 5 (Mônaco), e os dois chegaram a Baku separados por quatro pontos: Verstappen 105, Hamilton 101. Depois de marcar a volta mais rápida da corrida, Max teve problemas na volta 43, quando sofreu uma falha de pneu que o jogou na parede e para fora da corrida. Na relargada, Hamilton cometeu um erro de ajuste de sua frenagem e falhou na ultrapassagem do outro piloto da Red Bull, o mexicano Sergio Pérez, na curva 1. Se Hamilton tivesse mantido o ritmo e ultrapassado Pérez na volta final, sairia de Baku como líder do campeonato com 21 pontos de vantagem – em vez de ficar quatro atrás de Verstappen. Uma diferença que teria mudado tudo. Lewis sabia disso, e sabia que seu erro lhe custou o que seria uma liderança quase incontestável. Mas, em vez de fantasiar sobre reverter o resultado de Abu Dhabi (como quem pede a um gênio da lâmpada), demonstra um traço positivo de caráter: assume total responsabilidade pelo ocorrido, reconhece seus próprios erros e segue em frente.

Quando a disputa chegou a Silverstone, Hamilton estava 32 pontos atrás de Verstappen, que havia acumulado três vitórias consecutivas, Lewis terminando em segundo lugar nos GPs da França e da Estíria e em quarto na Áustria.

Após a batida de Verstappen, os dois deixaram a Grã-Bretanha separados por apenas oito pontos, com Max liderando por 185 a 177.

GRANDE PRÊMIO DA BÉLGICA DE 2021
(FORMULA I ROLEX BELGIAN GRAND PRIX 2021)
CIRCUITO DE SPA-FRANCORCHAMPS
STAVELOT, BÉLGICA
29 DE AGOSTO DE 2021

A corrida, planejada para 44 voltas, terminou após a primeira volta. Max Verstappen havia conquistado a pole position, com Lewis em terceiro. A chuva criou condições tão difíceis que Sergio Pérez bateu a caminho do grid e foi autorizado a se juntar à "corrida" após um longo atraso. A prova começou após três horas de espera e várias tentativas fracassadas de largada, iniciando efetivamente no pit lane atrás do safety car por três voltas válidas – o mínimo para ser considerada oficial, concedendo aos pilotos meio ponto. A corrida deveria ter sido adiada para o dia seguinte ou para quando de fato pudesse acontecer uma competição. Lewis chegou a Spa liderando Verstappen por oito pontos. Com a controversa decisão de Masi, a etapa terminou com a liderança de Lewis reduzida para três pontos, 202,5 a 199,5.

**GRANDE PRÊMIO DE SÃO PAULO DE 2021
(2021 SÃO PAULO GRAND PRIX)
CIRCUITO DE INTERLAGOS
SÃO PAULO, BRASIL
14 DE NOVEMBRO DE 2021**

Quando a disputa chegou a São Paulo, Max desfrutava de uma vantagem folgada de dezenove pontos, tendo conquistado vitórias em casa no GP dos Países Baixos, no Grande Prêmio dos EUA e na Cidade do México, ao passo que Lewis ficou em segundo lugar nos Países Baixos, abandonou a prova na Itália (o acidente), venceu na Rússia, chegou em um anêmico quinto lugar na Turquia e foi vice nos EUA e no México. Restando apenas quatro corridas, se Lewis não mudasse as coisas, o campeonato estaria perdido.

Lewis entendeu o que estava em jogo e exibiu aquela que talvez tenha sido a melhor performance individual na história das corridas de Fórmula 1. Lewis se classificou em primeiro, com Max atrás dele. Houve um problema com seu sistema de DRS, e, por causa dessa irregularidade técnica, ele só foi autorizado a participar da sprint race a critério das autoridades da prova. O desempenho astronômico de Hamilton na corrida classificatória nada mais foi que uma prévia do que viria no domingo: largando do fundo do grid, o britânico foi de 20º a 5º na disputa de 24 voltas, mas depois recebeu outra penalidade por conta da substituição do motor para a corrida, começando o domingo em uma potencialmente devastadora décima posição.

Já na primeira volta, Lewis passou do décimo para o sétimo lugar em meio ao caos dos momentos iniciais da corrida. Na terceira volta, estava em quinto lugar, escalando a metade do grid depois de menos de 5% das 71 voltas. Na volta 11, o boxe da Mercedes ordenou que

Valtteri abrisse caminho para o ataque de Hamilton, que agora estava em quarto lugar. Na volta 17, Lewis estava em terceiro, no encalço da Red Bull de Sergio Pérez pelo segundo degrau no pódio. Os dois trocaram de posição durante a volta 18, e Lewis tornou a mudança permanente na volta 19.

Restava apenas Verstappen na frente, e a grande questão era a possibilidade de um choque que deixaria os dois carros pelo caminho. Havia todo o incentivo para que Max se defendesse agressivamente, dentro dos limites do razoável. Na volta 48, Lewis Hamilton fez uma investida, colocou quase todo o carro na frente do rival por fora, porém, não conseguiu concluir a manobra; o piloto da RBR se espalhou na pista, sem ceder nenhum centímetro, e os dois acabaram saindo para bem longe da pista. O chefe da equipe Red Bull, Christian Horner, preventiva e imediatamente, entrou em contato com Michael Masi, o diretor da corrida, para exigir que nenhuma ação fosse tomada, alegando ser caso de "deixá-los correr" – o que, na prática, significa permitir manobras que tirassem os competidores da pista, cabendo aos pilotos decidir se vão bater ou ceder. Lewis levou onze voltas para ultrapassar Max, percebendo por fim que seria impossível fazer isso em uma curva, pois o piloto da Red Bull recebera carta branca da direção de prova para sair da linha de corrida para se proteger da ultrapassagem; assim, Hamilton optou por uma ultrapassagem na reta, onde ficaria óbvio se Max o atingisse. A milagrosa pilotagem de Lewis deixou Verstappen dez segundos atrás, diminuindo a diferença na tabela para quatorze pontos: 318,5 do britânico a 332,5 do holandês.

A coletiva de imprensa pós-corrida preparou o cenário para o final épico da temporada como nenhuma outra. Felipe Massa, o ex-piloto brasileiro de F1 que virou piloto de stock car, fez as perguntas iniciais:

PERGUNTA: Lewis, é muito difícil lhe fazer perguntas. Você não é o piloto do dia, mas do fim de semana inteiro. Ontem, seu desempenho foi incrível. Vi a sua expressão após a corrida de ontem e hoje, com tudo o que você entregou, lutando e ultrapassando, e também para as pessoas. Para mim, você foi sem dúvida o piloto do fim de semana. Você sentiu algo diferente com todo esse apoio incondicional do público desde ontem?

LEWIS HAMILTON: Fico muito agradecido, cara. Acho que sinto a mesma coisa que você sentiu aqui com todo o apoio que recebeu em 2007, em seu país incrível. Sou muito grato pelo apoio incrível que tive neste fim de semana. Não tenho isso desde Silverstone, quando tinha meu próprio... um bom grupo de apoio, mas desde então tem sido muito difícil. Então, ouvir essa torcida durante todo o fim de semana tem sido realmente uma lição de humildade. Não paro de dizer "Obrigado, Brasil". Estou muito, muito grato, como disse. Que corrida. A equipe fez um trabalho incrível, o Valtteri fez um ótimo trabalho hoje para conseguir o máximo de pontos possível. Eu estava forçando, sabe como é, apenas forçando o máximo que podia. Começar em último no grid e depois outra penalidade de cinco posições, acho que foi o fim de semana mais desafiador da minha carreira. Mas meu pai... me lembrei de 2004, quando estava na Fórmula 3 no Bahrein, comecei em último e terminei em 10º e depois terminei em primeiro. Então, esta vitória é para o meu pai.

PERGUNTA: Você pode nos contar sobre as ultrapassagens e sobre a próxima corrida? É uma ajuda extra para você lutar pelo campeonato e não ter nada a perder?

LEWIS HAMILTON: Chegando neste fim de semana, nunca, jamais, pensei que conseguiríamos diminuir a diferença como fizemos hoje. Tantas coisas teimaram em ir contra nós, mas acho que isso mostra para todos: nunca desista. Seja lá o que você estiver enfrentando, você só precisa persistir, continuar caindo e se levantando e nunca, nunca parar de lutar. E é assim que realmente lidei com este fim de semana. Com inspiração de todos os lados. Esta vitória parece a primeira, porque faz muito tempo que não venço aqui.[3]

Lewis tem boa memória. Ele perdeu o campeonato nesse circuito em 2007 para Kimi Räikkönen e, no ano seguinte, também em São Paulo, arrebatou o título de Felipe Massa – que corria em sua própria casa – na última curva. Mais do que nunca, a voz de Anthony voltou para lembrá-lo de sua motivação para recapturar seu relacionamento com a McLaren antes mesmo de chegar à Fórmula 1. No Catar e na Arábia

Saudita, Lewis conquistou mais duas vitórias, mantendo Max atrás dele e chegando à etapa final empatado, 369,5 a 369,5.

GRANDE PRÊMIO DE ABU DHABI 2021
(FORMULA 1 ETIHAD AIRWAYS ABU DHABI GRAND PRIX 2021)
CIRCUITO DE YAS MARINA
ABU DHABI, EMIRADOS ÁRABES UNIDOS
12 DE DEZEMBRO DE 2021

Parte do fascínio da nossa cultura pelos esportes está na clareza. Ou você ganha ou perde. Os campeonatos servem como veredito final após a longa jornada de uma temporada. O Campeonato Mundial de Fórmula 1 de 2021 se viu no meio de um momento tortuoso e decisivo no deserto. Lewis e Max estavam empatados. No entanto, a temporada não poderia terminar em empate. Max tinha mais vitórias do que Hamilton; então, se ambos terminassem sem marcar pontos por algum motivo – ambos terminando abaixo do décimo lugar, abandono de prova etc. –, Verstappen seria declarado campeão por ter mais primeiros lugares do que Lewis. Para Hamilton, era tudo ou nada. Ele tinha que terminar à frente de Verstappen. Clareza. Para deixar as coisas ainda mais claras, Masi alertou as equipes de que qualquer tentativa por parte de um piloto de sabotar a corrida resultaria em sanções. Foi um aviso implícito para Verstappen, que era o único piloto que poderia se beneficiar caso ele e Hamilton não conseguissem terminar o Grande Prêmio.

No entanto, os esportes como os conhecemos são, ao mesmo tempo, grandes e pequenos demais: grandes demais para priorizar a ética sobre a vitória, mas pequenos demais (moralmente) para reconhecer essa contradição.

Verstappen ganhou força em busca do inédito mundial ao conquistar a pole position da etapa, com Lewis a seu lado. Seus respectivos companheiros de equipe, Pérez e Bottas, estavam em quarto e sexto, muito longe para desempenhar papel relevante na decisiva corrida na primeira curva. A corrida começou de forma frenética. Em uma largada apertadíssima, Lewis arrancou a liderança de Max. Na curva 9, Verstappen tentou uma ultrapassagem, mais uma vez tirando Hamilton da pista, que voltou à frente. Verstappen e sua equipe foram ao rádio exigindo que ele devolvesse a posição, mas os comissários de prova determinaram que não havia mais ação necessária. No momento, Masi estava "deixando-os correr".

Max parou nos boxes na volta 14 e Lewis uma volta depois, com vantagem de 27,5 segundos. Lewis estava atrás do companheiro de equipe de Max, que liderava o Grande Prêmio sem ter entrado nos boxes. O único trabalho de Pérez era segurar Hamilton para que Verstappen pudesse diminuir a diferença, e ele conseguiu fazer isso por várias voltas. A diferença diminuiu para 1,5 segundo.

As coisas permaneceram assim até as voltas finais da corrida. Lewis estava agora com doze segundos ou mais de vantagem e, restando cinco voltas, parecia caminhar para seu oitavo título de campeão mundial, quando o desastre aconteceu. E chegou na forma de uma batalha sem sentido na pista entre Nicholas Latifi e Mick Schumacher, filho do lendário Michael Schumacher, pelo último lugar. Nenhum desses pilotos deveria estar na F1. O pai de Latifi era dono de uma empresa internacional de alimentos e comprou um assento para o filho. Mick simplesmente não estava pronto. Nicholas bateu no muro com cinco voltas restantes, obrigando o acionamento do safety car virtual. A Red Bull aproveitou para mandar Verstappen e Pérez entrarem nos boxes e fazer uma nova troca de pneus, já a Mercedes optou por manter Hamilton na pista. Isso se desenrolou como o filme de Zapruder: um desastre em câmera lenta.

Quando Max entrou na procissão do safety car, havia sete carros retardatários (uma volta completa atrás dos líderes) entre ele e Lewis. De início o diretor de prova Michael Masi disse que eles não seriam autorizados a ultrapassar o safety car. O que deveria acontecer era o seguinte: uma vez removidos os destroços da pista, os retardatários que geravam tráfego teriam permissão para ultrapassar o safety car e os carros na volta de liderança. Com sete carros, isso poderia levar a maior parte de uma volta inteira. Então, o safety car faria outro giro completo pelo circuito inteiro antes de sair da pista para o reinício da prova.

Durante a volta 57 da corrida de 58 voltas, com o safety car fora e os pilotos com uma volta a menos ainda no caminho, o diretor da Red Bull ligou para um amigo, chamando Masi pelo rádio.

HORNER: Por que não estamos tirando esses retardatários do caminho?

MASI: ... Porque, Christian, me dê um segundo, ok? Minha principal tarefa é esclarecer o incidente.[4]

Os comentaristas esportivos se perguntaram o que estava acontecendo, notando que o safety car poderia entrar naquela volta. É importante entender o significado disso: restava apenas uma volta para o fim da corrida. Chamar o safety car "naquela volta" significava que os retardatários precisariam ultrapassar o safety car primeiro, então toda a procissão seria obrigada a dar mais uma volta completa antes que a corrida pudesse ser reiniciada – ou seja, a prova terminaria sob o safety car, com Hamilton vencendo a corrida e conquistando seu oitavo título. Lembre-se de que, na Bélgica, no meio do campeonato, Masi havia considerado como "corrida" apenas três voltas atrás de um safety car, distribuindo pontos que agora se mostravam decisivos. Em vez de seguir esse protocolo, Masi ordenou apenas que os retardatários passassem pelo safety car, colocando Max logo (com pneus novos) atrás de Lewis. Isso não deveria importar, pois ainda restava uma volta (a última) para manter a posição.

Masi tomou uma decisão diferente. Ele chamou o safety car sem a volta extra obrigatória, fazendo de Hamilton, com pneus já desgastados por ter parado apenas uma vez nos boxes, um alvo fácil. Quando a relargada foi autorizada, Verstappen estava roda a roda com o rival, ultrapassou Lewis e percorreu os cinco quilômetros do traçado para levar seu primeiro campeonato. A equipe Red Bull ficou exultante. O chefe da Mercedes foi direto ao ponto em uma mensagem concisa a Masi: "Michael, isso não está certo".

Nesse ínterim, Lewis permaneceu mais ou menos quieto. Ele perguntou sobre o número de voltas restantes e a situação dos retardatários. No restante do tempo, continuou exortando o safety car a ir mais rápido. Originalmente não foi transmitida a breve resposta de Lewis quando percebeu que as regras tinham sido jogadas fora para apagar a vantagem que ele havia construído meticulosamente em mais de cinquenta voltas de pilotagem impecável. "Cara, isso foi manipulado."[5]

Após esse fiasco, Lewis foi generoso e gentil como sempre:

PERGUNTA: Lewis, foi uma temporada incrível de se assistir, para todos, para os fãs da Fórmula 1, seja um fã de Max ou de Lewis, uma daquelas temporadas que só se decidiu no último minuto, na última volta da corrida. Não foi do seu jeito, mas você deve estar orgulhoso do que fez este ano, certo?

LEWIS HAMILTON: Sim, bem, primeiro, quero parabenizar o Max e sua equipe. Acho que fizemos um trabalho incrível este ano. Minha equipe, todos na fábrica, todos os homens e mulheres que temos, e o pessoal daqui, todos trabalharam com muita garra este ano inteiro. Foi a temporada mais difícil de todas. Estou muito orgulhoso deles, muito grato por fazer parte da jornada com eles. Demos tudo de nós. Nesta última parte da temporada, entregamos absolutamente tudo, nunca desistimos, e isso é o mais importante.

PERGUNTA: Você estava um pouco na defensiva no início do ano, mas, como você mesmo disse, vocês trabalharam juntos e tiveram um final de temporada muito forte. Não foi bem do seu jeito, mas acho que foi o melhor Lewis Hamilton que já vi, e você parece muito confiante em sua capacidade de voltar no ano que vem e lutar pelo título de novo.

LEWIS HAMILTON: Claro, tenho me sentido bem, me sentindo ótimo no carro nos últimos meses, principalmente no final. Para ser sincero, ainda estamos na pandemia, e desejo que todos fiquem em segurança e que todos passem um bom Natal com a família, e veremos sobre o ano que vem.[6]

O que se destaca é que, nesse momento, Lewis estava em dúvida se voltaria para a temporada de 2022. Pode-se imaginar por que ele se sentia assim. Logo após a bandeirada em Yas Marina, a Mercedes protestou e entrou com dois recursos que foram rejeitados pelos comissários de prova. O time ameaçou recorrer em outras instâncias esportivas, mas, a pedido de Lewis, desistiu. Ele não queria ganhar um campeonato dessa forma. Em um mundo perfeito, Max teria sentido o mesmo. Ele conhece as regras do safety car tão bem quanto qualquer um e sabia que elas foram alteradas para lhe dar uma vantagem.

Em algum universo paralelo, existe um mundo onde Max Verstappen escolhe fazer a coisa certa. Levando em conta o tal do "espírito esportivo".

Mas não é neste aqui. Porque no nosso mundo, os esportes são, ao mesmo tempo, valiosos demais e valiosos de menos. Valiosos demais para se fazer a coisa certa, mas pouco valioso para se fazer a coisa certa. Existe uma realidade alternativa onde Verstappen, mesmo tendo a oportunidade de ultrapassar Lewis como quem ocupa uma vaga de estacionamento – e, com isso, arrancar de Hamilton o oitavo título de campeão mundial para conquistar seu primeiro –, decide ficar atrás, cruzando a linha de chegada em segundo lugar, a posição que ele de fato merecia, não em primeiro. Mas esse mundo não é o nosso. Porque, aqui, vencer importa mais do que fazer a coisa certa, e isso é um problema sério.

A principal consequência foi a demissão de Masi do cargo de diretor de provas da FIA em fevereiro de 2022. Um relatório arquivado pela FIA constatou que um "erro humano" havia prejudicado os resultados da corrida, mas nenhuma ação corretiva estava em andamento. Em 2024, em entrevista a Daniel Riley para a revista *GQ*, Lewis deu seu ponto de vista sobre todo o incidente:

> "Você foi roubado?", pergunto a ele.
>
> "Se fui roubado? Sem dúvida. Quero dizer, você conhece a história. Mas o que mais marcou aquele momento, o que guardo dele, foi a presença do meu pai ao meu lado. E nós passamos por essa enorme montanha-russa da vida juntos, com altos e baixos. E no dia em que mais doeu, ele estava lá – e sua maneira de me educar sempre focou em se levantar e manter a cabeça erguida. Claro, fui parabenizar o Max sem imaginar o impacto que isso teria, mas também ciente de que, tipo, havia um eu em miniatura assistindo à cena. Foi o momento decisivo da minha vida. Realmente acredito que tenha sido décisivo. Eu *senti* isso. Não sabia como seria visto. Não tinha, tipo, antecipado nada. Mas tinha plena certeza: aqueles cinquenta metros decidiriam se cairia no chão e morreria – ou se me levantaria."
>
> Pergunto a Lewis se ele tem fixação por aquela corrida.
>
> "Quando vejo um trecho em vídeo daquela corrida, ainda sinto", responde ele. "Mas estou em paz com isso."[7]

Na esteira desse naufrágio, George Lucas cristalizou tudo. Ele tuitou: "Heróis são maiores que campeões".

CAPÍTULO 21

LEVANTAR-SE

**RESIDÊNCIA REAL DA MONARQUIA BRITÂNICA
WINDSOR, BERKSHIRE, INGLATERRA
15 DE DEZEMBRO DE 2021**

TRÊS CURTOS DIAS APÓS OS DEVASTADORES EVENTOS EM ABU DHABI, Lewis foi convocado ao Castelo de Windsor para ser nomeado cavaleiro pelo então príncipe Charles. Lewis manteve-se em silêncio após deixar a coletiva de imprensa pós-corrida, mas o mundo estava agitado com o final pouco ortodoxo da temporada. Foi um desastre absoluto para Hamilton, os fãs e todo o esporte. A competição é construída sobre uma base de absoluta confiança de que os dirigentes de um esporte não colocarão os dedos na balança. A Fórmula 1 nunca mais poderia fazer essa afirmação. Lewis empenhara-se de corpo e alma para se sagrar campeão. É difícil imaginar o preço espiritual que isso deve ter cobrado dele. O ator Samuel L. Jackson, amigo próximo de Lewis, publicou em suas redes sociais:

> Sei muito bem como é ter que se defender em público e cruzar os braços e assistir a seus amigos e familiares ficarem em silêncio. Não posso fazer isso. Não deveríamos deixar Lewis Hamilton lutar sozinho. A vida é curta. O amanhã não passa de uma vaga promessa, e para nenhum de nós há a garantia de que teremos mais tempo. Não deveríamos consolá-lo com "ano que vem". Ao longo de uma temporada inteira, assistimos a Lewis competir com Max por este título de forma justa e agressiva. Max é um piloto incrível. Ele mereceu todas as suas vitórias nesta temporada. Mas ele não ganhou este campeonato. Lewis, nosso irmão, foi roubado.

Por 57,5 voltas, ele dominou. Em alguns momentos, chegou a liderar por dezesseis segundos, de acordo com as estatísticas da própria Red Bull. A F1 tem feito uma campanha para atrair um público mais amplo e diverso, mas continua a atropelar seu único piloto negro, criando regras arbitrárias de última hora que consistentemente contradizem as anteriores. Essas mudanças de regras parecem afetar especificamente Lewis, mais que aos outros. A F1, [a] FIA talvez não esteja fazendo a coisa certa... E, neste caso, merece perder os fãs no processo. Embora de forma geral isso seja entretenimento e empalideça em comparação a muitos outros problemas que enfrentamos, não devemos ignorar que esse homem faz parte do nosso legado como povo e que esse é o trabalho de sua vida, do qual ele está sendo roubado.[1]

Em outra publicação, Jackson reconheceu a virtuosidade do desempenho de Verstappen, mas julgou difícil aceitar que alguém pudesse acreditar objetivamente que ele havia derrotado Lewis em Abu Dhabi.

Lewis e sua mãe, Carmen Larbalestier, compareceram à solenidade. O comunicado à imprensa sobre a nomeação de Lewis como cavaleiro dizia que a cerimônia celebrava seu feito de ter empatado com Michael Schumacher ao conquistar o sétimo título de campeão no ano anterior. Para Lewis, não deve ter sido fácil aparecer lá sabendo no fundo do coração que na verdade ele havia "ganhado" seu oitavo título.

O príncipe Charles se encontrou com Lewis antes da cerimônia. Em 2022, Hamilton participou como convidado do programa de entrevistas *Jimmy Kimmel Live!* e relembrou a ocasião em que, quando tinha 13 anos, conheceu pessoalmente o monarca, e o fato de que, na solenidade de condecoração, o príncipe se lembrou disso.

Eu o conheci quando tinha 13 anos. Quando entrei na McLaren – quando eu tinha 13 anos, fui contratado aos 13 anos –, fui até a fábrica, e ele estava lá para a inauguração da fábrica.

E então eu estava sentado no meu kart e todos os carros estavam alinhados. E sentei lá e ele veio e se ajoelhou e me perguntou o que queria fazer da vida, quais eram meus sonhos, e eu disse a ele que um dia queria ser campeão mundial de Fórmula 1.

Aí estou lá no palácio, e você tem que dar esses passos certos até o príncipe. É muito, muito formal.

Você dá três passos, vira-se noventa graus, dá mais quatro passos e depois vira à esquerda. Curva-se dois passos e por fim se ajoelha.

E me ajoelhei e ele colocou a espada sobre meus ombros. Eu estava muito nervoso, porque você sente que a espada pode ser muito afiada ou algo assim.

Mas quando me levantei ele disse: "Você percorreu um longo caminho".[2]

Lewis *percorreu um longo caminho*. Isso é indiscutível. É difícil imaginar uma criança, especialmente na Grã-Bretanha, que não tenha fantasiado sobre ser um cavaleiro. Lewis, seja qual for o critério, alcançou tudo o que se propôs a fazer e se estabeleceu como o maior piloto que os britânicos já viram. Ele recebeu resistência e reações desfavoráveis de seus compatriotas quando, em 2009, recebeu o título de Membro da Ordem do Império Britânico (MBE) da Rainha Elizabeth, em reconhecimento ao seu primeiro campeonato mundial de F1; e, ao ser condecorado cavaleiro, a mais alta honraria da Coroa Britânica, Lewis tornou-se o quarto piloto britânico da Fórmula 1 a receber a honraria. Antes dele, foram agraciados Sir Jackie Stewart, Sir Stirling Moss e Sir Jack Brabham. As reações negativas tinham a ver com a mudança de Lewis primeiro para a Suíça e depois para Mônaco; porém, depois do MBE, Lewis deixou claro que amava seu país, sem de fato mencionar a necessidade de formas radicais e legais de evasão fiscal. Seja qual for o caso, ele tinha o direito de ser chamado de "Sir" depois que o Príncipe de Gales bateu em seus ombros com a espada e ordenou que ele "se levantasse".

A noção de levantar-se fazia parte do léxico motivacional de Lewis desde sempre. O icônico poema "Still I Rise" "Ainda assim eu me levanto", de Maya Angelou, inspirou Hamilton a estampar essas palavras em seu capacete e tatuá-las na nuca. Lewis enfrentou tempos difíceis, e nenhum momento poderia ter sido mais difícil do que esse, portanto as palavras de Angelou não poderiam ser mais pungentes. Um trecho do poema diz:

Você pode me riscar da história,
Com as suas mentiras amargas e retorcidas,
Você pode me esmagar no chão sujo.
Mas ainda assim, feito a poeira, eu vou me levantar.

Meu atrevimento perturba você?
O que é que entristece você?
É por me ver andar como se eu tivesse poços de petróleo
jorrando na minha sala de estar.

Tal qual as luas e como os sóis,
Com a certeza das marés,
Tal qual a esperança alçando voo,
Assim, eu vou me levantar.[3]

Após a cerimônia de nomeação de cavaleiro, Lewis posou para fotos com sua mãe. Depois, sumiu de cena. Sua presença nas redes sociais ficou adormecida, e ele não apareceu em público. Surgiram indagações sobre se ele voltaria ao esporte. Até mesmo Toto Wolff, o chefe da equipe Mercedes, não tinha certeza do que aconteceria com o relacionamento entre a equipe e Hamilton. Havia bons motivos para ele ir embora. Lewis havia sido roubado da maneira mais flagrante, e estava claro que a FIA não tinha intenção de fazer nada a respeito. Lewis sabia melhor do que ninguém o quanto ganhar um título exigia física, mental e espiritualmente – e isso pressupõe que as regras do esporte sejam respeitadas. Mas como um atleta se prepara para uma competição em que as regras são fluidas?

A vitória de Verstappen não foi resultado de uma decisão equivocada de um árbitro. Tratou-se de um instante em que, fazendo uso de sua autoridade, o diretor de provas da F1 decidiu, ao longo de um período, alterar as regras do jogo para proporcionar o que ele considerou ser um final mais emocionante, se não para garantir que Verstappen vencesse. Hamilton e os estrategistas da Mercedes tomaram a decisão de permanecer na pista e manter sua posição porque as regras determinavam que essa era a decisão correta. Isso é análogo a, nos últimos segundos de uma final da NBA, o time que está perdendo por dois pontos acertar, no estouro do cronômetro, uma cesta de três pontos e os árbitros decidirem, "apenas porque sim", que a cesta só valeu um ponto e, depois de um tempo, a liga assumir o "erro humano" e nada fazer a respeito.

O silêncio de Lewis indicava que o GP de Abu Dhabi talvez tivesse sido a gota d'água. Depois de tudo o que ele havia enfrentado durante sua carreira, a única coisa em que ele sentia que podia confiar era que havia regras a serem seguidas assim que a corrida começasse. Sempre houve e sempre haverá decisões ruins, mas aquilo era diferente, e Hamilton, de acordo com fontes próximas a esses acontecimentos, estava pronto para se retirar da Fórmula 1 com seus sete títulos e seguir com sua vida. Sir Lewis tinha decisões a tomar.

Depois do fato, temos alguns detalhes sobre o que estava acontecendo. Mellody Hobson e George Lucas desempenharam um papel importante no processo de Lewis para digerir a derrota. Hobson e Lucas foram a Abu Dhabi para a derradeira etapa da temporada e intencionalmente não deixaram Lewis saber que estavam lá até depois da corrida. Hobson entrou em contato com o piloto e o convidou para passar o Natal na residência do casal no Caribe, convite que Lewis tinha certeza de que não era opcional. O plano era evitar conversas sobre o que havia acontecido na última corrida, mas não foi assim que as coisas aconteceram. James Burns relatou os detalhes no site *Jedi News*. Hobson descreveu a devastação que Lewis sentiu logo após a corrida:

> "Ele está realmente atordoado", disse ela. "Atordoado. É como um choque. Ele não parava de repetir a pergunta: 'O que aconteceu?' Eu o agarrei pelos dois ombros. Eu estava tipo, 'Você fez tudo certo.' Continuei dizendo isso a ele. Disse, 'Não foi você. Você fez tudo certo.' E ele literalmente disse, tipo, quatro ou cinco vezes: 'O que aconteceu?'"
>
> Hamilton se desculpou por ela ter ido até lá só para vê-lo perder. "É por isso que viemos", Hobson disse a ele. "Para o caso de você perder. Nós não viemos para o caso de você ganhar."[4]

Ao fim e ao cabo, a viagem de Natal foi catártica.

Todos os que lá estavam foram instruídos a não mencionar o ocorrido, mas em muitas manhãs ele e Hobson encontravam o outro já acordado assim que o dia raiava. "E era nesses momentos que passávamos um bocado de tempo fazendo uma espécie de reunião de análise e avaliação do que aconteceu", afirmou ela. "E continuei dizendo a ele coisas como: 'Não tomamos decisões em momentos de grande angústia ou dor. Você tem apenas que conviver com isso, e vai ser difícil e vai incomodar. Mas não há nada a ser feito neste momento. Então, não faça nada'."

Hobson disse a Lewis que o apoiaria caso ele decidisse não voltar, mas também expressou sua convicção de que "esse é o seu trabalho, e você ainda não terminou".

No dia 5 de fevereiro de 2022, após 54 dias da última corrida da temporada de 2021, Lewis postou no Twitter e no Instagram uma foto sua no Grand Canyon com uma mensagem curta e simples: "Fui embora. Agora estou de volta". A questão era: de volta para quê?

CAPÍTULO 22

DE VOLTA AOS TEMPOS DIFÍCEIS

GRANDE PRÊMIO DA ÁUSTRIA DE 2022
(FORMULA I ROLEX GROSSER PREIS VON ÖSTERREICH 2022)
RED BULL RING
SPIELBERG, ESTÍRIA, ÁUSTRIA
10 DE JULHO DE 2022

A VITÓRIA NO CAMPEONATO MUNDIAL sob circunstâncias controversas não diminuiu o entusiasmo dos fãs de Verstappen. Tudo bem; no entanto, quando a F1 chegou à Áustria para a corrida em casa da Red Bull Racing, as coisas ficaram feias. Se você foi levado a acreditar que o preconceito em torno da Fórmula 1 se limitava a incidentes como o racismo durante os testes de pré-temporada na Espanha em 2008 ou a linguagem racista de Nelson Piquet pai, você está errado.

No Circuito Red Bull Ring, o público relatou casos de sexismo, racismo e homofobia:

> A manhã de domingo registrou grande número de episódios de comportamento abusivo, com menções a comentários de misoginia agressiva, deixando boa parte dos expectadores assustada com o clima nas arquibancadas. Outros se referiram a insultos homofóbicos e ao uso de ofensas racistas. De acordo com muitos dos relatos, essa importunação concentrou-se nas arquibancadas onde os fãs de Max Verstappen estavam reunidos em massa.
>
> A Mercedes e Hamilton ficaram especialmente angustiados com a experiência de uma fã que conseguiu falar com eles, e cujas palavras foram publicadas no Twitter. Ela descreveu: "Cinco fãs

holandeses de Max levantaram meu vestido, e, quando os confrontei, eles disseram que nenhum fã de Hamilton merece qualquer tipo de respeito". A Mercedes entrou em contato com a mulher em questão e a levou para seus boxes a fim de garantir sua segurança durante a corrida.[1]

Esses incidentes foram universalmente condenados, e os dois pilotos rivais do campeonato do ano anterior fizeram declarações na tentativa de aplacar um problema que era perigoso e poderia fugir do controle. Lewis foi categórico em sua declaração:

> Cheguei com uma mentalidade muito positiva esta manhã e então fiquei sabendo o que as pessoas estavam dizendo. Foi um choque, e fiquei muito triste (…) Uma pessoa está sentada em meio a uma multidão para dar apoio a alguém e sofre assédio e insultos. É uma loucura pensar que ainda estamos vivenciando essas coisas em 2022, temos que fazer mais. Isso chama a atenção para o fato de que é um problema em todo lugar e se resume a uma questão de educação e ignorância. As pessoas devem vir aqui e se sentir incluídas e torcer para quem quiserem. O gênero, a sexualidade, a cor da sua pele não devem fazer diferença.[2]

Verstappen expressou raiva pelo incidente, ao mesmo tempo em que apontou que "o álcool desempenha um papel relevante nos abusos verbais e físicos, com claras evidências de consumo excessivo de álcool no circuito durante o fim de semana".[3] A bebedeira era um fato comprovadamente verdadeiro, mas precisamos perguntar por que a embriaguez não parece levar a um comportamento inclusivo em vez de intolerante. A FIA alertou os espectadores de que qualquer pessoa envolvida nesse tipo de conduta seria banida das corridas para o resto da vida.

Como Hamilton afirma, as questões de educação e ignorância com certeza estão em jogo, mas a causa subjacente parecia ser a noção de que Verstappen havia resgatado o esporte das garras de Lewis. Não era uma questão de rivalidade de equipe ou mesmo de identidade nacional, que pode ser expressa como ódio, mas via de regra é moderada. A natureza racista dos ataques à equipe e a guinada global à direita radical, sobretudo na Europa, encontraram brechas para se infiltrar na Fórmula 1.

Um mês depois, os incidentes mudaram, mas a motivação permaneceu a mesma. No Grande Prêmio da Hungria, em Budapeste, torcedores foram vistos queimando produtos de Lewis Hamilton. Verstappen foi questionado sobre isso após sua vitória e declarou: "Sim, esses vídeos, ou vídeo, de produtos queimados, acho isso repugnante".[4]

Esse é o aspecto "competição ao quadrado" da jornada de Lewis no automobilismo que tem sido um tema constante desde seus dias nas corridas de carros de controle remoto. Além de juntar os cacos da temporada de 2021, Hamilton se viu também diante do ressurgimento da intolerância que ecoava as piores partes da temporada de 2008. E havia outras coisas com que lidar.

A temporada de 2022 foi de mudanças drásticas. Michael Masi foi demitido sem cerimônia e substituído por dois diretores de prova. Esse arranjo durou até as últimas quatro etapas da temporada, quando, para a decepção geral dos pilotos, apenas um diretor de corrida foi designado para exercer a função. A maior mudança teve a ver com novos requisitos aerodinâmicos que foram projetados para introduzir mais ultrapassagens no esporte. Os carros deveriam ser capazes de seguir mais de perto seus rivais por períodos mais longos, quando, antes, ficar próximo demais de outro carro tendia a causar superaquecimento e drástica degradação dos pneus. A Mercedes-Benz, a construtora que havia dominado a era anterior e vencido o campeonato dos construtores, garantindo sete (oito, mas quem está contando?) títulos para Lewis, decidiu ir em uma direção completamente diferente dos demais em termos de engenharia. Dizer que a Mercedes errou seria como chamar um furacão de categoria 4 de brisa de verão.

O carro foi considerado por todos impossível de dirigir, sobretudo se a intenção fosse correr. O carro estava corrompido pelo fenômeno aerodinâmico que as pessoas da área chamam "*porpoising*" ou "efeito golfinho", o que significa que, em trechos de alta velocidade em retas, vibrava e quicava feito uma lata-velha de quarenta anos de uso com os amortecedores originais. Os pilotos chegaram a se queixar de que, dentro do cockpit, sentiam os reflexos dos pulos e se machucavam ao dirigir o carro, que era simplesmente incontrolável. Os designers da Mercedes jamais conseguiram resolver o problema, e, pela primeira vez em sua carreira, Lewis não venceu uma única corrida nem conquistou uma pole position. Ele terminou em um desanimado sexto lugar no campeonato, atrás de seu novo companheiro de equipe, o talentoso e também britânico George Russell, que ficou em quarto.

É obvio que Lewis já havia passado por momentos difíceis antes. É por isso que, quando a McLaren não conseguiu entregar um carro competitivo, ele fez as malas e foi para a Mercedes, mas mesmo durante esses momentos de baixa ele ainda venceu corridas. Durante a temporada de 2022, Hamilton terminou cinco vezes em segundo lugar e quatro vezes em terceiro. O problema com esse resultado é que, nas últimas quatro corridas da temporada, em três delas Lewis terminou na segunda colocação, o que fez a chefia da Mercedes Benz acreditar que o carro havia melhorado. A equipe passou por cima da exigência de Lewis para repensar o design, continuou com o mesmo layout do carro, e 2023 não foi muito melhor. Em muitos sentidos, foi até pior, porque a equipe deveria ter discernimento e conhecimento de causa.

Em 2023, os melhores resultados de Hamilton foram três segundos lugares, igualados por três terceiros. Lewis foi infinitamente melhor nos treinos de classificação, marcando uma pole – em 2022, ele não fez o melhor tempo nos treinos nenhuma vez. Enquanto isso, a propósito, Max estava acumulando vitórias e três (na verdade, dois, mas quem está contando?) campeonatos mundiais. A equipe Red Bull trucidou a Mercedes no campeonato dos construtores. Alguns especialistas começaram a alardear que Lewis perdera a mão, ficara para trás, que sua carreira tinha acabado e era hora de ir embora. Isso é difícil de levar a sério quando, ao mesmo tempo, estava manifestamente claro que a Mercedes havia estragado o desenvolvimento do carro. Pior, os engenheiros da equipe foram rápidos em dizer a Lewis que ele não sabia do que estava falando.

A série *Dirigir para viver* da Netflix passou a ser o programa de registro da F1, as informações reais sobre o que acontece nos bastidores. O sexto episódio da sexta temporada é intitulado "Salto de fé". A essência do episódio é a negociação do novo contrato entre Lewis e a Mercedes, um processo complicado justamente por causa do histórico de vitórias que a equipe e o piloto haviam conquistado juntos; também complicado no sentido de que o negócio de contratos de pilotos, em especial nos anos finais de uma carreira, é repleto de interesses conflitantes.

O episódio 6 é comovente. Há uma cena reveladora com Lewis. A contribuição do piloto é essencial para acertar o carro, porque os engenheiros não dirigem e, se pudessem entrar nele, não conseguiriam dirigi-lo em alta velocidade. Os engenheiros não têm ideia do que acontece fora dos dados que recebem do túnel de vento e dos simuladores. Esses simuladores são o produto tecnologicamente surpreendente da matemática e da física aplicadas. Mas o mundo real adiciona dimensões que não fazem parte desses modelos, por mais que tentem reproduzi-los. Quando um piloto entra no cockpit e testa o carro, ou melhor ainda, pisa na tábua e corre para valer com o carro, ele precisa ser ouvido – sobretudo se for o piloto que mais venceu corridas da história do esporte. Alguém, em algum lugar nos altos escalões do *establishment* da Mercedes Fórmula 1, decidiu que Lewis não sabia o que estava falando, e o que não é dito, mas está implícito na confissão do piloto no episódio, é que ele deveria ficar quieto e dirigir o maldito carro.

Em outro momento, Hamilton se encontra com Toto, e a cena é carregada de vibrações do tipo "não é você, sou eu", "vamos dar um tempo e sair com outras pessoas" até que os dois parceiros de longa data voltem ao que é mais fácil e permaneçam juntos. O chefe assume a responsabilidade, coloca todas as cartas sobre a mesa, e reconhece que Lewis não estava feliz com ele e sua resposta às preocupações do piloto em relação ao desenvolvimento do carro. Wolff diz que é hora de "estancar as perdas e assumir que o conceito do carro nunca vai funcionar…" Lewis não diz "eu bem que te avisei", mas dá para sentir, está na cara, e, na prática, qual seria o sentido disso?

A Mercedes desperdiçou duas temporadas em um conceito inovador que não valia nada. Há novos regulamentos de design agendados para 2026, e Toto expõe o que acredita ser sua cartada final, dizendo a Lewis que a Mercedes não pretende esperar até 2026 para revisar o carro e que mudarão de direção imediatamente:

LEWIS: Porra, eu também não. Você pode ficar aqui por mais uns vinte anos, mais trinta anos. Eu não posso.

TOTO: Bem, quem disse isso?

LEWIS: São anos preciosos para mim. [Pausa constrangedora] Eu não sei.

Lewis desperdiçou muito tempo em um jogo no qual os mais velhos chegam a um ponto crítico, em que, no livro-razão, somadas umas coisas e outras, o lado da experiência dá lugar ao lado do valor decrescente. "São anos preciosos para mim." O que Toto não leva em consideração, e as dicas não verbais de Lewis parecem estar dizendo, é que aqui há algo acontecendo além dos algoritmos e das brilhantes ideias dos aerodinamicistas. Há uma profunda ferida psíquica que ele sofreu em 2021. A ferida formou uma crosta e parece ter cicatrizado, mas as crostas apenas mascaram o dano real: as feridas em seu espírito.

Lewis é um visionário. Ele vê um objetivo e se move em direção a ele. Nesse mesmo episódio, ele diz: "Para ser honesto, não consigo me lembrar de já ter vencido. Há, já faz, tipo, um tempinho, então não lembro da sensação". Se ele não consegue criar as condições para se lembrar do que significa vencer, então ele não consegue projetar vencer no futuro. Isso remonta à intensidade de seu foco no programa *Blue Peter*, durante a corrida de carros de controle remoto que ele se recusou a perder. Foi o que o impulsionou a dar um show em São Paulo em 2021 e marcou a corrida em Abu Dhabi, no que deveria ter sido seu oitavo campeonato. Mas tudo deu em nada.

Depois, piora. Lewis se levanta e calça novamente suas botas de corrida. Ele volta ao ringue para provar que Max só venceu porque ele foi trapaceado. Mas a Mercedes o colocou no lombo de um pangaré, enquanto Max montava um puro-sangue campeão. Em vez de 2022 ser o equivalente a Ali resolver a questão com Joe Frazier no combate *Thrilla in Manila*, 2022 pareceu muito com *The Last Hurrah*, quando Larry Holmes encerrou a carreira de Ali em uma luta que jamais deveria ter acontecido.

A Fórmula 1 é um esporte de ciclos. Uma equipe está em alta, depois está em baixa e depois volta de novo à crista da onda. A questão para Lewis na época era se ele e a Mercedes conseguiriam encontrar mais uma onda para surfar, de modo que ele pudesse deixar a Fórmula 1 melhor do que a encontrou, com mais títulos do que qualquer outra pessoa.

Então Lewis deu um salto de fé e assinou um contrato de dois anos para permanecer com a construtora com a qual estava desde os 13 anos e tentar encerrar sua carreira com Toto e as Flechas de Prata. Não era para ser.

CAPÍTULO 23

NÃO É VOCÊ, SOU EU...

MARANELLO, ITÁLIA
COMUNICADO À IMPRENSA
1º DE FEVEREIRO DE 2024

SOB O EMBLEMA DO CAVALO EMPINADO em contraste com um fundo vermelho, a mensagem era breve e, para alguns ouvidos, doce e melodiosa: "A Scuderia Ferrari tem o prazer de anunciar que Lewis Hamilton se juntará à equipe em 2025, em um contrato de vários anos". No mesmo dia, a revista *Fortune* revelou:

> [O] campeão mundial de Fórmula 1 Lewis Hamilton fará uma chocante troca da Mercedes para a Ferrari na temporada de 2025, e o mercado parece ter gostado. Na quinta-feira, quando o acerto do heptacampeão com a escuderia ainda era um boato, o preço das ações da Ferrari subiu mais de 12%, o que aumentou sua capitalização de mercado em 10 bilhões de dólares.[1]

Ele é tanto um homem de negócios quanto um ativo valioso. Quais termos contratuais levaram Lewis a ir para a Itália em vez de terminar sua carreira na Mercedes?

Lewis havia assinado um contrato de dois anos com as Flechas de Prata, acordo que terminou antes da temporada de 2026 e dos novos regulamentos. O contrato com a Mercedes era muito curto, e também em nada ajudaram as dificuldades técnicas e o desrespeito às contribuições de Hamilton. Talvez o fator que mais azedou o relacionamento tenha sido a falta de clareza acerca de qual seria a ligação de Lewis com a Mercedes, além de sua habilidade de pilotagem. Apesar das garantias de Toto, não havia acordo contratual de que Lewis poderia ser associado à marca por mais vinte ou trinta anos. No final de 2025, Lewis teria que negociar algo novo com a Mercedes ou em outro lugar, e a qualidade desse acordo dependeria de seu desempenho em 2024 e 2025. Hamilton não tinha certeza de que a equipe lhe daria o carro de que precisava para ganhar um oitavo campeonato. Por fim, a Mercedes também não estava interessada em apoiar os empreendimentos externos de Lewis. Tudo isso abriu as portas para aquela que é considerada por todos como a marca mais icônica do automobilismo, a Ferrari.

Na mudança para o universo místico da Ferrari, há um romantismo que remonta à tradição italiana de design e arte. Em 2016, o artista búlgaro Christo instalou no lago Iseo, na cidade italiana de Brescia, uma obra chamada "The Floating Piers" (Os cais flutuantes), seu primeiro projeto após a morte de sua parceira e colaboradora Jeanne-Claude. Indagado sobre ter deixado os Estados Unidos, Christo mencionou as Constituições dos dois países. Enquanto a Segunda Emenda americana permite a posse de armas, a Carta Magna da Itália afirma no Artigo 9 que "A República promove o desenvolvimento da cultura e da pesquisa científica e técnica. Protege a paisagem natural e o patrimônio histórico e artístico da nação".[2] Os carros de Enzo Ferrari são obras de arte, e a tela em que eles pintam com mais urgência é a Fórmula 1. Juntar-se à maior e mais célebre marca do automobilismo mundial dá a Lewis a oportunidade de criar algo especial, e as pessoas da Ferrari se engajaram nisso, mesmo antes do aumento no preço das ações, que é a prova cabal de que estão certas.

Os termos financeiros são descomunais. O site esportivo francês *Sportune* informa que o contrato não é focado apenas no período em que Lewis pilotará para a Ferrari, mas muitos anos além, algo que o pessoal da Mercedes não estava disposto a cogitar.

> Essa foi a decepção do atual contrato de Hamilton com a Mercedes. No entanto, houve longos debates no conselho de administração da construtora alemã, mas a condição de embaixador até 2035, proposta pelo heptacampeão mundial, foi recusada. Essa rejeição repercutiu em John Elkann [presidente da Ferrari], que por sua vez propôs desenvolver o império de Lewis Hamilton. Um acordo que poderia chegar a 400 milhões de euros.
>
> A primeira proposta do chefão da Ferrari dividia-se em duas temporadas e 92 milhões de euros (46 milhões por temporada). Era então o

início de 2023. Hamilton educadamente recusou, indicando que não queria apenas um contrato de piloto, mas vários acordos para garantir o futuro de sua fundação, a Mission 44. O acordo atual seria de 80 milhões de euros para 2025, mais uma opção para 2026. Com cerca de 20 milhões de euros desse valor entregues na forma de bônus em benefício da fundação do piloto.

A outra parte do acordo com a Ferrari diz respeito ao depois. John Elkann propõe criar um fundo de investimento conjunto com cerca de 250 milhões de euros, por meio do negócio da família Exor, para investir nos projetos de Lewis Hamilton e transformá-lo em um embaixador de sua própria marca.[3]

John Elkann, o executivo citado na matéria do site, era conhecido por ter um relacionamento pessoal próximo com Lewis. Um fator talvez ainda mais importante era a associação de longa data de Hamilton com Frédéric Vasseur, diretor de equipe da Scuderia Ferrari. Esse é o mesmo Frédéric Vasseur dos anos pré-F1 da carreira de Lewis, quando atuava como o gerente da equipe ASM do Campeonato Euroseries de Fórmula 3. A Ferrari estava de volta à disputa por vitórias e apostou na contratação de dois jovens pilotos que provaram ser capazes de vencer corridas, Charles Leclerc e Carlos Sainz. Sainz teve que sair para abrir espaço para Hamilton.

Vasseur explicou a fundamento lógico da escolha:

> "A contribuição de Lewis ou de outro piloto não diz respeito apenas ao tempo nas voltas de classificação e assim por diante", disse Vasseur, de 55 anos, o chefe de equipe da Scuderia.
>
> "É a finalidade do trabalho. O que todos nós coletivamente podemos ver no sábado ou domingo; no final do dia, o trabalho do piloto é muito mais amplo.
>
> "Às vezes começa seis ou oito meses antes da temporada, para podermos trabalhar no próximo projeto, para trazer sua própria experiência, sua própria visão sobre o que podemos fazer, ou como poderíamos fazer isso, e assim por diante.
>
> "Temos tempo para discutir isso com Lewis e, a meu ver, no processo de construção da equipe, você quer ter uma visão de longo prazo e para o próximo ciclo.
>
> "Acho que estamos indo na direção certa. Mas, com toda certeza, Lewis agregará valor."[4]

O cálculo de risco-recompensa da Ferrari é bastante direto e revelador: explica por que a Mercedes-Benz não poderia oferecer a Lewis o mesmo tipo de acordo que Maranello propôs. A Mercedes-Benz está envolvida com a Fórmula 1 desde 1954, em diferentes formatos. Já a Ferrari está presente desde o começo em 1950, tornando-se parte indissociável do esporte. No site da Mercedes-Benz, você pesquisa até cansar por qualquer indício de Fórmula 1. Já no Ferrari.com, "corrida" é a primeira aba disponível. Existem pouquíssimos proprietários de Ferraris – ou aqueles que sonham em adquirir uma – que não estejam cientes da conexão com a Fórmula 1, e a Mercedes, talvez com êxito, dependendo da sua perspectiva, efetivamente separou as corridas de seus negócios de automóveis de luxo. Por isso, o pedido de Lewis por um relacionamento de longo prazo com a Mercedes era pedir demais para uma empresa cuja clientela não necessariamente sabe quem é Lewis Hamilton enquanto ele ainda está disputando Grandes Prêmios e provavelmente não dará a mínima quando ele se aposentar. É diferente para a Ferrari, empresa cujo negócio de carros de luxo depende de sua identidade nas pistas de corrida.

Para a diretoria da Ferrari, ser a parada final na carreira automobilística de alguém que muitos acreditam ser o maior e melhor de todos os tempos é uma ferramenta de marketing de longo prazo – ainda mais na medida em que ele ganhar um oitavo campeonato mundial. Quando um piloto da Ferrari vence um Grande Prêmio, sinos tocam por toda a península italiana, e todos são orgulhosos membros dos "*Tifosi*". A palavra deriva do termo latino "tifo", doença que deixa a pessoa com febre, e, de forma abstrata, descreve um torcedor fanático de um time esportivo, mas acabou definindo os fanáticos pela Ferrari.

Todo piloto que já se afivelou em um kart ou chegou ao nível de corrida profissional de monopostos quer dirigir pela Ferrari. Sebastian Vettel, ex-piloto da Ferrari, talvez tenha dado a melhor definição: "Todo mundo é fã da Ferrari, mesmo que não seja; todos são fãs da Ferrari. Se você for até os caras da Mercedes, eles vão dizer: 'Ah, sim, a Mercedes é a melhor marca do mundo', mas na verdade eles torcem pela Ferrari".[5]

Isso é muito importante para Lewis, cujo pai declarou, após a confirmação da mudança de Hamilton para a Ferrari, que isso sempre esteve na mente de pai e filho. Ele escreveu no Twitter:

Parte do meu sonho, parte do sonho dele. É uma daquelas coisas; quando você é criança, sempre sonha em correr pela Ferrari. Nós amamos todas as equipes anteriores, McLaren e Mercedes, mas estar em um carro vermelho é o sonho máximo.

Como os *Tifosi* receberão a insistência de Lewis na continuação do projeto Mission 44? Se a Mercedes era uma preocupação para o piloto, então a realidade na Ferrari apresenta um desafio ainda maior. Alguns podem dizer: o que eles têm a perder? A Ferrari não ganha um campeonato desde 2007, quando o finlandês Kimi Räikkönen se sagrou campeão por um ponto de diferença, e o último título de construtores dos ferraristas foi em 2008. Lewis passou por uma fase ruim, mas isso não assustou a Scuderia. A Itália, pelo menos em sua experiência limitada, não foi gentil com atletas negros no passado. A carreira do astro do futebol Mario Balotelli foi assolada por controvérsias, muitas delas relacionadas às lutas do esporte contra o racismo e o comportamento mercurial do jogador. Mas Lewis não é Balotelli.

Este será o teste final do grande experimento de Lewis. Na medida em que ele diversificar a Scuderia Ferrari e trouxer um título mundial de volta para Maranello, observadores imparciais terão a prova concreta de que a diversidade não apenas parece ser uma coisa boa, ela é vencedora. A Ferrari se comprometeu a estar no negócio Lewis Hamilton pelos próximos quinze a vinte anos, e para o piloto a questão é se o sol italiano o ajudará a se lembrar da sensação de vencer.

E o que dizer da Mercedes e da última temporada de Hamilton na equipe alemã? No início, quando o choque passou, Toto Wolff apresentou uma mensagem otimista e engajou a equipe a proporcionar uma espécie de "turnê de despedida" com uma triunfante viagem de volta ao topo do esporte para mandar Lewis a Maranello em grande estilo. Os resultados não corresponderam a tal ambição, e Wolff apresentou essa complexa circunstância em uma entrevista em fevereiro de 2024:

"Temos um ano pela frente, temos 2024 juntos", disse Wolff. "Queremos que seja o mais bem-sucedido possível."

"É realista dizer que estamos competindo por um campeonato mundial contra Max em uma Red Bull? Você sabe que sou uma pessoa de probabilidades, e as probabilidades não estão a nosso favor. Mas, mesmo assim, daremos o nosso melhor."

Wolff, no entanto, esclareceu que, assim que Hamilton sair, o britânico ganhar um oitavo título não será mais sua prioridade.

"Quando falamos em dar tudo por um oitavo, isso é Lewis em uma Mercedes. Lewis em um carro diferente é, por óbvio, uma história bem diferente.

"Daremos tudo o que temos para vencer os campeonatos de pilotos e construtores nos próximos anos, da mesma forma que queremos vencer em 2024, mas talvez com outro piloto.

"Mas isso não tira nada do legado histórico que sempre existirá. Esta jornada juntos estará nos livros de história, assim como a próxima jornada de um piloto da Mercedes também estará.

"Meu lado de amigo [de Lewis] diz que ele deveria ter um oitavo porque isso foi tirado dele. Então, se ele ganhar em 2024, seria ótimo. Daqui para a frente, competindo nas pistas, prefiro que nós ganhemos."[6]

A realidade do relacionamento dos dois tem sido muito menos ideal. Lewis já declarou com todas as letras que que não tem a expectativa de superar seu companheiro de equipe George Russell na temporada de 2024.[7] No Grande Prêmio do Canadá, Lewis estava no topo das planilhas de cronometragem até a terceira sessão de classificação, dando a impressão de que conseguiria quebrar sua sequência de derrotas no mesmo autódromo onde venceu sua primeira, em 2007. Na Q3, o carro escapou misteriosamente de seu controle, e mais tarde revelou-se que os cobertores usados para manter os pneus aquecidos antes daquela sessão de treinos estavam ajustados de 2 a 3 graus Celsius abaixo da temperatura correta. Lewis nunca conseguiu deixar seus pneus na mesma temperatura que estavam durante os treinos livres e na classificação, e por causa disso ele largou em um péssimo sétimo lugar, com George Russell na pole. Isso foi 0,2 de segundo ou mais, diferencial totalmente responsável pela temperatura dos pneus. Russell terminou em terceiro, perdendo duas posições; Lewis chegou em quarto, ganhando três. A sensação era de que o relacionamento estava destruído, e a que Mercedes e Hamilton mal podiam esperar por 2025.

CAPÍTULO 24

AINDA ASSIM
EU ME LEVANTO

MET GALA
MUSEU METROPOLITANO DE ARTE
CIDADE DE NOVA YORK, NY
6 DE MAIO DE 2024

TERMINAREMOS ONDE COMEÇAMOS. Não se trata de uma linha de chegada; é mais uma volta na pista. Em 2024, o tema do Met Gala foi "O jardim do tempo", e Lewis estava presente. É claro que ele foi parado no tapete vermelho pela modelo Ashley Graham e pela modelo/atriz Gwendoline Christie, que entrevistavam os convidados para a revista *Vogue*. Lewis explicou seu visual Burberry, criado pelo estilista Eric McNeal e por Daniel Lee, diretor criativo da grife. O objetivo era homenagear o primeiro jardineiro negro do País de Gales, John Ystumllyn. Sequestrado quando criança na África Ocidental em meados de 1700, "John" foi levado ao País de Gales, onde se formou como horticultor. Hamilton explicou a inspiração:

> O que amo no Met, e em relação ao que Anna [Wintour] faz com o Met, é que consigo mergulhar fundo no tema. Fiz uma profunda pesquisa e me deparei com esse jardineiro do século XVIII que, durante os tempos da escravidão, foi levado da África para o País de Gales e se tornou o primeiro jardineiro negro em Gales. Mesmo com toda adversidade, ele triunfou, então foi daí que veio a minha inspiração.[1]

Lewis usava um colar inspirado em espinhos que, em suas palavras, era para relembrar a dor da escravidão e suas consequências. No bolso interno da jaqueta, ele trazia uma cópia de um poema de Alex Wharton celebrando a vida e o exemplo de John Ystumllyn. Em um trecho do poema "O jardineiro", os versos dizem:

> (...) Eu sou o Jardineiro.
> Eu limpo as coisas, faço o bem.
> Planto sementes, vejo-as crescer.
> Névoa e luz, musgo e casca.
> Eu sei para onde o vento se move.
> Por que os pássaros cantam. Meus pensamentos vagueiam –
> enrolam-se e sobem como clêmatis.
> Nada me separa
> desta terra, exceto os gritos da
> minha mãe. Um sonho ou
> pesadelo. Uma mistura dos dois.[2]

Lewis está sinalizando muita coisa aqui. A mensagem é, de muitas maneiras, uma resposta à sua estranha e reveladora conversa com Toto Wolff durante o episódio "Salto de fé" da série da Netflix. Toto diz a Lewis que não há razão para que ele não possa continuar associado à Mercedes nas próximas décadas, dizendo que ele "é uma das pessoas que lideram a equipe e a levam adiante". Isso é muito bom, mas não parece ser o que Lewis planejou para sua vida.

No Met, Gwendoline Christie menciona também as corridas quando observa que Lewis tinha acabado de chegar do Grande Prêmio de Miami e estava lá naquela noite para "representar o mundo do automobilismo". Lewis primeiro responde com um afável "Na verdade, não", pensa um pouco a respeito e por fim declara um firme "Não!".

O que Toto não entendeu sobre Lewis é que as chances de ver Hamilton em uma função de consultoria para uma equipe, ou pairando nos GPs para fazer entrevistas no pódio, ou bancando o tipo de ex-piloto insatisfeito e rabugento que chama a atenção fazendo palhaçadas com os pilotos mais jovens, são menores que zero. Da mesma forma, Christie aparentemente não entendeu que Lewis representa muito mais do que corridas. Mas Hamilton sabe que, para ele, a Fórmula 1 é um jardim. Tal qual John Ystumllyn, ele plantou sementes que estão sendo cultivadas com esmero. O poema que ele carregou consigo no evento do Met para homenagear uma possibilidade no problema da escravidão é a chave para entender o que motiva esse atleta. "Eu sou o Jardineiro. Eu limpo as coisas, faço o bem. Planto sementes, vejo-as crescer."

A semente plantada por Hamilton no mundo da Fórmula 1 deu frutos espantosos. No momento em que esta obra foi escrita, Lewis continuava a reescrever o livro dos recordes. Após um começo desanimador na temporada de 2024, Lewis venceu em casa, Silverstone, quebrando vários recordes. Ele se tornou o "piloto com mais vitórias em um mesmo Grande Prêmio", com nove triunfos no circuito britânico. Essa vitória ocorreu dezessete anos e vinte e sete dias após sua primeira vitória no Canadá em 2007, o maior tempo entre a primeira e a "última" vitória de um piloto – "última" aqui está entre aspas porque é no sentido de "mais recente", pois ele provavelmente vencerá mais corridas.* Aos 39 anos e 182 dias, Lewis é o campeão mais velho do século XXI e o primeiro piloto a vencer uma corrida após ultrapassar a marca de mais de trezentas largadas. Lewis detém o recorde de mais vitórias, 104, e, em 21 de junho de 2024, seu terceiro lugar na Hungria rendeu seu 200º pódio na Fórmula 1, estendendo o recorde que detém desde 2020. Ele detém o recorde de mais vitórias consecutivas no mesmo Grande Prêmio, cinco na Espanha de 2017 a 2021, que é uma de uma série de outros "mais", incluindo mais vitórias em uma temporada de estreia (4), mais vitórias com a mesma equipe (83), mais vitórias em circuitos diferentes (31), mais vitórias largando na pole position (61); o que faz sentido, já que ele também detém o recorde de maior número de pole positions da história da categoria, 104. Hamilton detém o recorde de mais temporadas com vitória (16), mais temporadas consecutivas com vitória (15), mais vitórias em um mês do calendário (4) e mais pontos na carreira, 4.749,5. A lista poderia continuar; ele ainda está correndo, e sua longevidade continuará a colocar esses recordes muito além do alcance de outros pilotos, mas a Fórmula 1 é apenas um aspecto desta vida extraordinária.

Sir Lewis Hamilton é maior do que o automobilismo e as corridas. As regras da Fórmula 1 e as coisas que importam para ela são pequenas demais para conter a ambição radicalmente otimista e inclusiva de Hamilton. Sir Lewis quer desafiar o mundo a ser melhor. George Lucas estava certo e merece ter a palavra final. *Heróis são maiores que campeões.*

---

* Na temporada de 2024, Lewis venceu também o GP da Bélgica, em 28 de julho. (N. T.)

AGRADECIMENTOS

ESTE LIVRO CONTOU COM O APOIO da David C. Frederick Honors College da Universidade de Pittsburgh. A reitora Nicola Foote e Brett Say, diretora do Programa Honors Research, tiveram a generosidade de me fornecer a inestimável assistência de pesquisa da intrépida Abby Feather.

Este projeto jamais teria saído do papel sem o perpétuo apoio de Pat Cruz, minha agente Faith Childs e Carrie Bloxson. Livros não podem ser publicados sem editoras. A visionária equipe diretiva da Legacy Lit – Krishan Trotman, Tara Kennedy, Amina Iro, Maya Lewis e Mahito Indi Henderson – tornou este sonho realidade. Além disso, nada pode apagar o trabalho editorial de primeira qualidade de Andy Rogers. Obrigado. Mais perto de mim, Manya Whitaker me incentivou quando eu não acreditava que este projeto pudesse acontecer.

NOTAS

Introdução

1 VERSTAPPEN Furious at Hamilton: "This Is What You Get Without Giving Space". **GPblog**, 12 set. 2021. Disponível em: https://www.gpblog.com/en/news/93904/verstappen-furious-at-hamilton-this-is-what-you-get-without-giving-space.html.

2 BOXHALL-LEGGE, J. Why Do Verstappen's Offensive Comments Get a Free Pass? **Autosport**, 27 out. 2020. Disponível em: https://www.autosport.com/f1/news/why-do-verstappens-offensive-comments-get-a-free-pass-4977790/4977790/.

3 Idem.

4 VALANTINE, H. The Three Rules Introduced by the FIA Because of Max Verstappen. **PlanetF1**, 3 jul. 2024. Disponível em: https://www.planetf1.com/news/max-verstappen-fia-rule-introductions.

5 NOBLE, J. FIA Explains Hamilton Blame for Verstappen F1 Collision. **Motorsport**, 19 jul. 2021. Disponível em: https://us.motorsport.com/f1/news/fia-explains-hamilton-blame-for-verstappen-collision/6633217/.

6 EDMONDSON, L. Why the Stewards Blamed Max Verstappen over Lewis Hamilton. **ESPN**, 13 set. 2021. Disponível em: https://www.espn.com/f1/story/_/id/32203367/why-stewards-blamed-max-verstappen-lewis-hamilton.

7 O'MALLEY, K. Lewis Hamilton Paid Over £60,000 for Young Black Designers to Attend the Met Gala. **Elle**, 15 set. 2021. Disponível em: https://www.elle.com/uk/fashion/a37603807/lewis-hamilton-paid-black-designers-attend-met-gala/.

Capítulo 1. O filho ilustre

1 LEWIS Hamilton 2006 Interview | Young Driver On His F1 Hopes And Dreams. 2006. Vídeo (4min35s). Publicado pelo canal **Formula 1**. YouTube, 17 nov. 2020. Vídeo. Disponível em: https://www.youtube.com/watch?v=T3TAySZNq_g.

2 HEATH, C. Lewis Hamilton: The F1 Superstar on Racism, His Future, and the Shocker That Cost Him a Championship. **Vanity Fair**, 8 ago. 2022. Disponível em: https://www.vanityfair.com/style/2022/08/cover-story-lewis-hamilton-never-quits.

3 LEWIS Hamilton Says Africa Needs a Formula 1 Race. 2023. Vídeo (2min53s). Publicado pelo canal **PAN African Lifestyle**. YouTube, 21 nov. 2023. Disponível em: https://youtu.be/M9WmEH8oRug.

4 THIS Is Simone: Read the Story of Simone Biles. **Time For Kids and American Girl**, 16 ago. 2020. Disponível em: https://www.timeforkids.com/g56/this-is-simone-biles/.

5 GOLFER Says Comments About Woods 'Misconstrued'. **CNN**, 21 abr. 1997. Disponível em: http://www.cnn.com/US/9704/21/fuzzy/.

6 HEATH, C. Lewis Hamilton: The F1 Superstar on Racism, His Future, and

the Shocker That Cost Him a Championship. **Vanity Fair**, 8 ago. 2022. Disponível em: https://www.vanityfair.com/style/2022/08/cover-story-lewis-hamilton-never-quits.

7   LEWIS Hamilton Breaks Down His Tattoos. 2018. Vídeo (6min54s). Publicado pelo canal **GQ**. YouTube, 17 maio 2018. Disponível em: https://youtu.be/--5-4WPEs6Y.

8   ENOCH Powell's 'Rivers of Blood' Speech. **The Telegraph**, 6 nov. 2007. Disponível em: https://www.telegraph.co.uk/comment/3643823/Enoch-Powells-Rivers-of-Blood-speech.html.

9   HAMILTON, Lewis. [**I was 6 years old here when I earned my first two trophies...**]. 6 nov. 2020. Facebook: LewisHamilton. Disponível em: https://www.facebook.com/LewisHamilton/photos/i-was-6-years-old-here-when-i-earned-my-first-two-trophies-remote-control-car-ra/3871477899600176/.

10 Idem.

11 NG, Kate. Michelle Obama Explains Her Catchphrase 'When They Go Low, We Go High'. **The Independent**, 15 nov. 2022. Disponível em: https://www.independent.co.uk/life-style/michelle-obama-stephen-colbert-catchphrase-b2225386.html.

Capítulo 2. Devagar, Lewis, pega leve, você está matando os caras

1   LEWIS Hamilton R/C Car Champion. 2014. Vídeo (2min40s). Publicado pelo canal eville84. Disponível em: https://www.youtube.com/watch?v=knuYY8oiDZU.

2   NOTORIOUS B.I.G. – Brooklyn Freestyle at the Age of 17 (1989). 2013. Vídeo (2min22s). Publicado pelo canal Fernando Quintero Gonzalez. Disponível em: https://www.youtube.com/watch?v=zSx03q1-1KA.

3   ANTHONY Hamilton The Man Behind Lewis Hamilton's Success. **RN365**, 23 jun. 2021. Disponível em: https://racingnews365.com/anthony-hamilton-the-man-behind-lewis-hamiltons-success.

4   HERNANDEZ, V. Tom Brady: Lewis Hamilton's 'Unique Way of Doing Things' Wins Championships. **USA Today**, 9 ago. 2022. Disponível em: https://www.usatoday.com/story/nfl/tampa-bay-buccaneers/2022/08/09/tom-brady-lewis-hamilton-long-term-competitiveness/10271776002/.

5   HAMILTON Says F1 Is Now a 'Billionaire Boys' Club'. **ESPN**, 2 maio 2021. Disponível em: https://www.espn.com/f1/story/_/id/31481456/hamilton-says-f1-now-billionaire-boys-club.

6   COOPER, S. When He Was a Kid, Lewis Hamilton's Dad Asked People if They Wanted to 'Support the First Black F1 Driver' to Try and Attract Sponsors. **Business Insider**, 28 out. 2021. Disponível em: https://www.businessinsider.com/lewis-hamiltons-dad-offered-chance-sponsor-the-first-f1-driver-2021-10#:~:text=Lewis%20Hamilton's%20dad%20tried%20to,still%20managed%20to%20enter-%20F.

7   HAMILTON Says F1 Is Now a 'Billionaire Boys' Club'. **ESPN**, 2 maio 2021. Disponível em: https://www.espn.com/f1/story/_/id/31481456/hamilton-says-f1-now-billionaire-boys-club.

8   MILES Davis on Sixty Minutes. 2024. Vídeo (9min5s). Publicado pelo canal Jazz Video Guy. Disponível em: https://youtu.be/miOU6SZG1Ac?si=DYH5z10Fzxigy5Py.

9   THE NITTY Gritty of the BLM Movement. **not606** Comment Debate Create, 6 jul. 2020. Disponível em: https://not606.com/threads/the-nitty-gritty-of-the-blm-movement.384383/page-17.

[10] COOPER, S. When He Was a Kid, Lewis Hamilton's Dad Asked People if They Wanted to 'Support the First Black F1 Driver' to Try and Attract Sponsors. **Business Insider**, 28 out. 2021. Disponível em: https://www.businessinsider.com/lewis-hamiltons-dad-offered-chance-sponsor-the-first-f1-driver-2021-10#:~:text=Lewis%20Hamilton's%20dad%20tried%20to,still%20managed%20to%20enter%20F.

[11] HAMILTON, L. **Lewis Hamilton**: My Story. Londres: HarperCollins, 2007. pp. 79-80.

[12] MURPHY, B. Reality of Josh Gibson's Incredible Talent Transcends Even His Legend. **MLB.com**, 24 jun. 2024. Disponível em: https://www.mlb.com/news/josh-gibson-s-stats-talent-transcend-even-his-own-legend.

[13] STATISTICS of the Negro Leagues Officially Enter the Major League Record. **MLB.com**, 29 maio 2024. Disponível em: https://www.mlb.com/press-release/press-release-statistics-of-the-negro-leagues-officially-enter=-the-major-league-record#:~:text-Josh.

Capítulo 3. Quem faz merda aprende na marra

[1] NIKI Lauda, The Fearless Racing Driver Who Survived a Terrible Crash to Make a Dramatic Comeback on the Track. 24 maio 2019. Podcast (12min). BBC Radio 4. Disponível em: https://www.bbc.co.uk/programmes/p07b8ddz.

[2] ROGER Skaers the F around and Find Out Guy. 6 out. 2022. TikTok: @eunicemathis. Disponível em: https://www.tiktok.com/@eunicemathis/video/7151328158631873835?lang=en.

[3] LEWIS Hamilton: Everything You've Been Taught About Success Is a Lie. 2023. Vídeo (1h41min30s). Publicado pelo canal Jay Shetty. Disponível em: https://youtu.be/AyiWKXTd9aY?si=1n-Tq95sk4KZ619PN.

[4] F1 ACE Hamilton wrongly expelled from school for breaking pupil's fingers. **The Standard**, Londres, 12 abr. 2012. Disponível em: https://www.standard.co.uk/hp/front/f1-ace-hamilton-wrongly-expelled-from-school-for-breaking-pupils-fingers-6591001.html.

[5] HAMILTON, L. **Lewis Hamilton**: My Story. Londres: HarperCollins, 2007. pp. 61-62.

Capítulo 4. A corrida armamentista tecnológica

[1] TORCHINSKY, J. Finally, Here's a Guide to Those Buttons on Speed Racer's Mach 5 Steering Wheel. **Jalopnik**, 19 ago. 2020. Disponível em: https://jalopnik.com/finally-heres-a--guide-to-those-buttons-on-speed-racers-1844768068.

[2] FIA STATUTES AND INTERNAL REGULATIONS. FIA, [s.d.]. Disponível em: https://www.fia.com/fia-statutes-and-internal-regulations.

[3] HAMILTON, L. **Lewis Hamilton**: My Story. Londres: HarperCollins, 2007. p. 65.

[4] Idem, p. 66.

[5] Idem, p. 67.

[6] Idem, p. 69.

[7] Idem, p. 70.

Capítulo 5. "Olá, mundo"

[1] SHINE, J. Behind F1's Velvet Curtain: Kate Wagner on Formula 1 Racing. **Well, Actually**, 4 mar. 2024. Disponível em: https://wellactually.substack.com/p/behind-f1s-velvet-curtain-kate-wagner.

[2] WAGNER, K. Behind F1's Velvet Curtain. **Longreads**, 7 mar. 2024. Disponível em: https://longreads.com/2024/03/07/behind-f1s-velvet-curtain/.

3 TIGER Woods' First TV Appearance with Mike Douglas, Bob Hope, Jimmy Stewart. 2016. Vídeo (9min46s). Publicado pelo canal Eclecto Tuber. Disponível em: https://youtu.be/6XupL9h0DOc.

4 BENEDICT, J.; KETEYIAN, A. **Tiger Woods**. Nova York: Simon and Schuster, 2018.

5 Idem.

6 Idem.

7 HAMILTON, L. **Lewis Hamilton**: My Story. Londres: HarperCollins, 2007. p. 90.

8 WILLIAMS, R. The Brain Rewiring and Supercharging That Makes Hamilton a Master. **The Guardian**, Londres, 25 maio 2007. Disponível em: https://www.theguardian.com/sport/2007/may/26/motorsports.sport.

9 WORRALL, F. **Lewis Hamilton**: The Biography. Londres: John Blake, 2021.

10 FERNANDO Alonso Interview Melbourne 2007. 2020. Vídeo (5min12s). Publicado pelo canal F1 World. Disponível em: https://youtu.be/Dn2VOocGHTo?si=9JEUXNTCCoM0ueJz.

Capítulo 7. O pai colhe os frutos

1 WHY the Average Human Couldn't Drive an F1 Car. 2023. Vídeo (14min39s). Publicado pelo canal Wired. Disponível em: https://www.youtube.com/watch?v=FVlEaCrC3IM.

2 ENTREVISTA com Fernando Alonso Melbourne 2007. 2007. Vídeo (2min47s). Publicado pelo canal Formula 1. Disponível em: https://www.youtube.com/watch?v=Dn2VOocGHTo.

3 Idem.

4 HAMILTON, Lewis. **Lewis Hamilton**: My Story. Londres: HarperCollins, 2007. p. 110.

5 Idem, p. 111.

6 2007 F1 Malaysian GP ITV Post-Race Show. 2023. Vídeo (12min23s). Publicado pelo canal Race Day Replay. Disponível em: https://youtu.be/dUERRKpx3Ns?si=3uYiZDaLeX7AjnB3.

7 Idem.

8 HAMILTON, Lewis. **Lewis Hamilton**: My Story. Londres: HarperCollins, 2007. pp. 146-147.

9 ALONSO Backs Spanish GP Changes. **BBC Sport**, 4 mar. 2007. Disponível em: http://news.bbc.co.uk/sport1/hi/motorsport/formula_one/6624093.stm.

10 SPURGEON, B. Monaco Grand Prix Is Glamorous and Grueling. **The New York Times**, 25 maio 2008. Disponível em: https://www.nytimes.com/2008/05/25/sports/othersports/25prix.html.

11 MONACO 2007 F1 GP Press Conference. 2023. Vídeo (8min47s). Publicado pelo canal jayjayletho8. Disponível em: https://youtu.be/NrnACXuePbU.

12 2007 F1 Malaysian GP ITV Post-Race Show. 2023. Vídeo (12min23s). Publicado pelo canal Race Day Replay. Disponível em: https://youtu.be/dUERRKpx3Ns.

13 Idem.

14 MCLAREN: We Will Never Favour One Driver. **Crash**, 28 maio 2007. Disponível em: https://www.crash.net/f1/news/58712/1/McLaren-we-will-never-favour-one-driver.

Capítulo 8. A primeira vez é sempre a melhor

1 HAMILTON Criticised by Villeneuve. **BBC Sport**, 6 jun. 2007. Disponível em: http://news.bbc.co.uk/sport2/hi/motorsport/formula_one/6726711.stm.

2 LEWIS Hamilton – Interview Melbourne 2007. 2020. Vídeo (3min02s). Publicado pelo canal F1 World. Disponível em: https://youtu.be/VoeyKYEtXBs.

3 HAMILTON, Lewis. **Lewis Hamilton**: My Story. Londres: HarperCollins, 2007. p. 139.

4 Idem.

5 WORRALL, F. **Lewis Hamilton**: The Biography. London: John Blake Publishing, 2007. pp. 190-191.

Capítulo 9. Até os críticos se rendem a você em Nova York...

1 GQ. [Lewis Hamilton explica como ele se prepara mentalmente para as corridas]. 11 abr. 2024. TikTok: gq. Disponível em: https://www.tiktok.com/@gq/video/7356840102326291755.

2 PRINCIPESSA. FIA Post-Qualifying Press Conference – US GP. F1 **Technical**, 17 jun. 2007. Disponível em: https://www.f1technical.net/news/6085.

3 [UNITED States GP 2007 Sunday Press Conference]. **Grand Prix**, 16 jun. 2007. Disponível em: https://www.grandprix.com/races/united-states-gp-2007-sunday-press-conference.html.

4 Idem.

5 HOW Alonso and Hamilton's 2007 Feud Erupted: 'It's Going to Be a Fight'. **Motorsport**, 4 jul. 2023. Disponível em: https://www.motorsportmagazine.com/articles/single-seaters/f1/how-alonso-and-hamiltons-2007-feud-erupted-its-going-to-be-a-fight/.

6 HAMILTON, L. **Lewis Hamilton**: My Story. Londres: HarperCollins, 2007. p. 147.

Capítulo 10. Mais dinheiro, mais (potenciais) problemas

1 HAMILTON, L. **Lewis Hamilton**: My Story. Londres: HarperCollins, 2007. pp. 161-162.

2 Idem. p. 163.

3 BRITISH GP: Post Qualifying Press Conference. **Pitpass**, 7 jul. 2007. Disponível em: https://www.pitpass. com/public/print_article.php?fes_art_id=32047.

4 BRITISH GP 2007 Sunday Press Conference. **Grandprix**, 8 jul. 2007. Disponível em: https://www.grandprix.com/races/british-gp-2007-sunday-press-conference.html.

5 HAMILTON, L. **Lewis Hamilton**: My Story. Londres: HarperCollins, 2007. p. 82.

6 NIKE Air Commercial Charles Barkley – I Am Not a Role Model. 2012. Vídeo (30s). Publicado pelo canal Antonio Yague. Disponível em: https://youtu.be/NNOdFJAG3pE.

Capítulo 11. Tudo desanda

1 HAMILTON, L. **Lewis Hamilton**: My Story. Londres: HarperCollins, 2007. pp. 175-176.

2 Idem. p. 177.

3 POST-RACE Press Conference – European GP – Pt. 1. **Crash**, 22 jul. 2007. Disponível em: https://www.crash.net/f1/feature/59380/1/post-race-press-conference-european-gp-pt-1.

4 HUNGARY GP Post-Qualifying Press Conference. **Pitpass**, 4 ago. 2007. Disponível em: https://www.pitpass.com/32354/Hungary-GP-Post-Qualifying-press-conference.

5 Idem.

6 Idem

7 Idem.

8 **F1 Racing**, Londres, v. 147, 22 ago. 2007.

9 WILL McLaren's 2007 Season Be Razed? **F1 Racing**, Londres, v. 147, p. 22, 22 ago. 2007.

10 NICHOL, J. F1's Biggest Scandals: McLaren fined $100 million for 'Spygate'. **RN365**, 27 dez. 2023. Disponível em: https://racingnews365.com/f1s-biggest-scandals-McLaren-fined-100-million-for-spygate.

Capítulo 12. Três corridas

1 MERCEDES AMG F1 MOTORSPORT. [Lewis Hamilton no GP de Miami]. 11 maio 2024. Instagram: mercedesamgf1motorsport. Disponível em: https://www.instagram.com/p/C61YhW6tzYx.

Capítulo 13. Dizer em voz alta o que é silenciado

1 TAYLOR, M.; WRAY, R.; TREMLETT, G. Spanish Racists Vent Hate for Hamilton. **The Guardian**, Londres, 31 out. 2008. Disponível em: https://www.theguardian.com/sport/2008/nov/01/lewis-hamilton-spain.

2 FIA Announces 'Everyrace' Campaign in Barcelona. **ESPN**, 24 abr. 2008. Disponível em: https://www.espn.com/racing/racing/f1/news/story?id=3364645.

3 ASSOCIATED PRESS. Alonso Brushes Off Racism Claims Following Incidents Against Hamilton. **ESPN**, 8 fev. 2008. Disponível em: https://www.espn.com/racing/news/story?id=3255381&seriesId=6.

4 NELSON Piquet Calls Lewis Hamilton the Little N Word in Interview Footage – Translation Included. 2022. Vídeo (1min27s). Publicado pelo canal yazzfetto. Disponível em: https://youtu.be/CCcAEjTQmcg.

5 GREZ, M. Nelson Piquet Says Racial Slur Aimed at Lewis Hamilton Had No Racist Intent. **CNN**, 29 jun. 2022. Disponível em: https://www.cnn.com/2022/06/29/motorsport/nelson-piquet-apologizes-lewis-hamilton-racist-slur-spt-intl/index.html.

6 PUGMIRE, J. Hamilton Says 'Archaic Mindsets' About Color Must Change. **Associated Press**, 28 jun. 2022. Disponível em: https://apnews.com/article/entertainment-sports-race-and-ethnicity-racial-injustice-formula-one-c02ada62e4b441d0b8785f75df66ae75.

7 GREZ, M. Nelson Piquet Says Racial Slur Aimed at Lewis Hamilton Had No Racist Intent. **CNN**, 29 jun. 2022. Disponível em: https://www.cnn.com/2022/06/29/motorsport/nelson-piquet-apologizes-lewis-hamilton-racist-slur-spt-intl/index.html.

8 HUGHES, E. Piquet Fined for Racist, Homophobic Comments About Hamilton. **Associated Press**, 25 mar. 2023. Disponível em: https://apnews.com/article/hamilton-f1-piquet-racism-1b2c2e5a90d0047f483c5d9802028744.

9 ROSENBERG, B. Lewis Hamilton Plays the Race Card After his Monaco Grand Prix Penalties. **Bleacher Report**, 29 maio 2011. Disponível em: https://bleacherreport.com/articles/716576-lewis-hamilton-plays-the-race-card-after-his-monaco-grand-prix-penalties.

10 EDMONDSON, L. Alonso Accuses F1 Stewards of Bias Following Miami GP Sprint Incident. **ESPN**, 4 maio 2024. Disponível em: https://www.espn.com/f1/story/_/id/40083838/alonso-accuses-f1-stewards-bias-following-miami-gp-sprint-incident.

Capítulo 14. O maior e melhor de todos os tempos?

1 JUAN Manuel Fangio. **Formula 1**, 18 jul. 2024. Disponível em: https://www.formula1.com/en/information/drivers-hall-of-fame-juan-manuel-fangio.6SSng3B5E6j6pxPNbyqQIv.

2 Idem.

3 ONBOARD with Juan Manuel Fangio Testing a Maserati. 2012. Vídeo (3min). Publicado pelo canal Duke Video. Disponível em: https://youtu.be/5Xg4Fr9SY04?si=dgtyA7Qgg081S6Z-.

4 JUAN Manuel Fangio. **Formula 1**, 18 jul. 2024. Disponível em: https://www.formula1.com/en/information/drivers-

-hall-of-fame-juan-manuel-fangio.6SS-ng3B5E6j6pxPNbyqQIv.

5 BRADLEY, C. How Senna's Early Pacific GP Exit Raised His Benetton Suspicions. **Motorsport**, 17 abr. 2024. Disponível em: https://us.motorsport.com/f1/news/ayrton-senna-pacific-1994-benetton-doubts/4781549/.

6 CODLING, S. Destiny's Child. **F1 Racing**, 31 jan. 2008.

7 Idem, p. 38.

8 Idem, p. 34.

9 Idem, p. 35.

10 TARDIFF, S. Simone Biles Called Dropping Out of the Tokyo Olympics Her 'Biggest Win'. **Teen Vogue**, 18 jul. 2024. Disponível em: https://www.teenvogue.com/story/simone-biles-called-dropping-g-out-of-the-tokyo-olympics-her-biggest-t-win.

Capítulo 15. Tempos de vacas magras

1 HAMILTON Claims Title Glory in Remarkable Finish. **The Guardian**, 2 nov. 2008. Disponível em: https://www.theguardian.com/sport/2008/nov/02/formulaone-lewishamilton1.

2 LEWIS Hamilton Breaks Down His Tattoos. 2018. Vídeo (6min14s). Publicado pelo canal GQ. Disponível em: https://youtu.be/--5-4WPEs6Y.

3 LEWIS Hamilton: Everything You've Been Taught About Success Is a Lie. 2023. Vídeo (1h42min). Publicado pelo canal Jay Shetty. Disponível em: https://youtu.be/AyiWKXTd9aY.

4 Idem.

5 PRIYADARSHI, D. 'I Learned the Hard Way…': Lewis Hamilton Reveals Tragic Repercussion After Long-Term Relationship with Nicole Scherzinger. **Essentially Sports**, 10 ago. 2022. Disponível em: https://www.essentiallysports.com/f1-news-i-learned-the-hard-way-lewis-hamilton-reveals-tragic-repercussion-

after-long-term-relationship-with-nicole-scherzinger/.

6 GURLEY, A. Lewis Hamilton's Dating History: Every Star the F1 Driver Has Been Linked To. **People**, 26 fev. 2024. Disponível em: https://people.com/lewis-hamilton-complete-dating--history-8598559.

7 MCKNIGHT, J. Why Did Lewis Hamilton and Nicole Scherzinger Split Up? Inside Their On/Off Romance. **Hello!**, 18 nov. 2023. Disponível em: https://www.hellomagazine.com/brides/507736/why-did-lewis-hamilton-nicole-scherzinger-break-up/.

8 BENSON, A. Lewis Hamilton to Leave McLaren After Signing Mercedes Contract. **BBC Sport**, 28 set. 2012. Disponível em: https://www.bbc.com/sport/formula1/19755236.

Capítulo 16. Seb, Nico e Lewis

1 BENSON, A. Sebastian Vettel Says He Feels 'Hurt' After Being Booed by Fans. **BBC Sport**, 28 out. 2013. Disponível em: https://www.bbc.com/sport/formula1/24707809.

2 FLANAGAN, A. Sebastian Vettel Honoured to Michael Schumacher's Footsteps at Ferrari in 2015. **The Mirror**, 20 nov. 2014. Disponível em: https://www.mirror.co.uk/sport/formula-1/sebastian-vettel-honoured-follow-michael-4660714.

3 RICHARDS, G. Five Things We Know with Two Races Remaining in F1 Title Race. **The Guardian**, 31 out. 2016. Disponível em: https://www.theguardian.com/sport/2016/oct/31/f1-sebastian-vettel-lewis-hamilton-nico-hulkenberg-mexican-grand-prix.

4 BALDWIN, A. Vettel Escapes Further Sanction for Baku 'Road Rage'. **Reuters**, 3 jul. 2017. Disponível em: https://www.reuters.com/article/motor-f1-ferrari-v

ettel/vettel-escapes-further-sanction-for--baku-road-rage-idINKBN19O26V/.

5 BENSON, A. Lewis Hamilton Calls Sebastian Vettel 'A Disgrace' After Azerbaijan GP Collision. **BBC Sport**, 25 jun. 2017. Disponível em: https://www.bbc.com/sport/formula1/40400301.

6 'MY Best Race Is Still to Come' – Read Vettel's Retirement Statement in Full as the Four-time Champion Calls Time on His F1 Career. **Formula 1**, 28 jul. 2022. Disponível em: https://www.formula1.com/en/latest/article/my-best-race-is-still-to-come-read-vettels-retirement-statement-in-full-as.PVolZQIJEwV40R3A5gxPF.

7 SEBASTIAN Vettel. **Formula 1**, 2024. Disponível em: https://www.formula1.com/en/information/drivers-hall-of-fame-sebastian-vettel.GBy6vPkxKOKUV89QOhZe5.

8 BEER, M. Lewis Hamilton Hints at Story Behind Mercedes F1 2016 Crew Swaps. **Autosport**, 24 nov. 2016. Disponível em: https://www.autosport.com/f1/news/lewis-hamilton-hints-at--story-behind-mercedes-f1-2016-crew--swaps-5028300/5028300/.

9 Idem.

10 FIA Post-Race Press Conference – Abu Dhabi. **Formula 1**, 27 nov. 2016. Disponível em: https://www.formula1.com/en/latest/headlines/2016/11/fia-post-race-press-conference-abu-dhabi.html.

11 ROSBERG Announces His Retirement from F1 Racing. **Formula 1**, 2 dez. 2016. Disponível em: https://www.formula1.com/en/latest/headlines/2016/12/rosberg-announces-his--retirement-from-f1-racing.html.

Capítulo 17. Os anos de Lewis Hamilton multicampeão

1 READ Transcript from Postrace Abu Dhabi Formula One Press Conference. **Autoweek**, 23 nov. 2014. Disponível em: https://www.autoweek.com/racing/formula-1/a1911506/read-transcript--postrace-abu-dhabi-formula-one-press-conference/.

2 2015 Australian Grand Prix – Thursday Press Conference. **FIA**, 12 mar. 2015. Disponível em: https://www.fia.com/news/2015-australian-grand-prix-thursday-press-conference.

3 MERCEDES Threatened Hamilton and Rosberg with Suspension at Height of Rivalry, Reveals Wolff. **Formula 1**, 7 abr. 2021. Disponível em: https://www.formula1.com/en/latest/article/mercedes-threatened-hamilton-and-rosberg--with-suspension-at-height-of.1c0WDqds0SubPhyPGxVK4a.7.

4 F1 – Mexican Grand Prix Sunday Press Conference Transcript. **FIA**, 29 out. 2017. Disponível em: https://www.fia.com/news/f1-mexican-grand-prix-sunday-press-conference-transcript.

5 Halo debate: F1 drivers remain split over FIA ruling. **Sky Sports**, 31 jul. 2017. Disponível em: https://www.skysports.com/f1/news/12433/10961159/halo--debate-f1-drivers-remain-split-over-fia--ruling

6 Have Your Say: Formula One 'Halo' - Good, Bad or Just Ugly?. **Overtake**, 17 fev. 2018. Disponível em: https://www.overtake.gg/threads/have-your-say--formula-one-halo-good-bad-or-just-ugly.147083/page-6#post-2688832

7 AUSTRALIAN GP: Post-Race Press Conference. **Motorsport**, 25 mar. 2018. Disponível em: https://us.motorsport.com/f1/news/australian-gp-post-race--press-conference-1018949/1398291/.

8 FIA Post-Race Press Conference – Abu Dhabi. **Formula 1**, 25 nov. 2018. Disponível em: https://www.formula1.com/en/latest/article/fia-post-race-press-conference-abu-dhabi-2018.TmdI9io0WQyOuCqiYEiQ6.

9 MALTBY, M. Lewis Hamilton Pays Tribute to Charlie Whiting as F1 Race Director Dies, Aged 66. **The Mirror**, 14 mar. 2019. Disponível em: https://www.mirror.co.uk/sport/formula-1/lewis-hamilton-pays-tribute-charlie-14133824.

10 FIA Post-Race Press Conference – United States. **Formula 1**, 3 nov. 2019. Disponível em: https://www.formula1.com/en/latest/article/fia-post-race-press-conference-united-states-2019.4Z2S-RXMyxsFsWWRwlU28z5.

Capítulo 18. O sétimo título mundial

1 WALDROP, T. et al. Breonna Taylor Killing: A Timeline of the Police Raid and Its Aftermath. **CNN**, 4 ago. 2022. Disponível em: https://www.cnn.com/2022/08/04/us/no-knock-raid-breonna-taylor-timeline/index.html.

2 RASKIN, A. Before There Was Kaepernick: In 1996 Mahmoud Abdul-Rauf Refused to Stand for the Anthem, Sparking Outrage and His Exile from the NBA… but the 53-Year-Old Says He Has NO REGRETS About His Activism As He Becomes the Focus of a Documentary Film. **Daily Mail**, 4 fev. 2023. Disponível em: https://www.dailymail.co.uk/sport/nba/article-11706707/Kaepernicks-predecessor-Mahmoud-Abdul-Rauf-opens-national-anthem-controversy-new-film.htm.

3 CRNOGAJ, M. Craig Hodges Delivered an Activist Letter to President George H.W. Bush. **Basketball Network**, 10 out. 2023. Disponível em: https://www.basketballnetwork.net/off-the-court/craig-hodges-delivered-an-activist-letter-to-president-george-h-w-bush.

4 WYCHE, S. Colin Kaepernick Explains Why He Sat During National Anthem. **NFL**, 27 ago. 2016. Disponível em: https://www.nfl.com/news/colin-kaepernick-explains-why-he-sat-during-national-anthem-0ap3000000691077.

5 GREZ, M. Formula One Drivers Divided as Several Choose Not to Kneel in Support of Black Lives Matter Movement. **CNN**, 6 jul. 2020. Disponível em: https://www.cnn.com/2020/07/05/motorsport/f1-austrian-grand-prix-drivers-kneel-and-stand-hamilton-bottas-spt-intl/index.html.

6 FORMULA 1 Launches #WeRaceAsOne Initiative to Fight Challenges of COVID-19 and Global Inequality. **Formula 1**, 22 jun. 2020. Disponível em: https://www.formula1.com/en/latest/article/formula-1-launches-we-race-as-one-initiative.3s2AhNDApNDzrCoQDc1RY8.

7 F1 Under Fire for Protest Cutaway as Drivers Urged to 'Get It Together'. **Fox Sports**, 13 jul. 2020. Disponível em: https://www.foxsports.com.au/motorsport/formula-one/f1-2020-lewis-hamilton-protest-black-lives-matter-pre-race-kneel-cut-away-during-tv-coverage/news-story/8add3e01a0c83dbe2ecf1e8e-90d2010f.

8 HAMILTON says Ecclestone Comments Show 'How Far We Need to Go'. **Formula 1**, 27 jun. 2020. Disponível em: https://www.formula1.com/en/latest/article/hamilton-says-ecclestone-comments-show-how-far-we-need-to-go.2UUyqtayltaClIxgCmHx9U.

9 COHEN, L. Police in the U.S. Killed 164 Black People in the First 8 Months of 2020. These Are Their Names. **CBS News**, 10 set. 2020. Disponível em: https://www.cbsnews.com/pictures/black-people-killed-by-police-in-the-us-in-2020-part-2/.

10 NICHOLS, J. The Man Who Called Breonna Taylor's Killing 'Justified' Could Be Kentucky's Next Governor. **The Nation**, 18 mar. 2020. Disponível em: https://www.thenation.com/article/politics/da-

11 HAMILTON, L. It's been 6 months since Breonna Taylor was murdered by policemen in her own home. 13 set. 2020. Facebook: LewisHamilton. Disponível em: https://www.facebook.com/LewisHamilton/posts/its-been-6-months-since-breonna-taylor-was-murdered-by-policemen-in-her-own-home/3715593718521929/.

12 MARTIN, J. Naomi Osaka Wears Mask Honoring Breonna Taylor Before Winning US Open Match. **CNN**, 1 set. 2020. Disponível em: https://www.cnn.com/2020/09/01/us/naomi-osaka-breonna-taylor-mask-us-open-trnd/index.html.

13 F1 – 2020 Tuscan Grand Prix – Sunday Press Conference. **FIA**, 13 set. 2020. Disponível em: https://www.fia.com/news/f1-2020-tuscan-grand-prix-sunday-press-conference.

14 CURRENT and Former Louisville, Kentucky Police Officers Charged with Federal Crimes Related to the Death of Breonna Taylor. Gabinete de Relações Públicas, Departamento de Justiça dos EUA, 4 ago. 2022. Disponível em: https://www.justice.gov/opa/pr/current-and-former-louisville-kentucky-police-officers-charged-federal-crimes-related-death.

15 BREONNA Taylor: Sport Stars React to Decision Not to Charge Police with Black Woman's Death. **BBC Sport**, 24 set. 2020. Disponível em: https://www.bbc.com/sport/54278797.

16 FIA Post-Race Press Conference – Turkey. **FIA**, 15 nov. 2020. Disponível em: https://www.formula1.com/en/latest/article/fia-post-race-press-conference-turkey.EzAcqP8BdMRLcLIXS5fkd.

Capítulo 19. Não sou um homem de negócios, sou um negócio

1 LEWIS Hamilton: Contract Details. **Spotrac**. Disponível em: https://www.spotrac.com/formula1/player/_/id/47369/lewis-hamilton.

2 LEWIS Hamilton Net Worth. **Sportskeeda**, 26 jan. 2024. Disponível em: https://www.sportskeeda.com/f1/lewis-hamilton-net-worth.

3 RATHBORN, J. Bernie Ecclestone 'Surprised' Lewis Hamilton Wants to Beat Michael Schumacher Title Record. **The Independent**, 3 dez. 2021. Disponível em: https://www.independent.co.uk/f1/bernie-ecclestone-lewis-hamilton-michael-schumacher-b1969183.html.

4 LIBERTY Media Corporation Agrees to Acquire Formula One. **Liberty Media**, 7 set. 2016. Disponível em: https://www.libertymedia.com/investors/news-events/press-releases/detail/139/liberty-media-corporation-agrees-to-acquire-formula-one.

5 BURNS, J. Lewis Hamilton and His Close Friendship with Mellody Hobson and George Lucas. **Jedi News**, 9 ago. 2022. Disponível em: https://www.jedinews.com/film-music-tv/articles/lewis-hamilton-and-his-close-friendship-with-mellody-hobson-and-george-lucas/.

6 Idem.

7 MELLODY Hobson. **Alger Association**. Disponível em: https://horatioalger.org/members/detail/mellody-hobson.

8 Idem.

9 LEWIS Hamilton Joins NFL Team Ownership Group, Gives Comments. **Silver Arrows**, 2 ago. 2022. Disponível em: https://www.silverarrows.net/news/lewis-hamilton-joins-nfl-team-ownership-group-gives-comments/.

10 Idem.

11 A COMISSÃO Hamilton. Disponível em: https://www.hamiltoncommission.org/.

[12] Idem.

[13] Idem.

[14] MISSION 44. Disponível em: https://mission44.org/.

[15] Idem.

[16] A COMISSÃO Hamilton. Accelerating Change: Improving Representation of Black People in UK Motorsport. **Mission 44**, jul. 2021. Disponível em: https://mission44.org/the-hamilton-commission/.

Capítulo 20. A temporada de 2021

[1] MCDONAGH, C. Five High-Profile Mistakes Michael Masi Made as F1 Race Director. **Crash**, 16 jul. 2022. Disponível em: https://www.crash.net/f1/feature/1007954/1/five-highprofile-mistakes-michael-masi-made-f1-race-director.

[2] STARLING, M. F1 British Grand Prix: Racism Overshadows the Racing. **The Week UK**, 19 jul. 2021. Disponível em: https://theweek.com/sport/formula-1/953541/f1-british-grand-prix-racism-overshadows-the-racing.

[3] FIA Post-Race Press Conference – Sao Paulo. **FIA**, 14 nov. 2021. Disponível em: https://www.formula1.com/en/latest/article/fia-post-race-press-conference-sao-paulo-2021.Chc64SCMRTLVuxSHOAwvh.

[4] NOBLE, J. FIA Says Wolff, Horner Radios to Masi 'Neither Necessary Nor Helpful'. **Motorsport**, 22 mar. 2022. Disponível em: https://us.motorsport.com/f1/news/the-abu-dhabi-radio-conversations-that-the-fia-felt-hindered-masi/9136719/.

[5] THIS Has Been Manipulated Man. Lewis Hamilton in Last Lap with Max Verstappen. 2022. Vídeo (4min37s). Publicado pelo canal Your favorite channel. Disponível em: https://youtu.be/K3wHJ6Xgbog.

[6] FIA Post-Race Press Conference – Abu Dhabi. **Formula 1**, 27 dez. 2022. Disponível em: https://www.formula1.com/en/latest/article/fia-post-race-press-conference-abu-dhabi-2021.6ZVMcPf5a762uWc1eVdFzU.

[7] RILEY, D. Changing Lanes. **GQ**, abr./maio 2024, p. 52.

Capítulo 21. Levantar-se

[1] SAMUEL L. Jackson: 'Lewis, Our Brother, Was Robbed'. **Silver Arrows**, 21 dez. 2021. Disponível em: https://www.silverarrows.net/news/samuel-l-jackson-lewis-our-brother-was-robbed/.

[2] JIMMY KIMMEL LIVE. Sir Lewis Hamilton on Becoming a Knight! 26 out. 2022. Facebook: jimmykimmellive. Disponível em: https://www.facebook.com/watch/?v=657347292612242.

[3] ANGELOU, M. Still I Rise. **Poetry Foundation**. Disponível em: https://www.poetryfoundation.org/poems/46446/still-i-rise.

[4] BURNS, J. Lewis Hamilton and His Close Friendship with Mellody Hobson and George Lucas. **Jedi News**, 9 ago. 2022. Disponível em: https://www.jedinews.com/film-music-tv/articles/lewis-hamilton-and-his-close-friendship-with-mellody-hobson-and-george-lucas/.

Capítulo 22. De volta aos tempos difíceis

[1] RICHARDS, G. Lewis Hamilton Condemns Reports of Sexist and Racist Harassment of F1 Fans. **The Guardian**, 10 jul. 2022. Disponível em: https://www.theguardian.com/sport/2022/jul/10/lewis-hamilton-condemns-reports-of-sexist-and-racist-harassment-of-f1-fans.

[2] Idem.

[3] Idem.

[4] SMITH, L. Verstappen Condemns 'Disgusting' Burning of Mercedes Merchandise by Fans. **Motorsport**, 5 ago. 2022. Dispo-

nível em: https://us.motorsport.com/f1/news/verstappen-condemns-disgusting-burning-of-mercedes-merchandise-by-fans/10348872/.

Capítulo 23. Não é você, sou eu...

1 ROGELBERG, S. Ferrari Stock Rockets, Adding $10 Billion on Solid Earnings – and the News That F1 GOAT Lewis Hamilton Is Joining Its Top Racing Team. **Fortune**, 1 fev. 2024. Disponível em: https://fortune.com/europe/2024/02/01/why-is-ferrari-stock-rising-lewis-hamilton-formula-one-earnings/.

2 CONSTITUTION of the Italian Republic. Agência da União Europeia para os Direitos Fundamentais. Disponível em: https://fra.europa.eu/en/law-reference/constitution-italian-republic-23.

3 LIMACHER, M. Lewis Hamilton et Ferrari Vers un Accord à 410 Million d'Euros? **Sportune**, 1 fev. 2024. Disponível em: https://sportune.20minutes.fr/lewis-hamilton-et-ferrari-vers-un-accord-a-410-millions-deuros.

4 MCKENNA, K. Ferrari Boss Explains KEY Reason Behind Hamilton Signing. **GP Fans**, 17 maio 2024. Disponível em: https://www.gpfans.com/en/f1-news/1020638/ferrari-boss-frederic-vasseur-explains-key-reason-behind-lewis-hamilton-signing/.

5 4_F1CLIPS. [Vídeo sobre Lewis Hamilton]. 19 nov. 2022. TikTok: 4_f1clips. Vídeo (14s). Disponível em: https://www.tiktok.com/@4_f1clips/video/7167728072806927622?lang=en.

6 LEWIS Hamilton: Toto Wolff Says Mercedes Driver's 2025 Move to Ferrari Was 'Not a Surprise' and He Holds 'No Grudge'. **Sky Sports**, 3 fev. 2024. Disponível em: https://www.skysports.com/f1/news/12433/13062142/lewis-hamilton-toto-wolff-says-mercedes-drivers-2025-move-to-ferrari-was-not-a-surprise-and-he-holds-no-grudge.

7 HAMILTON Not Expecting to Out-Qualify Russell for Rest of 2024 as He Explains 'Frustrating' Saturday Struggles in Monaco. **Formula 1**, 26 maio 2024. Disponível em: https://www.formula1.com/en/latest/article/hamilton-not-expecting-to-out-qualify-russell-for-rest-of-2024-as-he.3J8lul5XzzRhTk5saMSpyq.

Capítulo 24. Ainda assim eu me levanto

1 LEWIS Hamilton on His Black History-Inspired Met Look. 2024. Vídeo (2min26s). Publicado pelo canal Vogue. Disponível em: https://youtu.be/Nq4Y47xNVkQ?si=PfXdFdbWkD6obozT.

2 DISCOVER Alex Wharton's Poem 'The Gardener,' Inspired by the Life of John Ystumllyn. 2022. Vídeo (3min14s). Publicado pelo canal caddwales. Disponível em: https://youtu.be/NomyyXgCvgQ.

Este livro foi composto com tipografia Adobe Garamond Pro
e impresso em papel Off-White 70g/m² na Formato Artes Gráficas.